융합의 시대:
사회발전을 위한 융합사회

[문화와 융합 총서 06]

융합의 시대 :
사회발전을 위한 융합사회

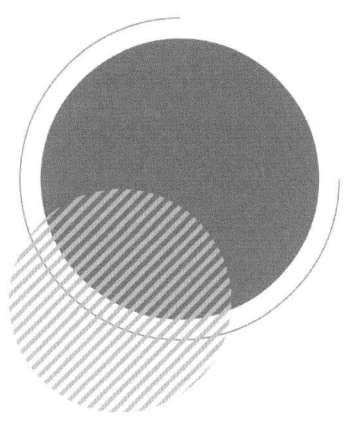

김현아 최태진 한수정 정다은 공용득
채명신 권혜림 정여주 신윤정 이도연
이선화 박현구 염복규 김갑년 권 혁
이성진 김재홍 도수관

한국문화사

문화와 융합 총서 06

융합의 시대: 사회발전을 위한 융합사회

1판 1쇄 발행 2022년 7월 15일

지 은 이 | 김현아 최태진 한수정 정다은 공용득 채명신 권혜림 정여주 신윤정
　　　　　　이도연 이선화 박현구 염복규 김갑년 권　혁 이성진 김재홍 도수관
펴 낸 이 | 김진수
펴 낸 곳 | 한국문화사
등　　록 | 제1994-9호
주　　소 | 서울시 성동구 아차산로49, 404호(성수동1가, 서울숲코오롱디지털타워3차)
전　　화 | 02-464-7708
팩　　스 | 02-499-0846
이 메 일 | hkm7708@daum.net
홈페이지 | http://hph.co.kr

ISBN 979-11-6919-018-3　93300

- 이 책의 내용은 저작권법에 따라 보호받고 있습니다.
- 잘못된 책은 구매처에서 바꾸어 드립니다.
- 책값은 뒤표지에 있습니다.

오류를 발견하셨다면 이메일이나 홈페이지를 통해 제보해주세요.
소중한 의견을 모아 더 좋은 책을 만들겠습니다.

· 축사 ·

도전과 혁신, 공유와 확산을 위한 노력을 응원합니다.

한국문화융합학회의 학술 총서 6권이 출간됩니다. 융합의 시대라는 이름으로, '메타버스-확산의 예감', '공공 언어, 공적 리터러시', '대학 교양교육의 현장과 과제', '문학 정신과 공감, 공존, 상생의 미학', '예술적 상상과 현실', '사회발전을 위한 융합사회'가 그것입니다. 우리 학회 회원들의 연구 성과를 정리하고, 전문 연구자와 일반 독자들과 공유하기 위한 노력의 하나입니다.

우리 학회가 지난 1979년 도전과 혁신의 DNA로 첫발을 디딘 지 올해로 44년째를 맞았습니다. 공자의 말을 빌리자면 '세상일에 정신을 빼앗겨 판단을 흐리는 일이 없는 나이'인 불혹(不惑)에 이르렀습니다. 그런가 하면 '하늘의 명을 깨닫는 나이'인 지천명(知天命)을 앞두고 있습니다. 창립 이후의 자취를 돌아보면 우리 학회의 회원들이 치열하게 연구하고 쉼 없이 토론하고 모색했음을 알 수 있습니다.

오늘날 우리나라는 선진국이 되었고, 국격이 올라갔습니다. 과학 기술과 경제, 문화 예술과 스포츠, 사회 시스템과 인프라 등 다양한 분야에서 세계인의 부러움을 사고 있습니다. 그런가하면 대화와 소통, 이해와 공감, 도리와 품격 등에서 과제로 남은 부분도 있습니다. 미래 사회의 예상되는 문제를 최소화하고, 해결을 위한 노하우를 축적하고 시스템을 개발해야 하는 도전에 직면했습니다.

우리 학회가 표방하고 있는 '융합'은 이런 요구에 부응할 수 있는 시대정

신입니다. 학문 공동체 안에서는 학제 간의 대화와 협업이 되겠습니다만, 범위를 넓히면 '융합'은 세대 간, 지역 간, 계층 간의 거리를 줄이고 이해의 폭을 넓히는 노력이기도 합니다. 젠더 갈등, 언어문화적 갈등, 국가 간의 경쟁 등에서 필수적이고 효과적으로 역할을 할 수 있는 것이 '융합' 그리고 '소통'이라 하겠습니다.

이번에 발행되는 총서는 학문 영역 간의 대화와 소통을 위한 것이자, 그 성과물입니다. 개별 도서는 각각 디지털 세계, 리터러시, 교양기초교육, 문학과 미학, 문화와 예술, 사회 시스템 등 각 학문 분야에서의 핵심적인 이슈를 담고 있습니다. 그러면서 이들 시리즈들은 '다름'에 대한 대화의 장을 열면서 동시에 소통과 융합의 사례와 노하우를 '공유'하는 시도입니다. 회원 여러분과 독자들의 응원을 기대합니다.

2022년 7월
한국문화융합학회 회장 지현배

· 발간사 ·

　〈문화와 융합〉 총서 시리즈는 교육, 문학, 문화, 예술, 행정, 사회 등 각 분야의 연구자들이 시도한 융합 연구 가운데 우수한 성과물만을 엄선하여 독자들의 눈높이에 맞춰 깊이 있는 지식을 전달하고자 기획되었다.

　최근 융합 연구는 공존과 통합을 추구하며 새로운 가치를 창조하는 혁신적인 과제로서 중요성이 점차 강조되고 있다. 이제는 거의 모든 분야에서 융합적 탐구를 위한 학문적 접근을 시도하고 있다. 특히 학문 간의 융합은 다양한 분야의 경계를 넘나들며 미래 사회를 준비하기 위한 필수적인 역량이자, 시대의 요구이기도 하다. 그런 의미에서 〈문화와 융합〉 총서 시리즈는 융합 연구가 나아가야 하는 방향성에 대해 실제적인 해답을 제시해 줄 수 있다.

　이 책은 그동안 〈문화와 융합〉 학술지를 통해 발표된 융합 연구의 학술적 담론을 재구성하여 집필되었다. 학문 간의 융합 연구가 어떻게 이루어질 수 있는지, 어떤 방식으로 우리의 삶에서 활용될 수 있는지를 다각도로 탐색하여 실용적인 논의들을 담고자 했다. 이 책을 통해 우리는 융합 연구의 실체에 조금 더 가까워질 수 있으며, 유용한 아이디어를 얻을 수 있을 것이다. 나아가 궁극적으로는 학문 간의 협력과 상호 소통, 통합과 공존을 이루어 갈 수 있는 융합적 연구 환경의 기반을 확립할 수 있을 것이다.

　한국문화융합학회는 앞으로도 연구 성과물을 대중들과 공유하고, 사회 발전에 활용하기 위해 총서를 발간하는 사업을 지속적으로 추진할 계획이다. 이것은 융합적 사고가 경쟁력이 되는 '융합의 시대'에 융합 연구의 활성화를 도모하기 위한 학회의 실천적인 노력이자 역할이라 할 수 있다.

이번에 발간되는 6권의 총서 시리즈를 시발점으로 삼아 향후 융합 연구의 외연을 확장해 나가는 도약의 기회가 되기를 바란다.

총서 시리즈로 이 책이 나오기까지 많은 분들의 협조와 수고가 있었다. 먼저 학회 발전과 총서 발간을 위해 아낌없이 지원해 주신 지현배 회장님, 각 분야별로 책이 출간되기까지 물심양면으로 애써 주신 출판 TF 위원님들, 실질적인 업무로 든든한 보탬이 되어준 김진국 선생님께 감사드린다. 무엇보다 여유롭지 못한 출판 일정에도 불구하고 적극적으로 협조해 주신 저자들께 무한한 감사를 드린다. 마지막으로 학술적인 연구물의 출판이 어려운 상황 속에서 이 책의 기획 의도에 공감하여 결실을 맺도록 도움을 주신 한국문화사에 깊은 감사 인사를 드린다.

2022년 7월
한국문화융합학회 출판 TF 위원장 강소영

· 서문 ·

융합의 시대, 사회발전을 위한 융합사회

　최근 우리 사회는 다양한 원인에 의하여 급격하게 변화하는 모습을 보여주고 있다. 급격한 변화는 많은 이들에게 편안함과 풍요로움을 주기도 하였지만, 일부 사회구성원들에게는 적응의 어려움과 노력의 고통을 수반하여 많은 사회적 문제를 야기한다.

　이러한 사회적 변화에 대하여 관련분야 연구자들은 편안함과 풍요로움은 지속시키고, 적응의 어려움과 노력의 고통을 해결하기 위하여 심도 있는 연구를 통해 우리 사회를 발전시키기 위하여 노력하고 있다.

　이들은 자신들의 연구결과를 공유하기 위하여 우리 한국문화융합학회의 논문지인 〈문화와 융합〉에 투고하여 사회발전을 위한 방안을 알렸다. 그러나 지나치게 학문적인 연구 중심으로 소개된 탓에 전문분야에 대한 지식의 대중화를 가로막고 있었다.

　연구결과를 일반화하지 못하여 사회적 발전이 더디다는 반성을 통해 연구결과를 일반시민에게도 공유하기 위한 목적으로 한국문화융합학회에서는 2022년 〈융합의 시대: 사회발전을 위한 융합사회〉라는 제목의 연구 총서를 출간하게 되었다.

　'사회제도를 다루는 이 총서에서는 총 4부로 나누어 해당 분야의 전문지식을 대중화하여 일반인들도 쉽게 이해할 수 있도록 편집하여 출간하였다.

1부에서는 21세기를 맞아 분열과 차별의 철폐를 목적으로 다문화와 차별, 통합을 다루는 "통합의 사회"라는 주제 아래 총 4편의 연구를 소개하였으며, 2부에서는 보다 안전한 사회를 구축하기 위하여 정보보호, 치안서비스, 청소년 안전을 다루는 "안전한 사회"라는 주제 아래 총 4편의 의미 있는 연구를 소개한다. 3부에서는 지방자치행정의 강화와 지방의 사회유대를 강화하기 위한 목적으로 지방자치단체의 행정 및 각종 사업 등을 다루기 위하여 "지역자치 사회"라는 주제 아래 총 3편의 연구를 소개하였으며, 4부에서는 실용적으로 융합된 사회를 확대하기 위하여 "실용적인 융합 사회"라는 주제 아래 총 2편의 연구를 소개하였다.

　이번 총서 발간으로 사회발전에 이바지하는 데 긍정적인 영향을 주기 위하여 번거로움을 마다하고 도와주신 18명의 연구자들께 감사의 말씀을 드린다. 또한 총서가 발간될 수 있도록 지원해 주신 한국문화융합학회 지현배 회장님을 비롯한 학회 관계자분들을 비롯하여, 여러모로 바쁘신 가운데 총서를 발간하기 위하여 해당 분야의 연구를 분석해주시고 편집해주신 각 출판위원님들의 노고에 감사드린다.

2022년 7월
한국문화융합학회 출판 TF
사회제도 분야 위원 신재헌

· 차례 ·

축사 | 5
발간사 | 7
서문 | 9

1부 통합의 사회

01장 남아공 백인의 곤경으로 살피는 흑인의 불행과 국가폭력
-안드레 브링크의 『메마른 백색 계절』   17
1. 백인작가는 남아공의 인종차별 역사를 어떻게 전하는가?   17
2. 흑인과 백인이 함께하는 저항의 역사   18
3. 폭력을 낳는 광신적 민족주의와 인종주의   25
4. 국가폭력에 동조하는 백인과 아파르트헤이트   32
5. 흑백 모두의 고통에 주목하는 브링크 서사의 중요성   40

02장 다문화가정 어머니의 개인주의-집단주의 문화성향이 지니는 의미   43
1. 다문화사회의 도래와 과제   43
2. 개인주의-집단주의 문화가치 성향의 의미와 고찰의 중요성   46
3. 다문화가정 어머니들의 적응·부적응 및 자녀 양육 요인   48
4. 다문화가정 외국인 어머니에 대한 조사연구 방법 개요   50
5. 다문화가정 외국인 어머니에 대한 조사연구 결과   52
6. 조사연구 결과가 갖는 시사점과 의미 탐색   61

03장 북한이탈여성의 남한생활적응 과정에서의 평생학습 참여 　67
　　1. 평생학습 시대, 북한이탈여성의 교육 　67
　　2. 남한 사회 북한이탈여성의 생활적응과 평생학습 　68
　　3. 심층면접법을 활용한 질적 자료 분석 　70
　　4. 평생학습 참여 북한이탈여성의 남한생활적응 과정 　75
　　5. 평생학습 경험의 의미와 실천적 교육을 위한 제언 　87

04장 퍼포먼스로서의 MZ세대 디지털 시민운동 　**93**
　　1. MZ 세대의 시민운동 　93
　　2. 퍼포먼스로서의 시민운동 　95
　　3. 디지털 시민운동의 약점과 해결방안 　110
　　4. 완벽한 공동체(communitas)를 꿈꾸며 　112

2부 안전한 사회

05장 기업의 정보보호 활동이 보안정책 준수에 미치는 영향 　**117**
　　1. 코로나 시대, 정보보호 활동의 변화 　117
　　2. 정보보호 활동과 보안정책 준수 연구모형 　119
　　3. 보안정책 준수에 미치는 영향요인 설문조사 　121
　　4. 설문조사 데이터의 분석 　123
　　5. 기업의 정보보호 활동이 보안정책 준수에 미치는 영향 　134

06장 경찰조직내 남성경찰관들의 성차별 수준 탐색 　**141**
　　1. 여성경찰에 대한 조직 안팎의 회의적 시선 　141
　　2. 경찰조직의 성차별 수준에 관한 진단 　143
　　3. 성차별 수준 진단에 사용된 도구 및 연구방법 　148
　　4. 경찰조직의 성차별 수준 분석결과에 관한 논의 　151
　　5. '여성'경찰이 아닌 여성'경찰'로의 동료인식이 필요 　156

07장 청소년 사이버폭력 목격 척도 개발 및 타당화 ... 161
1. 사이버폭력이란 무엇인가? ... 161
2. 사이버폭력의 유형에는 어떤 것들이 있는가? ... 162
3. 사이버폭력의 피해로 인해 나타나는 결과 ... 163
4. 기 개발된 사이버폭력 척도들 ... 163
5. 사이버폭력 목격척도 개발 과정 ... 165
6. 사이버폭력 목격척도 개발 결과 ... 166
7. 개발된 사이버폭력 목격 척도의 특징 ... 171
8. 앞으로의 척도 사용과 연구 방향 ... 175

08장 공동주택에서의 이웃 간 층간소음 해결책은 무엇인가? ... 179
1. 공동주택 주거문화, 함께 살아가는 해법 ... 179
2. 층간소음을 경험한 참여자들의 개별적 이야기 ... 182
3. 참여자의 공통적 경험에 대한 이야기 ... 186
4. 배려와 소통으로 하나되는 공동체 ... 195

3부 지역자치 사회

09장 광화문 공간의 재구축에서 '전통과 현대'의 갈등과 봉합 ... 203
1. 역사적 형성물로서 광화문 공간 다시 보기 ... 203
2. 광화문 공간에서 전통의 동원과 현대의 건설 ... 204
3. 광화문 공간에서 전통과 현대의 균열 및 봉합의 시도 ... 211
4. 시민이 만들어가야 할 광화문광장의 미래 ... 220

10장 '세종형' 커뮤니티케어 도시재생뉴딜 ... 223
1. 초고령 사회의 가족 ... 223
2. 새로운 공동체 구상 ... 224
3. 세종형 다세대 공동거주 ... 235
4. 새로운 '가족' 공동체의 미래 ... 241

11장 지자체의 노인지원정책이 노후준비에 미치는 영향 **245**
    1. 초고령화 시대, 노인 문제 '재조명'   245
    2. 한국 노인지원정책에 대한 담론   247
    3. 노인지원정책의 효과 분석   252
    4. 연구 분석 결과   256
    5. 초고령화 시대, 노인 문제 '해결 방안'   261

4부 실용적인 융합 사회

12장 장묘문화 변화와 분묘기지권에 관한 최근 판례 경향 **267**
    1. 장묘문화와 분묘기지권   267
    2. 장사 등에 관한 법률과 분묘기지권   268
    3. 분묘기지권에 관한 위헌심판   273
    4. 취득시효형 분묘기지권과 지료   278
    5. 분묘기지권의 올바른 해석 방향   281

13장 울산지역 직업계고등학교의 학과 재구조화 방향 **285**
    1. 인력 수급과 미래 산업수요 전망   285
    2. 전국 및 울산지역 직업계고등학교 기본 현황 및 학과 분포   294
    3. 울산지역 직업계고등학교 교사의 학과개편 의향   302
    4. 울산지역 직업계고등학교의 학과 재구조화 방향   308

저자 소개 | 313

1부
통합의 사회

01장
남아공 백인의 곤경으로 살피는 흑인의 불행과 국가폭력-안드레 브링크의 『메마른 백색 계절』 | **김현아**

02장
다문화가정 어머니의 개인주의-집단주의 문화성향이 지니는 의미 | **최태진**

03장
북한이탈여성의 남한생활적응 과정에서의 평생학습 참여 | **한수정**

04장
퍼포먼스로서의 MZ세대 디지털 시민운동 | **정다은**

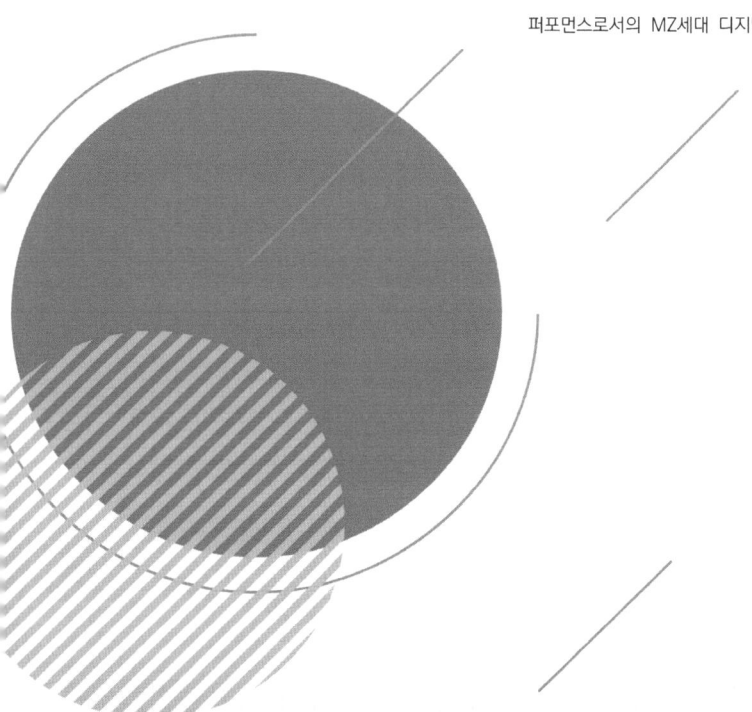

01장

남아공 백인의 곤경으로 살피는 흑인의 불행과 국가폭력
-안드레 브링크의 『메마른 백색 계절』

1. 백인작가는 남아공의 인종차별 역사를 어떻게 전하는가?

　남아공 출신의 백인작가 안드레 브링크(André Brink, 1935~2015)의 소설 『메마른 백색 계절』(*A Dry White Season*, 1979)[1]은 경찰에 쫓기는 백인 남성의 이야기를 중심으로 남아공의 인종폭력, 국가폭력의 문제를 주되게 다룬다. 작가는 1970년대의 남아공을 배경으로 흑인들의 참혹한 현실을 그들이 경험한 사건이 아닌, 어려움에 직면한 흑인을 도와준 행위로 혹독한 대가를 치러야 했던 백인 남성의 이야기로 전달한다. 법적으로 인종차별을 합법화 했던 악명 높은 아파르트헤이트(apartheid) 시대에서 희생자가 흑인으로만 형상화되지 않고 백인 역시 그 역사의 피해자로 전락한 사실 역시 형상화 한 점에서 브링크의 소설은 다른 인종 서사와 차이를 드러낸다.

---

[1] 브링크의 소설 제목을 직역하면 '건조한 하얀 계절'이지만 작가의 소설을 국내에 처음 소개하고 번역한 왕은철의 번역서 『메마른 계절』을 참조해 통일시키는 의미에서 제목을 『메마른 백색 계절』로 한다.

남아공에서 브링크와 더불어 백인이면서 흑인들의 고통에 주목한 작가로 쿳시(J. M. Coetzee), 고디머(Nadine Gordimer)를 꼽을 수 있다. 이들은 아파르트헤이트 시대를 겪으면서 남아공에서 작가로 산다는 것은 스스로 수긍하든 수긍하지 않든 자신이 속한 사회를 대변해야 하는 막중한 역할에 압도될 수밖에 없다는 중압감을 서로 다른 방식으로 표명해 왔다. 두 작가처럼 브링크 역시 "사회에서 작가의 기능과 책임감은 …… 문화적, 도덕적으로 현저하게 포위된 상태에 처해 있다"(Brink, *Mapmakers*, 1983:13)고 토로하면서 작가가 사회의 불의와 차별을 외면할 때 발생할 수밖에 없는 백인작가의 딜레마를 거론했다.

브링크가 비백인이 경험하는 다양한 고통을 서사의 중심에 놓으며 남아공이 직면한 문제에 대한 이야기를 멈추지 않는 이유도 그러한 책임감과 무관하지 않다. 더욱이 백인작가의 책임감에는 가해자에 해당하는 인종으로서의 죄의식과 윤리적 짐이 이미 수반되었을 것이기 때문이다. 그런데 브링크의 경우, 쿳시나 고디머처럼 백인작가의 성향을 표출하기보다는 네덜란드계 이민자 후손인 아프리카너(Afrikaner) 백인의 무의식적인 죄의식을 드러내면서도 백인의 폭력을 노골적으로 드러내는 흑인작가들과 흡사한 성향의 글을 발표했다. 그리고 그러한 성향의 소설들 중에서도 죄의식과 폭로적 특징을 모두 드러내는 대표적인 저작이 바로 『메마른 백색 계절』이다.

2. 흑인과 백인이 함께하는 저항의 역사

1) 백인작가가 말하는 남아공 백인의 공포심

브링크는 "남아공 체제와 이 정권의 아파르트헤이트 제도에 대한 급진적인 비판가로서 지금까지의 중대한 기록들 때문에 유명한 작가"(Lehmann,

2005:31)로 평가받는다. 그는 대다수 흑인들의 삶이 소수의 백인에 의해 얼마나 무참히 짓밟혔는지를 강도 높게 비난했기 때문이다. 그 결과 브링크는 아파르트헤이트 시대가 흑인들의 삶을 얼마나 비극적으로 만들었는지를 집중적으로 조명했다는 이유로 백인정권이 예의주시한 작가로 살아야 했다. 이를 반영하듯, 『메마른 백색 계절』은 실제로 비밀경찰로부터 "너무 위험한"(Brink, "Censorship and the Author", 1980:25) 저서로 낙인찍혀 출판 자체가 쉽지 않았다. 우여곡절 끝에 『메마른 백색 계절』이 출간은 됐지만 브링크의 예측대로 남아공 정부는 소설이 가져올 파장을 우려한 나머지 곧바로 금서조치로 대응했다.

남아공 문학을 국내에 본격적으로 소개한 왕은철은 브링크와의 인터뷰에서 그러한 조치와 관련해, 작가의 신변마저 불안한 처지에서 저항의 글쓰기를 멈추지 않는 이유를 질문한 바 있다. 이에 브링크는 "아파르트헤이트에 대한 저항은 단순한 정치적 혹은 이데올로기적 투쟁이 아니라, 인간을 인간답게 만드는 모든 가치 개념들과 모든 일상적 경험을 수호하기 위한 투쟁이었다. 결과적으로 이런 것들이 내 작품에 반영"(왕은철, 2010:187)된 것일 뿐이라고 답변했다. 인터뷰는 작가가 남아공 정부의 감시를 극복한 근원이 거창한 이념이 아니라 인간 본연의 가치를 잃지 않으려는 단순한 바람으로부터 비롯되었음을 밝힌다.

『메마른 백색 계절』은 남아공 정부가 비백인은 물론 심지어 곤경에 처한 비백인을 도운 백인까지 어떻게 조직적으로 감시하고 처벌했는지의 문제를 다룬다. 즉, 브링크 서사의 핵심은 다수의 흑인들이 처한 처참한 환경은 물론, 이들을 외면하지 않는 백인 역시 박해의 대상으로 포섭되는 국가적 상황을 주되게 재현한다. 브링크가 인종차별에서 비롯된 흑인들의 비극을 쟁점화 한 주제는 여러 남아공 작가들의 그것과 유사하지만 백인의 고난 역시 초점화 해 흑인에 대한 백인의 폭력이라는 정형화 된 주제를 벗어난 점에서 차별화된다.

그렇다면 브링크가 백인이 경험한 고통과 공포심에 주목한 것의 중요성은 무엇인가? 그것은 백인들이 경험한 고통의 문제를 통해 흑인, 혼혈인 모두가 경험해야 했던 고난에 독자들이 쉽게 접근할 여지를 마련한 점에서 찾을 수 있다. 말하자면, 백인이 처한 위기를 바탕으로 흑인들과 이들을 돕는 백인이 경찰 폭력과 같은 국가폭력에 어떻게 희생되어 갔는지를 총체적으로 가늠하게 한 것이다. 여기에서 재현되는 브링크 서사의 중요성은 소수 백인들이 겪었을 고통과 불안의 심리를 매개로 흑인과 혼혈인이 겪었을 극심한 박해의 상황을 유추하게 함으로써 남아공의 인종사를 거슬러 객관화 한 시도에 있다.

따라서 브링크 서사는 백인정권에 반기를 드는 대상이라면 흑백을 가리지 않고 약자로 전락한다는 사실과 국가가 국가 구성원들을 보호하는 주체로 기능하지 않는다는 사실을 명시한다. 남아공 정부는 소수의 백인 권력으로 응집된 만큼 국가권력에 반하는 세력들을 적, 이단, 비정상, 교란자, 이탈자, 전복세력 등으로 간주하고 이들을 처벌의 대상으로만 간주한다. 이것은 국가가 폭력의 주체가 됨에 따라 처벌의 대상은 국가폭력의 합법적인 대상으로 전락할 수밖에 없는 당위적 측면을 드러낸다. 물론 이러한 일련의 과정의 중심에 비백인에 대한 차별을 법적으로 공식화하면서 폭력행위에 정당성을 부여한 아파르트헤이트 제도가 자리잡는 것은 두말할 나위 없다.

2) 흑인의 불행한 역사에 개입하는 양심있는 백인

흑인에 대한 인종차별이 극심하던 남아공의 1970년대를 중심으로 『메마른 백색 계절』은 화자가 대학동창이자 친구인 벤(Ben Du Toit)으로부터 다급한 요청을 받는 장면으로 시작된다. 서점 앞에서 만난 벤은 수척해 보였고 카페에 들어가는 것조차 두려워 할 정도로 불안해 보였다. 쫓기는 처지에 있던 벤이 화자를 만나려는 것은 "내가 어떤 걸 보내면 보관해 줄 수 있겠니?"(Brink, 1979:12)라는 요청과 더불어 필요한 시기가 오면 자신의 일지와 노트를 활용하라는 부탁을 하기 위해서였다. 그런데 화자는 신문 부고란에서 벤이 편지를 부치는 도중 뺑소니 사고로 사망했다는 기사를 읽었다. 이때는 화자가 벤과 만난 지 2주 후였고 그가 보낸 소포를 받은 것은 그의 장례식이 치러진 지 일주일이 지나서였다. 이후 화자는 소지품을 받는 순간부터 의문의 교통사고로 사망한 벤의 삶에 본의 아니게 연루된다.

화자는 벤의 일기와 기록들을 접한 후 "도대체 그는 왜 나를 선택해 자신의 얘기를 쓰도록 한 것일까?(Brink, 1979:11)라는 의문을 품다 그의 이야기를 재구성하게 된다. 벤이 소설의 주인공이자 일기의 주인공이라면, 화자는 벤의 이야기를 재구성하는 주체가 된 것이다. 화자는 재구성 과정에서 백인정부가 흑인들에게 자행한 폭력과 살해, 부패와 은폐는 물론, 거짓과 위선을 폭로한 백인 벤의 행위가 부메랑이 되어 불행하게 그에게 되돌아간 사실을 발견한다. 백인정부는 자신들의 권력을 위태롭게 하는 흑인의 저항은 물론 곤경에 처한 흑인을 돕는 백인의 양심있는 행위까지 가리지 않은 것이다. 사실상 화자는 그동안 케이프를 배경 삼아 사랑과 모험을 주제로 한 소설을 쓰며 정치는 자신의 소관이 아니라는 입장이었지만 벤의 사건을 목격하면서 더 이상 과거처럼 살지 못한다.

주인공 벤의 이야기로 들어가면, 그는 요하네스버그에 소재한 중학교의 역사 교사이며 청소 일을 하던 흑인 고든 응구베네(Gordon Ngubane)와 가깝게 지냈고 그의 아들 조나단 응구베네(Jonathan Ngubane)의 학비를 대주기도 했다. 이에 벤의 아내 수잔(Susan)은 남편이 흑인을 돕다가 위기에 처할까 봐 못마땅해 했다. 그러던 어느 날 고든은 아들이 시위현장에서 행방불명 됐다면서 벤에게 다급히 도움을 청한다. 화자가 벤의 기록들에서 규칙적으로 발견한 두 사람의 이름이 바로 고든과 조나단이며 일련의 사건들에서 조나단의 행방불명은 많은 흑인 학생들의 죽음을 가져온 소웨토 항쟁(Soweto Uprising, 1976)과 관련된다.

『메마른 백색 계절』의 중심사건 역시 소웨토 항쟁으로부터 출발하고 고든과 조나단 부자의 불행도 소웨토 항쟁과 깊이 연관된다. 뿐만 아니라 벤의 안락했던 삶 역시 고든의 가족처럼 이 사건 이후 무너진다. 벤이 남아공의 부당한 인종적 현실을 비로소 자각하게 된 것도 고든 가족에게 일어난 사건과 연관된 이 항쟁을 통해서이다. 그는 소웨토 항쟁이 일어나기 전까지만 하더라도 요하네스버그에서 아내와 세 자녀들과 평온한 삶을 살았지만 흑인 학생의 행방불명을 계기로 폭력적인 사회에 능동적으로 개입한다.

벤이 고든과 함께 사라진 조나단을 찾는 동안 다양한 제보를 입수하는데, 주변 아이들은 "조나단이 경찰한테 체포당하는 것을 보았다"(Brink, 1979:41)고 알려줬으며 흑인 간호사는 고문과 구타로 만신창이가 된 조나단을 보았다고 알려준다. 그런데 이후 간호사가 해고되는 등 제보한 흑인들이 의문의 불행을 맞는다. 이 공포스런 상황에서도 고든의 지인이자 택시 운전사인 스탠리 마카야(Stanley Makaya)는 조나단의 행방을 알기 위한 수많은 단서를 찾아낸다. 그는 경찰서에서 일하는 청소부와 접촉해 그녀가 조나단이 수감된 방에서 핏자국을 씻어낸 이야기를 들었지만 정작 조나단의 사건을 의뢰받은 변호사는 비밀경찰로부터 아들이 자연사했다는 소식을 통보받았다고 전한다. 이에 고든은 벤에게 "저와 당신의 시대는 지나가고 있지만, 우리 아이들의 시대는 아직 오는 중입니다. 만약 그들이 우리 아이들을 죽이기 시작한다면 우리가 살아야 할 이유가 뭔가요?"(Brink, 1979:48)라며 절망을 토로한다.

그런데 백인경찰이 아들의 행방을 찾아 헤매던 고든까지 구금하고 그를 갖은 고문과 폭력으로 죽음에 이르게 하면서 모든 상황은 미궁으로 빠진다. 이제 벤은 고든의 아내 에밀리(Emily)와 스탠리의 도움을 받아 고든의 불법 구금과 고문의 증거를 찾아 나선다. 브링크는 이러한 여정에 상당 부분을 할애하기 때문에 "『메마른 백색 계절』은 구금된 흑인 청소부와 그의 아들의 의심스러운 죽음을 파헤치는 백인 주인공의 서사"(Emir, 2015:1072)로 정의되기도 한다.

3) '다수'에 대한 '소수'의 박해와 폭력

인도 출신의 문화인류학자 아르준 아파두라이(Arjun Appadurai)는 저서『소수에 대한 두려움』에서 크고 작은 공동체와 국가에서 갈등과 차별이 왜 빈번하게 발생하는지에 대한 원인을 분석한다. 그는 이 저서에서 대부분 다수는 "'내부'의 소수를 향한 두려움"(『소수에 대한 두려움』, 2015:160)을 갖고 그러한 두려움을 상쇄하려는 차원에서 다수는 폭력에 의존해 소수를 제거하려는 특징을 보인다고 분석한다. 부연하면, '다수'는 '소수'를 부정하고 지우며 말살하는 과정을 통해 단일한 민족, 인종, 국가, 종교를 지켜냄으로써 자신들의 정체성과 이익을 확고하게 보장받고자 한다.

그러나 남아공의 경우, 정반대로 다수의 비백인을 향한 소수의 박해와 백인폭력이 장악하고 있다. 백인들은 전방위적인 인종차별을 통해 모든 우위를 점하면서도 흑인들을 향한 폭력을 멈추지 않는다. 그것은 자신들이 억압하는 대상인 흑인이 다수를 차지하는 데서 발생하는 두려운 심리를 반영한다. 그래서 백인 소수는 흑인 다수에 대한 두려움이 커질수록, 또는 통제가 어렵다고 판단할수록 아파르트헤이트를 바탕으로 법과 제도를 보다 폭력적인 차원으로 강화한다. 이것은 소수 백인이 다수 비백인을 두려워할수록 폭력의 활용이 빈번해지고 조직화되는 이유이다.

브링크는 '다수'에 대한 '소수'의 박해와 폭력으로 잠식된 남아공의 상황을 수없이 지켜보면서 자신이 "그러한 폭력의 현장을 형상화하지 않는 것 자체를 스스로 폭력행위"(Zukas, 2007:117)라 규정한다. 이 견해로 보면,『메마른 백색 계절』에서 흑인들의 불행에 적극 개입하는 백인 주인공 벤은 작가와 닮아 있다. 그 역시 벤처럼 통상 가해자 인종에 해당하면서도 소수 백인의 횡포에 맞섰기 때문이다. 작가는 흑인의 불행에 분노와 연민으로 반응하고 흑인 편에 선 백인 역시 위험에 노출된 과정을 상세히 한다. 이를 통해 흑인 못지않게 백인도 백인정부와 경찰의 감시로부터 자유롭지 못한 상황을 강조한다. 재현의 과정에서 아파르트헤이트가 국가폭력의 큰 밑그림이라면, 소웨토 항쟁에 대한 진압사건과 이로 인한 흑백 모두의 불행은 아파르트헤이트가 속속들이 실현되는 구체적인 정황이다.

아파르트헤이트 제도가 맹위를 떨치던 1970년대는 흑인들의 거주지를 따로 분리시켜 백인들의 부와 안전을 지키고 차별을 영속화하려던 시대였다. 확고한 차별을 위해 "아파르트헤이트는 다수의 법안을 통과시켜 실현되었으며, 이는 다양한 분야에서 분리를 공고히"(Pangmeshi, 2014:85)했다. 이 소설의 공간적 배경인 소웨토 역시 차별 법에 따라 흑인거주지를 강제로 분리한 과정에서 탄생한 흑인밀집지역 중의 하나였다. 그런데 백인들은 흑인들의 공간만 분리하지 않고 교육까지 통제했다. 소웨토라는 장소는 백인위주의 교육정책에 반대한 흑인학생들의 거센 시위 때문에 외부에 알려지게 됐으며, 1976년에 실제로 일어난 소웨토 항쟁은 이 소설의 시대적 배경을 관통하는 사건이다.

이 항쟁은 남아공 정부가 비백인의 교육을 제한하기 위해 백인의 언어인 아프리칸스어(Afrikaans)[2]로 수업을 강행하자, 흑인들이 백인 위주의 교육정책에 반대하며 시위와 집회로 저항하면서 본격화되었다. 『메마른 백색 계절』에서 조나단 역시 남아공의 권력층인 네덜란드계 백인인 "'보어인'들한테 적개심을 품고, 아프리칸스어를 배우는 것을 거부"(Brink, 1979:54)했다. 백인정부가 백인 아프리카너의 언어인 아프리칸스어를 흑인 학생들에게 강제로 주입하기 위해 흑인 부족어와 공용어인 영어 대신 오직 아프리칸스어만 허용했기 때문이다. 그러자 소설에서 증언하듯, "학생들은 아프리칸스어가 '압제자'의 언어라고 비난하면서 아프리칸스어로 진행하는 수업을 거부하고 동맹휴업을 전개하는 한편 대중시위를 계획"했

---

[2] 남아프리카 네덜란드어(South African Dutch language)이자 남아공 백인이 사용하는 언어로 알려져 있다. 1652년 남아공이 네덜란드의 식민지가 되었을 때 네덜란드인이 사용하던 언어가 아프리카의 독자적인 문화적, 언어적 토대위에서 결합되어 독창적인 언어가 되었다.

고 이로써 소웨토는 "저항의 진원지"(메러디스, 2014:575)가 되었다.

이 맥락으로 볼 때, 흑인 학생들의 반기는 "백인사회의 필요에 맞게 흑인교육을 제한하기 위해"(메러디스, 2014:574) 마련된 '반투족 교육제도'에 대한 항의라 이해할 수 있다. 백인언어에 대한 강요는 단순한 언어의 주입이 아니라 백인의 가치관과 정체성의 주입이라는 불손한 의도를 갖기 때문이다. 소웨토 항쟁이 남아공에서는 물론 해외에까지 큰 반향을 일으켰던 것은 부당한 교육정책에 맞서던 백오십여 명의 흑인들이 백인경찰의 무자비한 진압으로 부당한 죽음을 맞았으며 그 중 희생자의 상당수가 어린 학생으로 밝혀져서였다. 이를 계기로 남아공에서 만연한 백인폭력의 상황이 구체적으로 알려지게 됨에 따라 "해외에서도 아파르트헤이트를 비판하는 목소리"(메러디스, 2014:580)가 높아지게 된 것이다.

3. 폭력을 낳는 광신적 민족주의와 인종주의

1) 남아공과 검열의 메커니즘

아파르트헤이트와 같은 국가폭력은 물리적 폭력과 인식론적 폭력을 수반한다. 그 중 후자에 해당하는 인식론적 폭력에는 주로 조직적인 검열 시스템이 활용되며 이를 어떤 국가보다도 전방위적으로 이용해 온 국가가 바로 남아공이다. 그래서 쿳시는 남아공에서의 경험에 비추어 일찍이 "검열을 받는 가운데 일하는 것은 마치 당신을 좋아하지 않는 누군가, 당신이 친하고 싶지 않은 누군가이면서 당신을 압박하는 누군가와 긴밀하게 지내는 것과 같다"(Coetzee, 1996:38)면서 검열이 어떻게 모두의 삶에 속속들이 개입해 개인과 사회에 돌이킬 수 없을 정도의 피해를 남기는지에 날서게 반응했다.

검열에 대한 쿳시의 비판은 많은 비평가들의 입장과 같은 선상에 있는

데, 그 대표적인 경우로 주디스 버틀러(Judith Butler)를 꼽을 수 있다. 그녀 역시 검열의 주체가 대상을 통해 사회적 담론을 형성하게 하는 데 있어 얼마나 많은 부정적인 영향력을 행사하는지를 『윤리적 폭력비판』을 통해 다음과 같이 요약했다.

> 검열의 메커니즘은 주체의 생산에 적극적으로 관여할 뿐 아니라, 발언 가능한 담론, 즉 공적 담론 내에서 무엇이 승인될 수 있으며 무엇이 승인될 수 없을 것인가에 대한 사회적인 한도를 한정하는 데 관여하게 된다. 검열이 문제의 표현에 대한 완전한 검열을 야기하는 것에 실패하는 것은 법적 수단을 통한 완전하거나 총체적인 주체화를 도입하는 데 실패하는 것, 그리고 발언 가능한 담론의 사회적 영역을 효과적으로 한정하는 데 실패하는 것과 전적으로 관련이 있다(버틀러, 2016:247).

여기에서 버틀러는 개인과 집단을 향한 검열이 공적 담론에서 허용의 여부를 판가름하며 개인과 사회의 긍정적 기능을 위축시킬 가능성에 대해 이야기한다. 특히 그녀는 검열의 주체가 국가에 주어질 경우 결과적으로 검열은 사회적, 인종적 약자를 향해 불리하게 흘러갈 수밖에 없는 현실을 우려하고 있다. 이것은 쿳시와 브링크가 우려하는 바와 맞닿아 있다.

검열에 대한 버틀러의 우려는 백인이 절대권력인 남아공 사회에서, 그리고 이 현실을 재현하는 브링크의 소설에 고스란히 나타난다. 응구베네 부자는 물론 쫓기는 벤 역시 국가의 검열 시스템과 연관되기 때문이다. 그래서 브링크는 소설에서 검열과 통제 시스템을 상세히 묘사한다. 이를 통해 "브링크는 자신의 작품에서 사회적, 정치적 문제에 관여함으로써 아파르트헤이트 이데올로기의 잔인함을 묘사할 뿐만 아니라 좀 더 민주적이고 해방된 사회에 대한 해결책을 제시"(Emir, 2015:1070)하고자 했다.

『메마른 백색 계절』에서 고든 부자와 같은 흑인과 벤과 같은 백인에게 주로 '테러리즘 법령'(Terrorism Act)[3])과 같은 폭력적인 법과 검열 시스템이 적용되었다. 조나단이 행방불명된 후 그의 시신조차도 찾을 수 없고 이를 추적한 고든과 벤이 불행한 처지에 직면하는 것도 저항을 테러행위로 간주하는 '테러리즘 법령'과 연관된다. 백인정부는 자신들에 맞서는 대상을 향해서는 흑백을 가리지 않고 국가를 위태롭게 한다는 이유로 범법자 취급을 했다.

한편 벤이 응구베네 부자 사건을 파헤치는 과정에서 가장 막역한 도움을 준 스탠리는 응구베네 가족과는 또 다른 차원에서 흑인이 직면한 현실을 객관적으로 볼 수 있도록 안내하는 중요한 인물이다. 더불어 그는 벤으로 하여금 흑인구역의 적나라한 실상을 들여다보게 하는 결정적인 역할을 한다. 스탠리는 벤과 신뢰하는 사이가 됐을 무렵, 자신이 경험했던 비참한 사건을 들려준다. 그것은 스탠리가 사랑하는 여인을 만나 밤을 보냈는데, 백인 주인이 나타나 나체인 그들을 발견하고 코뿔소 채찍으로 그를 때렸던 날에 관한 사연이다.

> "그날 밤, 나는 전에 보지 못했던 것을 보았어요. 그것은 내가 내 몸의 주인이 아니란 사실이었지요. 나의 인생은 백인 주인의 것이었다는 것 말이오. 내게 일거리를 주고, 내가 어디에 묵고, 내가 어떤 일을 하고, 내가 어떤 일을 해서는 안 되고 ······ 모든 일을 결정하는 사람은 그였지요. 그날 밤. 그 사람은 내 뼈를 거의 모두 망가뜨렸지요. 그러나 그것이 나를 괴롭혔던 것은 아니라오. 내가 결코 당당한 인간이 될 수 없다는 사실이 나를 괴롭힌 거지요(Brink, 1979:98).

스탠리의 고백에 따르면, 그를 진짜 고통스럽게 했던 것은 백인 주인의 채찍질이 아니었다. 그것은 자신이 자신 몸의 주인이 아니라는 사실과 이로 인해 당당한 인간으로 살 수 없는 현실에 대한 자각이었다. 그

---

3) 흑인들의 저항을 조직적으로 진압하기 위해 정부에 저항하는 집회, 시위, 폭력행위 등을 이 법의 이름으로 통제하면서 흑인들을 진압하는 전 과정에 정당성을 부여했다.

의 고백은 벤의 귓가에서 맴돌다가 이제는 벤의 고통으로 남을 만큼 강렬했다.

스탠리의 이야기에 벤은 당혹스러웠지만 그가 만나는 흑인들은 스탠리의 처지와 크게 다르지 않았다. 비슷한 사례는 벤이 고든의 장례식을 상의하기 위해 에밀리를 방문했을 때 그녀 곁에 있던 이웃 여인의 사연에서도 드러난다. 다음에서 들려주는 여인의 불운한 가족사는 대부분의 흑인 가족에게는 낯설지 않은 이야기다.

"저한테는 일곱 아들이 있었죠. 그러나 다섯은 없어요. 그들은 차례로 죽었어요. 하나는 갱들한테 죽었고, 또 하나는 축구 시합을 하다 칼에 맞아 죽었어요. 또 한명은 기차에 매달려 무임승차하다가 떨어져서 기차에 깔려 죽었어요. 또 하나는 광산에서 죽었고, 또 한명은 경찰한테 잡혀갔어요. 하지만 저한테는 두 아들이 남아있어요. 그래서 지금 저는 에밀리에게 남은 아이들을 위해 마음을 추슬러야 한다고 얘기하는 참이에요. 죽음은 언제나 우리와 함께 있으니까요."(Brink, 1979:93)

여인의 가족사는 스탠리의 일화처럼 흑인들의 인종적 현실을 적나라하게 담는다. 사랑하는 연인 앞에서 발가벗은 채로 백인 주인의 채찍을 맞아야 했던 스탠리처럼 여인의 아들들 역시 흑인이라는 이유로 죽음과 위험에 속수무책으로 노출되어 있다. 브링크는 흑인들의 다양한 사연을 전개함으로써 정의가 내팽개쳐지고 차별이 정의인 듯 작동하는 남아공 사회에 대해 깊은 회의를 표명한다. 인종주의와 관련한 브링크의 그러한 표명은 작가의 대부분의 서사를 관통하는 공통된 주제이며 그의 다양한 작품에서 거듭 보여준 작가의 회의는 남아공의 암울한 국가적 상황을 대상으로 한다.

2) '우리'와 '그들'의 경계에 서 있다.

한편 벤은 흑인들이 경험하는 끔찍한 폭력의 실상을 마주하면서도 여전히 자신과 흑인 동료들이 연대해 저항하면 남아공의 인종적 여건이 개선될 것으로 믿는다. 그런데 벤의 이러한 희망을 허구적 이상이라며 현실을 직시하라고 조언하는 이는 다음 아닌, 스탠리다. 흑인들이 처한 진짜 상황을 벤이 어렴풋이 깨닫게 되는 것도 스탠리가 안내해 준, 백인세계와는 대조되는 소웨토의 처참한 공간을 목격하면서 부터이다. 이것은 과거에 벤이 흑인을 위해 싸우는 순간에도 흑인의 혹독한 현실을 추상적으로 이해했을 가능성을 전달하면서 동시에 흑인 현실에 대한 과거의 무지를 상쇄시키는 역할을 한다. 브링크는 이 과정에서 "벤의 '타자'와의 접촉이 그가 속해 있는 친숙한 세계, 즉 보호받고 특권을 가진 세계로부터 차츰 그를 분리"(Kossew, 1996:101)하게 된 경위를 보여준다.

벤은 지금까지 자신이 '그들'에 속하는 흑인들을 배려하며 살았다고 자부했지만 사실은 '우리'와 '그들'이라는 '편리한 구분'에 의지한 배려였음을 깨닫는다. 그래서 그는 자신이 흑인들을 배려한다고 생각하는 사이에도 흑백의 '섞임'을 거부하는 여느 백인의 입장과 비슷하지 않았는지를 성찰해 본다.

> 우리는 그들을 돌봐줬고, 그들이 하는 일을 소중히 생각했으며, 그들에게 가스펠을 가르쳤고, 그들이 힘겹게 사는 것을 이해하고 그들을 도왔다. 그러나 '우리'와 '그들'의 구분은 여전히 남아있다. 그것은 괜찮고 편리한 구분이었다. 그래서 사람들은 섞이지 말아야 하고, 자기 가족과 같이 살 수 있는 어느 정도의 땅이 누구에게나 할당되어야 한다는 것은 옳다고 생각되었다(162).

벤의 반문에는 '우리'와 '그들'이 같다고 외치면서도 한켠에서는 여전히 경계 가르기에 집중하지 않았는지에 대한 자조적인 추궁이 담겨 있다. 벤과 같은 아프리카너들에게 백인들은 '나의 민족'(my people)이었고 흑인들은 '다른 사람들'(others)로 인식되었던 것이다(162-63). 그의 고백은 '우리'와 '그들'의 구분이 명백한 인종적 현실에서 '그들'의 편에 서기는 하지만 백인으로서의 특권을 온전히 저버리는 것이 얼마나 불가능한지를 보여준다. 이는 벤과 그의 부모님이 흑인들에게 관대했지만 '우리'와 '그들'을 가르는 아파르트헤이트 이데올로기로부터 결코 자유롭지 못한 사실을 전달한다.

벤을 괴롭히는 일련의 의문들이 처음에는 그를 고통에 갇히게 했지만 차츰 그로 하여금 흑인을 진심으로 옹호하게 하는 추동력으로 작용한다. 그 결과 "오늘은 누가 '내 민족'인가? 나는 누구에게 충성해야 하는가?"(163)라는 질문을 거듭하던 그에게 이제 '내 민족'은 고든 가족으로 확대된다. 민족의 개념을 비롯한 벤의 총체적인 의식의 변화는 소수 백인의 정의로움이 거대한 국가폭력과 인종폭력 앞에서 미약하게나마 긍정적으로 역할 할 수 있는 가능성을 시사한다.

그렇다면 인류 역사를 통해 수많은 차별을 양산해 온 '민족'이란 과연 무엇인가? 과거 벤에게 '민족'이란 어떤 의미였는지는 아일랜드 출신의 베네딕트 앤더슨(Benedict Anderson)이 저서 『상상의 공동체』에서 개념화 한 민족과 민족주의의 의미를 통해 검토해 볼 필요가 있다. 그는 이 저서에서 "상상의 산물인 민족은 역사적 숙명성과 언어를 통해 상상된 공동체라는 양면성을 가진 존재로 스스로 열려 있으며 동시에 닫혀 있다"(Anderson, 2006:146)면서 "민족"이라는 수사학의 양면성을 되짚기 때문이다. 요약하자면, 그는 민족을 '소위 상상으로 만들어진 공동체' 차원으로 형성된 개념으로 정리한다. 앤더슨은 민족의 개념이 생성됨과 동시에 크고 작은 폭력과 분규를 유발한 사실을 짚어 냈는데, 이 저서에서 그가 말하는 민족이란, 인종, 종족, 문화집단 등 다양한 형태의 공동체를 포함하는 것을 전제한다.

앤더슨의 견해로 해석하면, 브링크의 서사에서 백인이 "상상의 산물"(Anderson, 2006:146)에 불과한 '민족'의 정의에 획일적으로 집착하는 것은 자신들이 정의한 '민족'에 포함되지 않는 대상들을 배척하고 그럼으로써 자신들을 구분하고 분리시키기 위한 행위이다. 말하자면, 공고한 결속력을 과시하는 '민족'은 상상, 달리 말해 허구를 통해 결집되고 구성 주체들은 자신들의 이익을 위해 뭉치고 자신들과 구분되는 타자를 '만들어' 배척한다. 여기에서 발생하는 심각한 문제는 그러한 허구적 의미에 대한 집착이 커질수록 권력층 바깥에 위치한 인종/민족/부족을 향한 폭력 역시 심화된다는 사실이다. 물론 이러한 배척과 폭력이 비단 남아공에서만 흔한 것은 아니다. 대부분의 국가에서 권력층에 위치한 인종/민족/부족일수록 '상상의 공동체'에 기반한 허구적 개념에 기대고 집착하는 공통된 특징을 보인다.

　이 소설의 등장인물들 사이에서도 오직 백인만 '나의 민족'이라고 단정 짓는 순간 '비백인'은 배척해도 무방한 존재로 통한다. 대다수의 경찰, 교사, 판사, 의사가 보인 행태에서 그러한 구분행위가 엿보인다. 다만 벤은 이러한 민족 개념에 사로잡혀 있었지만 응구베네 부자 사건을 목격한 이후 허구적인 '민족'의 개념을 스스로 재정립한다. 벤의 변화는 그가 흑인에게 직접적인 폭력을 행사하지 않았더라도 과거에 무의식적으로 그릇된 민족주의 이데올로기에 공모적인 입장을 취했던 것에 대한 전면적인 거부를 뜻한다.

　인종주의의 기원을 연구한 알리 라탄시(Ali Rattansi)는 앤더슨이 개념화 한 민족의 의미와 허상을 보다 명료하게 정리하면서 민족이라는 개념이 얼마나 많은 새로운 경계선을 만들어 갈등과 폭력을 부추겼는지를 개탄한 바 있다. 그는 "무엇보다도 민족이라는 개념은 '그들'과 '우리' 사이에 주민 집단과 문화와 인종을 뒤섞은 새로운 경계선을 만들어냈다"(라탄시, 2013:68)고 강조한다. 그가 지적한 '경계선'을 생산하는 주체는 소설에서도 확연히 나타나는데, 그들은 다름 아닌 벤의 가족과 백인 동료 교사들이다. 가령, 벤의 부인과 딸 수제트(Suzette)도 흑인들과 접촉하는 벤에게 창피한 줄 알라며 분노한다. 동료교사는 벤에게 "'테러리스트씨 안녕하신가요?"(Brink, 1979:226)라고 인사하면서 열등한 흑인들을 돕는 벤을 '테러리스트'로 지칭한다. 동료교사는 벤에게 언어적, 심리적 폭력을 행사하는 것에 그치지 않고 흑인에 대한 백인의 폭력행위를 방치하는데, 이는 그릇된 민족 이데올로기에 공모하는 행위이다.

그런데 벤 주변의 백인들은 대부분 동료 교사들의 입장과 다르지 않다. 그들은 벤이 자신들의 편에 서지 않으며 흑인을 돕는 행위를 배반으로 인식한다. 특히, 벤의 장인은 "벤 자네는 어떻게, 우리 민족의 적들을 두둔할 수 있는가?(Brink, 1979:211)라면서 흑인은 적이고 적을 돕는 것을 불의로 본다. 그에게 흑인들은 백인정권에 반기를 드는 위험한 전복세력이다. 벤의 장인 역시 앞서 거론한 상상의 '민족' 개념을 체화한 인물로서 벤을 향해 '민족'과 '기독교도'를 공유하는 백인을 강조해 흑인을 철저히 분리시킨다. 여기에서 그는 남아공의 평범한 백인을 재현하는 인물로서 백인의 전형적인 특권을 공유하는 것을 우선의 가치로 삼는 것을 알 수 있다.

4. 국가폭력에 동조하는 백인과 아파르트헤이트

1) 국가권력의 수호자들

『메마른 백색 계절』에서 경찰, 변호사, 검사, 목사, 교장, 의사는 백인권력이 어떻게 순조롭게 유지될 수 있었는지를 납득시키는 직업군이다. 이들은 남아공 사회를 장악하는 권력시스템이 백인에게 유리하게 작동되도록 역할한다. 브링크의 서사에서 백인이 권력을 장악하는 데 핵심적인 인물은 누구보다도 스톨츠(Stolz) 경위이다. 그는 백인 정권의 대변자로서 철저하게 백인권력의 편에서 아파르트헤이트 정권을 유지하기 위해 저항하는 흑인들과 양심있는 백인들을 처벌하는 데 기여한다. 그 결과 스톨츠 경위를 비롯한 남아공 비밀경찰은 구타, 학살, 고문을 통해 흑인들의 삶을 잔인하게 파괴하고 이를 방해하는 벤과 같은 백인 역시 제거의 대상으로 삼는다.

스톨츠가 백인권력 수호를 위한 비밀경찰과 군인의 역할을 대변하고 교장 클레오테(Cleote)가 부당한 교육계를 선도하는 인물을 상징한다면, 의사 얀센(Jansen)은 흑인의 죽음에 고문과 구타라는 타살의 증거가 명백해도 자살로 진단하는 비양심적인 의사를 대표한다. 남아공이 새로운 시대를 맞이했지만 흑인들이 변화된 현실을 실감할 수 없는 것은 국가권력이 백인들에게 이롭게 작동되도록 협조하는 그들의 막역한 역할이 있어서이다. 게다가 경찰, 검찰, 교장, 의사가 국가의 부당한 권력행사에 공모하는 것 자체가 폭력이지만 그들은 자신들의 행위를 성스러운 행위로 포장한다. 뿐만 아니라 부당한 국가권력에 거리를 두어야 할 목사마저도 그러한 결탁에 깊이 연루되어 있다. 이것은 법조계, 교육계, 의료계는 물론 종교계까지 권력에 비윤리적으로 담합한 과정을 명징하게 보여준다.

그래서 이들은 자신들에게는 유리하게, 흑인들에게는 불리하게 작동하는 법을 맹신한다. 인종주의 이데올로기로 지탱된 남아공 체제는 폭력적인 법을 동원하지 않으면 존속 자체가 불가능하므로 그들의 전폭적인 지지와 담합, 공조는 활발해 질 수밖에 없다. 여기에서 문제는 그러한 부당함이 백인권력층에만 나타나지 않고 선량한 백인 개인의 일상에도 부지불식간에 스며든다는 점이다. 벤은 자신이 흑인에게 물리적인 폭력을 행사한 적은 없지만 폭력의 주체와 공모적이지는 않았는지에 대한 가능성을 동생 헬레나와 함께 했던 어린 시절에 대한 회상으로 되짚어 본다.

내 어린시절의 추억. 아버지는 세발 자동차나 작은 녹색 포드 차를

몰았다. 헬레나와 나는 그 차를 타고 가면서 처음 보는 것은 어느 것이나 자기 것으로 만드는 내기를 했다. '내 집', '내 양', '내 댐'. 흑인 남자나 흑인 여자나 흑인 아이를 볼 때마다 우리는 서로 '내 하인'이라고 우겼다. 그때는 모든 것이 얼마나 자연스럽게만 보였던가. 그런 것들이 우리도 모르는 사이에 우리 마음에 얼마나 각인되었던가. 이런 모든 것이. 우리가 철이 없던 시절부터 시작되었던 걸까? 너는 흑인이다. 따라서 너는 내 하인이다. 나는 백인이다. 따라서 나는 너의 주인이다(Brink, 1979:240).

벤은 자신의 노력이 현실에서 왜 미약하게 작동하는지에 절망하다가 위의 고백에서처럼 남아공 인종주의의 뿌리는 어린 시절부터 차별을 당연시했던 인식체계에 있었음을 문득 깨닫는다. 인종을 계급화시키는 주체는 경찰과 검찰, 의사, 교장, 성직자만이 아니라 행동 층위만 달랐지 자신도 예외는 아니라고 생각한 것이다. 자신 역시 흑인들과 친하게 지내면서도 그들을 개별적인 인격체 대신 오직 '내 하인'으로 여겼다고 인정한다. 그러면서 벤은 친절과 배려로 흑인들을 대하는 자신의 태도에 인종주의 심리가 내재된 것에 소스라친다. 작가는 소설에서 주인공을 차별의 시대를 극복하려는 양심적이고 윤리적인 백인으로 묘사함에도 불구하고 남아공 백인이라면 갖는 불가피한 한계, 즉 인종주의 이데올로기로부터 그 누구도 완전히 거리를 둘 수 없는 상황을 강조한다. 다만 이 소설에서 벤의 공모성은 자신을 철저히 희생시키는 것을 마다하지 않는 과정으로 상쇄된다.

그간 역사에서 드러나듯이 흑백 간의 관계에서 백인의 권력유지는 감시와 처벌을 기저에 둔다. 이러한 이치 때문에 감시와 처벌의 대상이 되는 흑인들이나 권력행사에 방해가 되는 소수 백인들은 무기력해졌고 이들이 무기력해질수록 권력남용은 더욱 용이해졌다. 브링크의 서사에서 흑인들과 양심 있는 백인의 죽음과 구금, 행방불명이 일상적인 것도 그러한 틀에서 가능하다. 벤이 심리적으로 고통스러워하는 것도 이 체제에서 고든과 관련된 일로 자신이 도움을 청했거나 스스로 도움을 제공한 인물들이 모두 불행해져서이다. 벤은 공포스러운 상황에 처하게 된 주변의 인물들을 다음과 같이 하나씩 정리하면서 고통스러워 한다.

청소부: 사라졌다
하심 의사: 피터스버그로 추방됐다.
율리우스 응카쿨라: 구금되었다.
간호사: 억류되었다.
리처드 해리슨: 감옥형을 선고받았다(Brink, 1979:236).

감옥에서 고든의 심각한 상태를 목격하고 알려주었던 인물들은 사라지거나 구금되었고 고든 시신의 부검 때 흑인의 입장에서 입회했던 의사는 추방되었다. 고든의 억울함을 파헤치는 과정에서 불행해진 인물들의 이름을 정리하던 벤은 이제 다음 차례에 희생될 인물이 누구일지를 상상해 본다. 그는 "지금까지 내가 했던 모든 일은 다른 사람들을 깊은 구렁으로 빠뜨렸다"(Brink, 1979:236)는 자책감에 사로잡힌다. 희생되는 인물은 최하층의 청소부에서부터 중요한 직책을 맡은 의사와 기자에 이르기까지 신분을 가리지 않고 모두 국가권력이 행사하는 '감시와 처벌'의 범주에 갇힌다.

2) 위기에 처한 정의와 윤리

이제 벤이 백인권력과 사투하는 과정에서 조우한 멜라니 브루버(Melanie Bruwer)의 등장이 소설에 미치는 영향을 거론해 볼 필요가 있다. 소설의 서두에서 화자는 벤의 소지품에서 한 장의 여성 여권사진을 발견한 적이 있었는데, 그녀가 바로 백인 기자, 멜라니였다. 그녀는 흑인의 참상을 고발하는 데 능동적이고 주도적이며 벤에 이어 부당한 인종차별에 직접적으로 맞서는 백인여성 협력자이다. 그런데 고든 사건의 진실을 알리기 위해 협력하던 두 사람은 남녀 사이로 발전하게 되면서 이들은 위기에 처하고 소설은 반전을 맞는다. 스톨츠를 비롯한 비밀경찰이 시종일관 감시하면서 찍은 두 사람의 정사장면 사진이 언론에 공개되기 때문이다. 그 결과 흑인의 삶을 위해 헌신한 두 사람의 노력은 백인경찰의 철저한 의도에 따라 사회에 윤리적 차원의 큰 파장을 일으키면서 수포로 돌아간다.

벤과 멜라니와의 하룻밤은 흑인의 인권을 옹호한 일련의 행위들에 대한 가혹한 윤리적 잣대로 악용된다. 스톨츠는 흑인을 위해 고통스럽게 걸어온 벤의 모든 행적을 삭제하고 타락한 자가 결코 정의를 부르짖을 수 없다면서 그의 이미지를 조작한다. 궁극적으로 벤과 멜라니 사건은 국가권력의 하수인으로 전락한 경찰들로 인해 흑인을 위해 헌신했던 그들의 활동을 매장시킨다. 특히 응구베네 부자를 위한 벤의 정의로운 행위와 신념은 지워지고 그 자리에 백인 남성의 비윤리적인 이미지만 착종된다.

스톨츠는 벤에게 불리하게 흐르는 여론을 틈타 그를 회유하려 들지만 벤은 경찰 당국의 행태에 분노조차 하지 않는다. 대신 그는 스톨츠를 보면서 "당신은 나처럼 죄수다. 차이가 있다면 당신은 그걸 모른다는 것"(Brink, 1979:282)이라 생각한다. 벤의 이러한 심리적 대응은 폭력이 난무한 남아공의 국가적 상황을 깊숙이 들여다 본 후 그들에게 더 이상 실망할 여력도 남아있지 않아서이다. 그는 한때 "스톨츠, 이젠 너와 나의 대결이다. 이제 나는 내 적이 누구인지를 안다"라고 했던 자신이 "얼마나 순진하고 어리석은 생각"에 사로잡혔는지를 비로소 깨닫는다(Brink, 1979:237). 때로는 이 소설이 "압제에 맞서는 백인가족과 교사의 고군분투뿐만 아니라 요하네스버그 비밀경찰의 파악하기 어려운 권력을 묘사(Iannaccaro, 2014:69)하는 서사로 해석되는 것도 비밀경찰에 의해 압도당하는 이러한 백인의 삶을 형상화하고 있어서이다.

벤의 상황을 가까이서 지켜보며 누구보다도 안타까워하는 인물은 이 소설에 등장한 양심 있는 소수 백인 중의 한명이자 멜라니의 아버지인 필 브루버(Phil Bruwer)이다. 그는 "도대체 어떤 세상이고 어떤 사회이길래 국가가 이렇게 사람을 박해하고 만신창이로 만들려고 하는지! 놀랍기만 하네."(Brink, 1979:291)라며 위선적인 사회에 분노한다. 브루버는 인종차별을 조장해 국가권력을 유지하는 남아공 사회를 폭력이 장악한 국가로 규정한다. 무엇보다도 그는 "우리는 범죄를 저지르는 자들이 '우리 종족'이라는 이유 때문에 그런 걸 보고도 못 본 체 한다"(Brink, 1979:291)면서 백인이 백인의 범죄에 눈감는 상황에 회의감을 드러낸다.

한편 벤은 거듭된 절망의 순간을 경험하면서 자신을 둘러싼 가혹한 현실을 헤쳐 나갈 수 있다고 믿었던 것이 얼마나 어리석었는지를 깨닫는다. 게다가 자신이 아무리 백인체제에 저항한 백인이지만 백인으로서의 특권을 누린 사실 자체가 다음과 같이 그를 괴롭힌다.

> 내가 그걸 좋아하든 않든, 자신이 처한 상황을 저주하고 싶든 그렇지 않든, 나는 백인이다. 그건 나의 무력감을 확인해 주는 것에 불과하다. 이것이 부서진 세계의 작고도 무서운 최종적 진실이다. 나는 백인이다. 나는 백인이기 때문에 특권을 갖고 태어난다. 내가 아무리 우리를 이렇게 만든 체제에 대항하여 싸웠다고 할지라도 나는 엄연히 백인이며 내가 혐오하는 상황으로부터 혜택을 받는다(Brink, 1979:304).

벤의 독백은 그가 '혐오한 상황으로부터 혜택을 받은' 과거 자신의 삶을 들추며 스스로를 고통스럽게 하는 심리적 상황을 보여준다. 그러나 이러한 모든 절망과 주변의 혐오어린 시선에도 불구하고 그는 자신을 도운 스탠리와 멜라니의 만남에 대해서만큼은 "이 세상에서 꿈꿀 수 있는 가장 경이롭고 멋진 것이 아니었던가?"(Brink, 1979:305)라고 확신한다. 절망과 희망 사이에서 그는 "내가 진실로 희망을 품을 수 있는 모든 것은, 내가 부여받는 권리의 전부는 단지 쓰는 것이다. 내가 알고 있는 모든 것을 알리는 것이다(Brink, 1979:316)"라고 다짐하며 자신이 해야 할 일을 상기시킨다. 벤이 위험을 무릅쓰고 자신의 기록을 화자에게 맡기려고 했던 것도 그러한 사명감에서 비롯된 것이다.

그동안 벤은 주변 흑인들로부터 끊임없이 도움을 요청받았기 때문에 "흑인들의 집단적인 고통에 압도"(Brink, 1979:286) 당해 지친 것도 사실이었지만 이제 무기력에 빠지지 않으려고 노력한다. 바로 이 무렵, 스탠리가 그의 집에 불쑥 나타났고 여행을 떠나기 전에 잠시 들렀다면서 다음의 이야기를 전한다.

"우리는 다시 만날 거요. 한마디만 하겠소. 내가 밤중에 당신의 이웃집 개들을 피해 다닐 필요가 없는 날이 올 것이오. 우리가 백주 대낮에 어깨를 나란히 하고 거리를 활보할 날이 올 것이오. 아무도 우리를 제지하지 않을 거요. 그걸 생각해 보시오. 당신과 내가 말이오. 어떤 개자식도 우리를 세워 놓고 '야, 통행증 어디 있어?'라고 묻지 않을 것이오(Brink, 1979:288).

스탠리의 이야기는 흑인이 자신의 조국에서 길거리를 자유롭게 활보할 수 없는 남아공의 상황을 주지시켜 준다. 그런데 그는 이 상황에서도 남아공의 현실을 버거워하던 벤과는 달리 끝까지 희망을 놓지 않은 채 인종주의 현실이 타개될 가능성을 믿고 있다. 스탠리는 벤에게 마지막 이야기를 남기고 떠났으며 이후 소설에서 그의 흔적과 생사는 언급되지 않는다.

3) 흑인연대의 가능성을 보여주는 '스탠리'

『메마른 백색 계절』에서 흑인과 백인세계를 연결하는 중재자였던 스탠리는 벤이 흑인의 현실을 보다 깊이 이해하도록 안내자 역할을 했는가 하면, 자신의 비참한 삶에도 불구하고 비슷한 처지에 놓인 흑인 동료들의 고난을 외면하지 않았다. 그럼으로써 흑인들의 연대가 남아공 사회의 미래에 가져올 긍정적인 청사진을 제시하는 역할을 했다. 스탠리와 벤의 고통어린 활동을 통해서 볼 때, 남아공의 역사는 마치 스탠리가 끝없이 붙잡으려는 희망과 벤의 마음에서 사라지지 않는 절망감 사이에서 위태롭게 존재하는 것처럼 보인다.

지금까지 살펴보았듯이, 벤이 고든 부자의 죽음을 둘러싼 사건에 맞서 필사적으로 싸워보지만 상황을 타개하기란 쉽지 않다. 이 과정에서 그는 '문둥병 환자는 수족이 하나둘 떨어져 나갈 때, 이렇게 느낄까? 혹은 불치의 암에 걸려 고통당하는 사람이 그럴까? 아, 메마른 계절이다. 하지만 나름대로 너무나 소중한 계절이다'(Brink, 1979:223)며 절망한다. 그렇다면 그의 고백의 한 소절이자 소설의 제목이기도 한 '메마른 백색 계절'의 의미는 무엇인가? 작가는 이 제목을 통해 어떤 상황을 전달하고자 했는가? 어린 시절의 벤에게 '메마른 계절'이란 아프리카 가뭄의 한가운데서 경험한 생존과의 싸움과 관련된다면, 성인이 된 이후에는 그의 필사적인 노력을 물거품으로 만든 인종적 현실이다.

유년기의 혹독했던 가뭄을 회상하던 벤은 "지금 나는 또 다른 메마른 백색 계절의 가장자리에 서 있는 것 같다. 그것은 어쩌면 어렸을 때의 것보다 더 심한 것"(Brink, 1979:238)일지 모른다고 고백한다. 그의 고백에 비춰볼 때, '메마른 백색 계절'은 척박한 가뭄과 인종적 폭력이 난무한 남아공의 상황을 동시에 상징한다. 뜨거운 태양으로 인한 '백색 계절'은 살아있는 모든 것을 메마르게 하고, 이때 모든 것을 메마르게 하면서도, 형체가 드러나지 않은 뜨거운 태양은 백인 정권의 폭력과 차별로 이해할 수 있다. 말하자면, 태양으로 인해 모든 것이 메말라 버린 상황은 억압과 폭력으로 피폐해진 흑인의 상황, 이 상황을 극복하려고 백인이 가세하지만 모두 곤경에 처한 남아공의 총체적 상황에 대한 비유이다.

'메마른 백색 계절'의 한가운데서 인종주의 역사의 불합리함을 온몸으로 터득해 온 벤은 어느 날 미심쩍은 자동차 사고로 희생된다. 소설의 초입에 화자가 그의 기록들을 장례식 이후에 받은 것도 편지를 부치려던 과정에서 죽음을 맞이해서다. 소설은 벤의 기록들이 화자의 재구성으로 전개되다가 마지막에 벤의 삶과 죽음을 바라보는 화자의 입장이 간략하게 언급되며 마무리된다. 이렇게 브링크의 전체 서사는 그의 삶을 바친 고든 응구베네의 구금사건을 조사하는 시기부터 벤의 삶의 마지막 시기를 화자가 재구성하는 것으로 구성되어 있다(Iannaccaro, 2014:69). 작가는 이러한 순환구조를 통해 벤이 경험한 남아공 현실과 화자가 재구성한 서사를 객관적으로 들여다 볼 것을 요청한다.

작가가 전하는 사건들이 대부분 남아공의 무기력한 상황을 적나라하게 들추는 것은 사실이다. 그러나 그 가운데에서도 작가는 벤이 경험하는 일련의 사건들을 계기로 계절이 끊임없이 순환하듯이 흑인의 연대와 양심 있는 백인의 헌신이 남아공의 변화로 화답될 것을 믿는다. 즉, 브링크는 폭력으로 얼룩진 피폐한 남아공의 국가적 고난을 상징하는 '메마른 계절'이 뒤바뀔 것을 염원한다. 화자에게 편지를 부치러 가던 도중 비밀경찰의 위장사고로 벤은 비록 희생되지만 작가가 그를 통해 꿈꾸는 바가 바로 이것이다.

5. 흑백 모두의 고통에 주목하는 브링크 서사의 중요성

『메마른 백색 계절』에서 브링크가 중요하게 극화한 주제는 "평범한 개인들의 삶, 즉 잘못된 현실을 바로잡기 위해 필사적으로 노력하는, 억압받는 흑인 다수의 삶과 백인 소수의 삶이 백인정권에 의해 철저히 파괴되는 비극적인 지점"(Iannaccaro, 2014:69)이다. 말하자면, 이 소설은 흑인 고든과 조나단 부자의 죽음에 의문을 제기하며 사인을 규명하려다 백인경찰의 지속적인 감시와 위협을 받다 위장된 교통사고로 죽음을 맞은 백인 주인공 벤에 관한 서사를 다룸으로써 흑백 모두의 비극적 상황을 형상화

한다. 여기에서 중요한 사실은 브링크가 단지 흑백 모두의 고통어린 삶을 증언하는 데 그치지 않고 이들의 희생을 자신의 소설에서 통해 끊임없이 환기하고 애도하려는 작가적 의도를 구현한 점이다.

나아가 브링크는 『메마른 백색 계절』에서 고든 가족을 비롯한 흑인들이 겪는 고문, 구타, 살해, 시신 유기 등과 같은 실제 사건들을 아파르트헤이트 시대상에 투영해 전개한다. 이 과정에서 다시 한번 드러나는 서사의 특징은 에두르는 수사법으로 남아공 사회를 간접적으로 비판하지 않고 사회고발 성향의 어조를 노골적으로 드러낸다는 점이다. 즉, 대다수 남아공 백인 작가들이 아파르트헤이트 현실의 부당한 측면을 상징과 은유라는 문학적 장치에 의존하는 방식을 선택했다면, 브링크는 이 소설에서 백인 작가들이 보편적으로 선호했던 전개방식을 고수하지 않았다. 그는 흑인들의 처지를 완벽히 재현할 수 없는 한계를 직시하면서도 벤의 경우처럼 흑인의 삶에 깊이 개입하는 방식으로 남아공의 인종적 현실을 적나라하게 들추고자 했다. 이러한 의미에서 브링크의 『메마른 백색 계절』은 "국가권력에 의해 영속화 된 사회적 불의와 잔인함이 의문시되고 폭로되어야만 할 것을 명백하게 표현"(Emir, 2015:1071)하는 서사임을 알 수 있다.

무엇보다도 이 소설은 흑인들의 부당한 죽음에 항의한 양심있는 백인이 의문의 죽음을 당한 사건을 바탕으로 남아공의 특수한 인종사와 백인 중심 사회의 부당함에 강도 높게 문제를 제기한다. 『메마른 백색 계절』은 작가의 초기 작품과 마찬가지로 인종차별을 체계적으로 주도한 남아공 백인 정권을 직접적으로 고발하고 있는 것이다. 이 같은 주제의 전개에서 드러나는 브링크 서사의 중요성은 흑인들의 고통은 물론 기존의 아프리카 문단에서 간과된, 흑인들의 편에 서다 피해자가 되어야 했던 양심 있는 백인들의 고통과 그 심각성까지 주목함으로써 남아공의 총체적인 인종사를 점검하는 데 있다.

참고문헌

김현아(2021). "다수'를 향한 '소수'의 박해와 남아공의 인종적 곤경", *문화와융합* 43(7), 한국문화융합학회, 623-644.

라탄시, 알리. 구정은 옮김(2008). *인종주의는 본성인가*. 한겨례출판.

메러디스, 마틴. 이순희, 김광순 옮김(2014). *아프리카의 운명*. 휴머니스트.

버틀러, 주디스. 강효실 옮김(2016). *윤리적 폭력비판*. 알렙.

브링크, 안드레. 왕철 옮김(2001). *메마른 백색 계절*. 동아일보사.

아파두라이, 아르준. 장희권 옮김(2015). *소수에 대한 두려움*. 에코리브로.

왕은철(2010). *문학의 거장들*. 현대문학.

Anderson, Benedict(2006). *Imagined Communities*. New York: Verso.

Brink, André(1979). *A Dry White Season*. New York: Harper Perennial.

_____ (1983). *Mapmakers*: Writing in a State of Siege. London: Faber and Faber.

_____ (1990). "Censorship and the Author." *Critical Arts* 1(2), 16-26.

Coetzee, J. M(1996). *Giving Offense: Essays on Censorship*. Chicago UP.

Emir, Derya(2015). "Torture, Violence and Apartheid in André P. Brink's *A Dry White Season*." *International Journal of Social Sciences and Education Research*. 1(4), 1070-1077.

Iannaccaro, Giuliana(2014). Apartheid Spies: The Character, the Reader, and the Censor in André Brink's *A Dry White Season*. Altre modernità/ Otras modernidades/ Autres modernités/ Other Modernities 11(5), 69-84.

Kossew, Sue(1996). *Pen and Power: A Post-Colonial Reading of J. M. Coetzee and Andre Brink*. Atlanta: Rodopi.

Lehmann, Elmar(2005). "Brinkmanship: Storytellers and the Novelist." *Tydskrif vir Letterkunde* 42(1), 31-41.

Nandy, Ashis(1988). *The Intimate Enemy*. Oxford: Oxford UP.

Pangmeshi, Adamu(2014). *Conceptions of Marginality in the Postcolonial Novel: Revisiting*. Bessie Head. London: Dignity Publishing.

Zukas, Lorna Lueker(2007). "Anti-Apartheid Movement." In G. Anderson & K. Herr, eds. Encyclopedia of Activism and Social Justice (Thousand Oaks, CA: SAGE Publications), 114-18.

● 이 장은 문화와융합 학술지 43권 7호에 실린 필자의 논문(김현아, 2021)을 바탕으로 재구성되었다.

02장

다문화가정 어머니의 개인주의-집단주의 문화성향이 지니는 의미

1. 다문화사회의 도래와 과제

우리 사회의 다문화가정에 대한 관심과 정책이 지속적으로 증가하고 있다. 어느덧 다문화사회라는 것이 우리의 완연한 현실이 되었기 때문이다. 여성가족부(2021)에 의하면 2019년 기준으로 우리나라 다문화가정은 35만 가구로 전체 가구의 1.7%(가구원 2.1%)를 차지하고 있다. 결혼이민자·귀화자의 경우, 10년 이상 거주 비율이 '15년 47.9%에서 '18년 60.6%로 증가하는 등 국내체류 역시 장기화 과정에 있는 것으로 진단되고 있다. 이 같은 상황은 우리 사회에 중요한 두 가지 과제를 던져준다. 우선, 다문화가정이 동등하고 차별 없이 우리 사회의 한 구성원으로 건강한 삶을 살아갈 수 있도록 체계적인 사회·경제적 정책을 구축하고 지원해야 한다는 것이며, 또 하나는 이와 병행하여 우리 일반 국민들의 다문화와 다문화가정에 대한 수용성 또한 지속적으로 높여 나가야 한다는 것이다.

첫 번째 과제와 관련하여 우리 사회의 실태를 돌아보면, 사실 그간 우리 사회의 다문화가정에 대한 정책은 한국인·한국사회에 대한 일방적인 동화주의 요구에 가까웠다고 할 수 있다. 이러한 일방적 요구는 결혼이민자·귀화자들에게 적응의 문제를 일으키며, 자긍심과 정체성 그리고 인권문제를 일으키게 하였다. 더 이상 일방적인 동화적 접근이 아니라, 공존하며 서로 존중하는 건강한 다문화사회를 지향해야 한다. 두 번째 과제와 관련해서는 여성가족부의 2012년, 2015년, 2018년에 수행된 국민 다문화수용성 조사를 통해 실태를 엿볼 수 있다. 조사에서 일반 국민의 다문화수용성지수(100점 만점)는 청소년은 상승('15년 68점,'18년 71점) 하였으나, 성인은 하락('15년 54점, '18년 53점)하였다. 특히 성인과 청소년 모두 다문화수용성의 요소 중 '일방적 동화기대'는 조사 회차에 따라 계속 증가하였다. 일방적 동화기대란 비주류문화집단의 자발적이고 자의적 동화가 아니라, 주류문화집단 즉 토착 한국민이 이주민에게 기대하고 요구하는 형태의 동화를 의미하는 것이다. 결과적으로 두 번째 과제의 해결 역시 아직 요원한 상태라고 할 수 있다.

다문화가정이 동등하고 차별 없이 사회의 한 구성원으로 건강한 삶을 살아가도록 지원하는 것 그리고 우리 국민들의 다문화수용성 확장이라는 두 가지 문제를 해결하기 위한 시작은 다문화가정의 중심에 놓여 있는 결혼이민자·귀화자에 대한 체계적인 연구에서 시작해야 한다. 즉, 다문화가정의 적응·부적응과 관련된 기제에는 무엇이 기저하고 있는지를 탐색하고 또 이를 통해 다문화수용성 확장을 위한 다문화교육의 내용은 무엇이 되어야 할 것인지 추론해 내어야 하는 것이다. 이를 위해서는 결혼이민자·귀화자들의 가장 중요한 본래적 속성에 주목할 필요가 있다. 즉, 우리 사회와는 다른 '이질적 문화성향'이 적응·부적응 현상과 어떻게 관계하는지를 탐색하는 것이다.

사람들이 이질적인 문화 속에서 비롯되어 서로 다른 사고, 인식을 틀을 지닐 때 이를 문화성향(cultural disposition)이라 하며, 대표적인 틀이 개인주의-집단주의(individualism-collectivism) 차원이다(Triandis, 1995). 연구에 의하면 개인주의-집단주의 차원은 사람들의 자기지각, 대인지각, 정서표현, 성취·친화 동기, 분배행위, 의사소통 양식 그리고 소외감, 아노미, 사회적 고립 등에 이르기까지 삶의 광범위한 영역에서 차이를 설명한다(최태진, 2017; Triandis, 2001). 결과적으로 개인주의-집단주의 차원은 우리 사회 결혼이민자·귀화자들의 인지적·정의적 특성을 이해하고, 나아가 적응·부적응과 관련된 특징을 고찰하는 데에도 유용한 개념이 될 수 있다. 그러나 그간 국내의 선행연구를 살펴보면, 결혼이민자·귀화자들의 문화성향에 대한 연구는 전무하다. 예를 들어, 우리 사회의 다문화가정에 대한 가장 광범위하고 체계적인 자료는 한국 청소년정책연구원의 다문화청소년패널 자료(2011~2020년)이다. 그러나 해당 자료로 진행된 179편의 연구 중 현재까지('21년 5월 기준) 문화성향과 관련한 연구는 단 한 편도 없다.

필자는 이 글을 통해 언급한 다문화청소년 패널 자료를 사용하여 다문화가정의 중심인물인 외국인 어머니의 개인주의-집단주의 문화성향을 분석한 연구결과를 서술하고자 한다. 특히, 문화성향이 어머니 자신의 적응·부적응과 관련된 변인 및 자녀 양육에서의 적응과 관련된 변인과의 연관성을 탐색해보고자 하였다. 서술할 내용은 차례로 다음과 같다.

먼저, 개인주의-집단주의 성향이란 것이 무엇이며 어떠한 의미가 있는지를 제시하였다. 그런 다음, 패널자료 분석에 앞서, 먼저 국내의 다문화가정에 대한 기존의 연구를 수집하여 분석한 결과를 제시하였다. 이를 통해 기존의 연구들이 다문화가정 어머니의 적응·부적응 그리고 자녀들의 양육 적응과 관련된 요인을 무엇으로 제시하고 하고 있는지 알아보았다. 이후, 패널자료를 사용하여 앞서 언급한 조사분석의 목표에 따라 차례로 결과를 제시하였다. 마지막으로 논의를 통해 결과가 갖는 시사점들을 제시하였다.

2. 개인주의-집단주의 문화가치 성향의 의미와 고찰의 중요성

우리가 다문화가정에 대하여 특별히 관심을 갖는 이유는 중심인물인 부모(대체로 모)가 이질적인 문화 속에서 성장하였다는 배경 때문이다. 문화는 특정한 사회에서 살아온 사람들의 삶의 직접적인 결과로서 구성원 개인의 인지, 정서, 행동, 동기, 태도 그리고 삶의 양식 전반에 지대한 영향을 미친다. 이와 같은 문화권 간의 차이 혹은 개인 간 차이를 설명하기 위하여 문화 성향이라는 용어가 등장했다. 대표적인 틀이 바로 개인주의-집단주의 차원이다(Hui, 1988; Triandis, 1995).

개인주의 문화와 집단주의 문화에는 '그 사회에서 확인되는 몇 가지 주제를 중심으로 조직화되어 있는 신념, 태도, 자신에 대한 정의, 규준과 가치의 패턴' 등에서 서로 다르다(Triandis, 2001). 기본적으로 개인주의 문화와 집단주의 문화는 사회의 단위를 개인으로 보느냐 집단으로 보느냐에서 차이가 있다(최태진, 2017; Hui & Triandis, 1986). 개인주의 문화에서는 사회구성의 궁극적 단위를 개인으로 파악한다. 따라서 개인의 자율성, 개인의 목표와 신념, 개인 만족을 중시하며 집단의 결속에는 낮은 관심을 갖는다(Hui, 1988; Triandis, 1995). 반면 집단주의 문화에서는 사회의 궁극적 단위를 사람사이의 관계로 본다. 따라서 자아를 집단의 일부로 파악하며, 타인 및 집단의 결속에 깊은 관심을 갖고, 상호의존, 집단과의 조화 등을 특징으로 한다(Hue & Triandis, 1986; Triandis, 2001). 한편, 개인주의 문화권내 다수의 사람들은 개인주의 성향자(individualist traits)로, 집단주의 문화권의 다수의 사람들은 집단주의 성향자(collectivist traits)가 된다. 즉 문화수준에서의 자기관은 개인수준의 심리적 경향으로 변형되는 것이다. 개인주의 성향자는 개인주의 문화에서와 동일한 방식의 자기관, 행동, 태도, 가치 기준, 사고양식을 지니며, 집단주의 성향자 역시 집단주의 문화와 동일한 방식의 자기관 등을 지닌다(최태진, 2017).

개인주의와 집단주의 성향과 관련하여 적응·부적응 혹은 정신건강을 조사한 선행연구를 살펴보면, 개인주의 성향은 소외, 아노미, 고독감과 정적 상관이 있으며, 가족영역에서 소외감을 경험하며(한성열, 이홍표, 1995), 사회적 지지에 대한 지각이 낮고, 무력감, 사회적 고립감, 소외감 등과 높은 정적 상관(박경란, 2000)이 있다. 한편, 최태진(2017)은 개인주의-집단주의 성향자의 정신건강에 관한 선행연구를 종합하여 4가지 관점으로 정리한 바 있다. 첫째, 집단주의자에 비해 개인주의자들이 정신건강에 취약하다는 관점이 있다. 이에 따르면 정신병리는 개인주의자가 갖는 사회적·심리적 단점에 기인한 '개인주의의 질병'이다(Scott, Ciarrochi & Deane, 2004). 둘째, 개인주의-집단주의 성향자 간 정신건강의 문제 유형이 다르다는 관점이다. 예를 들어 개인주의는 반사회적 성격장애, 나르시시즘 등과 높은 정적상관이 있으며, 집단주의는 우울, 사회적 불안, 의존적 성격과 높은 상관이 있다고 본다(Hue & Triandis, 1986). 셋째, 심리적 적응은 개인의 문화성향과 사회의 문화 간의 매칭 정도에 달려 있으므로 개인주의 문화에서는 집단주의자가, 집단주의 문화에서는 개인주의자가 정신병리가 보다 빈번할 것으로 보는 관점이다(Harris & Aycicege, 2006). 넷째로, 개인주의-집단주의 성향이란 서로 다른 축이기 때문에 개인주의·집단주의 성향 모두가 높은 사람이 건강하며, 모두 낮은 사람이 가장 큰 어려움을 겪는다는 관점이 있다.

　이상의 논리로 유추해 보면, 우리 사회 다문화가정의 어머니 또한 개인주의-집단주의 성향에 따라 개인의 적응·부적응 나아가 자녀 양육과 관련된 특성 등에서 다를 수 있을 것으로 생각된다. 요컨대, 문화성향에 따라 한국 사회에 대한 문화적응 유형, 문화적응 과정에서 겪는 스트레스, 자녀양육에서 부모로서의 효능감 등에 차이가 있을 것으로 볼 수 있는 것이다. 만약 그러하다면 이는 다문화가정 어머니의 적응·부적응 현상을 이해하고 심리적 건강을 예측할 수 있게 해 줄 뿐 아니라, 우리 사회 구성원들이 다문화 수용성 향상을 위한 교육 자료로써도 중요한 의미를 지닐 수 있을 것이다.

3. 다문화가정 어머니들의 적응·부적응 및 자녀 양육 요인

이 절에서는 국내 다문화가정 어머니에 관한 기존의 연구들을 검토하여 다문화가정 어머니들의 적응, 부적응 및 자녀 양육 적응과 관련된 요인을 찾아보았다. 국내 다문화가정에 대한 가장 대규모의 연구는 한국청소년정책연구원의 다문화청소년 종단연구(2011년 1차 ~2019년 9차 패널조사)이다. 따라서 이들 자료를 활용한 연구를 분석하였다.

연구논문은 현재 기준('21년 5월)으로 179편에 이른다. 이를 연구변인 기준으로 1차 분류하였을 때 다문화가정 어머니의 특성 변인(예, 자아존중감, 문화적응 스트레스, 문화적응 스트레스, 부모효능감 등)을 포함하고 있는 연구는 50편(27.9%)이었다(이하 A연구). 나머지 129편(72.1%)은 다문화가정의 자녀에 관한 연구였다(이하 B연구). 여기에서 A연구 50편을 다시 2차 분류하면, 외국인 어머니의 특성 그 자체를 탐색 목적으로 하는 연구는 5편(A-1연구), 나머지 45편은 어머니의 특성을 연구하되 자녀의 학교·학업생활, 진로 등에 영향을 미치는 배경변인으로써의 어머니 변인을 탐색하는 연구로 분류되었다(A-2연구). 요컨대, A-2연구는 어머니 특성 변인을 포함하지만 당사자인 어머니는 주 연구대상이 아니며, 부차적인 대상이다. A-1, A-2연구를 분류하면 〈표 1〉과 같다.

표 1 다문화가정 어머니의 특성 변인을 연구변인으로 포함한 연구

	어머니 특성 변인	주요 결과	연구자
A-1 (5편)	문화적응 유형(2)	문화적응 유형에서 통합·분리 수준이 높을수록 양육효능감이 높으며 주변화 수준이 높을수록 낮음	Li, Ling(2020) 등
	문화적응 스트레스(2)	문화적응스트레스가 높을수록 문화적응에서 부적응형 가능성	염동문(2019) 등
	사회경제적 지위(1)	문화적응 스트레스는 사회경제적 지위와 부모효능감의 관계를 매개, 사	최가희(2020)

		회경제적 지위와 어머니의 문화적응 스트레스 변화량은 유의미한 정적관계	
	부모 효능감(2)	높은 문화적응 스트레스 변화량은 낮은 부모효능감 변화량과 관계, 자녀가 중학교 3학년일 때 부모 효능감 수준이 가장 낮음	이진경, 김혜미(2019) 등
A-2 (45편)	양육태도 (14)	방임은 자녀의 학교적응에 직접적인 영향, 긍정적 양육태도는 자녀의 학교적응과 유의미한 정적상관, 감독적인 양육태도와 진로결정태도는 부적 상관	최정석, 최석규(2020) 등
	문화적응 스트레스(9)	문화적응 스트레스는 자녀가 지각한 가족지지와 삶의 만족도를 부적으로 예측, 양육효능감에 부적영향, 진로장벽인식에 정적 영향	인효연(2017); 연은모, 최효식(2019) 등
	부모 효능감(9)	자녀의 자아존중감에 정적영향, 자녀의 학습케어 형태를 매개, 학교생활 적응에 정적 영향	윤지영, 허은정(2017); 조옥선, 방해순(2017) 등
	문화적응 유형(4)	통합수준이 증가하면 자녀의 다문화수용성 증가, 문화적응유형이 동화일 때 부모효능감, 진로관련행동 높음	오세비(2019) 등
	진로관련 행동(4)	진로관련행동은 진로장벽이 진로인식발달에 미치는 영향에 매개효과	이혜미, 김유미(2019) 등
	일상생활 스트레스(2)	일상생활스트레스가 '고수준 무변화형 집단'이면 방임적 양육태도가 높으며, 자녀의 학업성취도 낮음.	윤홍주, 최효식(2019) 등
	자아 존중감(1)	자녀의 자아존중감에 현재 시점뿐만 아니라 이후 시점에도 영향	이응택, 이은경(2017)
	기타(5)	자녀의 학교생활적응에 긍정 영향	이원석(2019) 등

주1) A-1: 다문화가정 어머니를 주 연구대상으로 설정한 연구
　　A-2: 다문화가정 어머니를 자녀발달에 영향을 미치는 배경변인으로 설정하여 수행한 연구
주2) 〈표 1〉에서 제시한 연구 목록은 필자의 논문(최태진, 2021)을 참고하기 바란다.

〈표 1〉에서 먼저 어머니를 주 연구대상으로 설정한 연구들은(A-1) 주로 어머니의 문화적응 유형, 문화적응 스트레스, 사회경제적 지위, 부모효능감을 독립변인이나 종속변인으로 설계하여 연구를 진행하고 있었다.

전체적인 결과를 요약하면, 문화적응 유형은 양육효능감과 문화적응 스트레스와 유의미한 상호 관계가 있었다.

연구(A-2)에서는 양육태도, 문화적응 스트레스, 부모효능감, 문화적응 유형, 진로관련 행동, 일상생활 스트레스, 자아존중감 등의 변인을 독립변인(설명·예측변인)으로 설정한 연구가 대부분이었다. 분석된 자녀의 특성 변인은 자녀의 진로(진로결정수준, 진로태도, 진로의식, 11편), 학교생활적응(학교활동 포함, 11편), 학업(학업성취, 학업적응, 학업특성 등, 6편), 사회적 위축(5편), 문화적응 관련(문화적응 스트레스, 다문화수용성, 3편), 삶의 만족(3편), 비행(2편) 등이었다. 전체적인 결과를 요약한다면, 부모의 특성변인들은 자녀의 학교적응, 삶의 만족도, 진로인식, 자아존중감 등에 유의미한 관계가 있었다.

결과적으로, 다문화가정 어머니에 대한 선행연구는 문화적응 유형과 문화적응 스트레스라는 2개 변인을 어머니의 자신의 적응과 관련된 주요 변인으로, 그리고 이 둘을 중복 포함하고 자아존중감, 부모효능감을 더하는 4개 변인을 자녀의 양육에 중요한 변인으로 제안하고 있었다. 이에 따라 본 연구에서는 패널조사 자료를 활용하여 어머니의 개인주의-집단주의 문화성향을 설명변인으로 하여 이들 4가지 변인과의 관계를 살펴보고자 하였다.

4. 다문화가정 외국인 어머니에 대한 조사연구 방법 개요

1) 연구대상 선정

한국청소년정책연구원의 다문화청소년패널조사 자료 중 다문화가정 외국인 어머니를 대상으로 수집된 2차('12년)~5차년도('15년)의 설문응답 자료를 활용하였다. 2차 자료를 기준으로 다문화가정 어머니의 인구통계학적 분포는 다음과 같다: 연령은 30세 미만 1.7%, 40세 미만 33.9%, 50세 미만 59.3%, 60세 미만 5.0%, 60세 이상 0.1%이며, 한국 거주기간은 10년 미만 8.4%, 15년 미만 60.7%, 20년 미만 8.6%, 20년 이상 2.4%이다. 학력은 중학교 졸업 11.0%, 고교 졸업 47.2%, 2~3년제 대학 졸업 25.5%, 4년제 이상 대학 졸업 15.7%, 대학원 이상 0.6%로 나타났다. 출신국적은 〈표 2〉와 같다.

표 2 조사 회차별 연구대상의 출신국적 분포

출신 국적	2차 조사	3차 조사	4차 조사	5차 조사
중국(한족, 기타 민족)	109(7.6)	100(7.3)	93(7.1)	94(7.3)
중국(조선족)	282(19.7)	270(19.7)	254(19.4)	243(18.9)
베 트 남	35(2.4)	37(2.7)	34(2.6)	34(2.6)
필 리 핀	373(26.1)	356(25.9)	342(26.1)	339(26.4)
일 본	498(34.8)	483(35.2)	466(35.5)	454(35.3)
태 국	54(3.8)	51(3.7)	50(3.8)	50(3.9)
기 타	78(5.5)	77(5.6)	72(5.5)	71(5.5)

2) 연구변인 측정을 위해 사용된 측정도구

2차~5차년도까지 연구변인 측정을 위해 사용된 측정도구는 5가지이며 〈표 3〉과 같다.

표 3 조사 회차별 연구대상의 출신국적 분포

측정도구	하위척도	문항수 (채점방식)	신뢰도 Cronbach α	원 개발자
개인주의- 집단주의	개인주의 집단주의	각각 15문항 (5점 척도)	.76~.78 .79~.81	Singelis et al.(1995)
자아존중감	-	9문항 (5점 척도)	.80~.81	Rosenberg(1965)
부모효능감	-	8문항 (5점 척도)	.85~.87	Wallston & Wandersman(1978)

문화적응 스트레스	-	8문항(5점척도)	.84~/89	Sandhu & Asrabadi(1994)
문화적응 유형	동화, 통합, 분리, 소외	차례대로 8, 5, 6, 9문항 (5점 척도)	.83~.86 .66~.76 .71~.76 .91~.93	Berry(2001)

주) 2차~5차 자료에 따른 신뢰도를 범위로 나타냄

3) 수집된 자료에 대한 통계적 분석방법

수집된 자료는 사회과학용 통계패키지인 SPSS를 사용하여 통계분석을 수행하였다. 먼저, 각 변인들에 대한 기술통계량(평균, 표준편차, 변인 간 상관)을 산출하여 본 연구의 주 관심변인인 다문화가정 어머니의 개인주의-집단주의 문화성향과 4가지 특성변인(어머니의 자아존중감, 부모효능감, 문화적응 스트레스, 문화적응 유형, 이하 '모-특성변인'으로 통칭)과의 관계를 1차 검토하였으며, 다음으로 다문화가정 어머니의 배경변인(통제변인)과 개인주의-집단주의 문화성향(독립변인)에 따라 특성변인 각각에 대한 위계적 회귀분석을 수행하였다. 각 통계적 분석 결과의 유의성은 α=.05의 유의도 수준에서 검증하였다.

5. 다문화가정 외국인 어머니에 대한 조사연구 결과

1) 조사변인의 점수분포 및 변인 간 상관

다문화 가정 어머니의 개인주의-집단주의 성향 변인을 포함하여 총 9개 변인에 대하여 조사 회차별로 평균, 표준편차 및 변인 간 상관을 제시한 결과는 차례로 〈표 4〉, 〈표 5〉와 같다.

표 4 조사 회차별 연구변인의 점수 분포

조사 회차	구 분	문화성향		자아 존중감	부모 효능감	문화적응 스트레스	문화적응 유형			
		개인 주의	집단 주의				동화	통합	분리	소외
2차 (N=1,429)	M	3.06	3.64	3.89	3.58	2.50	3.05	3.45	2.94	2.11
	SD	0.43	0.39	0.51	0.55	0.72	0.65	0.56	0.62	0.70
3차 (N=1,374)	M	3.07	3.62	3.84	3.58	2.51	3.04	3.44	2.98	2.19
	SD	0.43	0.38	0.52	0.56	0.73	0.68	0.58	0.63	0.71
4차 (N=1,311)	M	3.06	3.60	3.83	3.54	2.47	3.06	3.45	2.99	2.17
	SD	0.45	0.39	0.53	0.56	0.79	0.66	0.57	0.64	0.72
5차 (N=1,285)	M	3.02	3.56	3.79	3.51	2.43	3.05	3.46	2.98	2.17
	SD	0.42	0.39	0.52	0.57	0.74	0.67	0.57	0.65	0.71

〈표 4〉에서 모든 변인에 걸쳐 조사 회차에 따른 평균 크기는 거의 유사하였다. 다만 상대적으로 개인주의 점수 평균에 비해 집단주의 점수 평균이 조사 회차별로 일관되게 높으며, 문화적응 유형에서는 통합 유형의 평균이 가장 높고 소외 유형의 평균이 가장 낮았다.

표 5 조사시기별 변인 간 상관

		조사 시기	집단 주의	자아 존중감	부모 효능감	문화적응 스트레스	문화적응 유형			
							동화	통합	분리	소외
문화성향	개인주의	2차	.32***	.18***	.24***	.12***	.16***	.17***	.09***	.09***
		3차	.36***	.10***	.27***	.12***	.20***	.21***	.15***	.14***
		4차	.41***	.12***	.22***	.06*	.23***	.22***	.15***	.14***
		5차	.30***	.10***	.22***	.12***	.18***	.17***	.16***	.13***
	집단주의	2차		.44***	.31***	-.10***	.22***	.39***	-.04	-.30***
		3차		.39***	.33***	-.12***	.18***	.36***	.04	-.25***
		4차		.39***	.29***	-.14***	.25***	.38***	.01	-.23***
		5차		.40***	.35***	-.13***	.23***	.40***	.02	-.25***
자아 존중감		2차			.54***	-.25***	.20***	.39***	-.14***	-.46***
		3차			.55***	-.30***	.15***	.36***	-.15***	-.46***
		4차			.55***	-.31***	.17***	.35***	-.17***	-.47***
		5차			.55***	-.34***	.17***	.38***	-.12***	-.46***

부모 효능감		2차				-.14***	.18***	.30***	-.05	-.30***
		3차				-.16***	.17***	.32***	-.08***	-.22***
		4차				-.20***	.17***	.29***	-.04	-.22***
		5차				-.23***	.19***	.33***	-.07***	-.23***
문화 적응 스트 레스		2차					-.23***	-.28***	.37***	.48***
		3차					-.28***	-.28***	.42***	.49***
		4차					-.32***	-.30***	.42***	.54***
		5차					-.27***	-.27***	.41***	.53***
문화적응유형	동화	2차						.53***	-.46***	-.20***
		3차						.51***	-.40***	-.15***
		4차						.51***	-.43***	-.20***
		5차						.48***	-.49***	-.25***
	통합	2차							-.27***	-.35***
		3차							-.19***	-.36***
		4차							-.18***	-.36***
		5차							-.21***	-.40***
	분리	2차								.31***
		3차								.37***
		4차								.38***
		5차								.36***

*p<.05, ***p<.001

〈표 5〉를 보면, 개인주의-집단주의와 모-특성변인(자아존중감, 부모효능감, 문화적응 스트레스, 문화적응 유형) 간에는 몇 가지 뚜렷한 특징이 발견되었다. 첫째, 개인주의와 자아존중감 간의 상관(r=.10~.18)에 비해 집단주의와 자아존중감 간의 상관(r=.39~.44)이 뚜렷하게 높았다. 둘째, 개인주의와 문화적응 스트레스 간의 관계는 일관되게 정적 상관(r=.06~.12)을 보였으나 집단주의와 문화적응 스트레스 간의 관계는 일관되게 부적상관(r=-.10~-.14)이 있었다. 셋째, 개인주의와 통합형 문화적응 간의 상관(r=.17~.22)에 비해 집단주의와 통합형 문화적응 간의 상관(r=.36~.40)이 높게 나타났다. 넷째, 개인주의와 소외 간의 관계는 일관되게 정적 상관(r=.09~.14)을 보였으나 집단주의와 소외형 문화적응 간의

관계는 일관되게 부적상관(r=-.23~-.30)이 있었다. 다만 이러한 상관 분석 결과는 어머니의 배경변인을 고려하지 않은 것이기에 아래에서는 배경변인의 설명력을 통제하여 추가 분석을 실행하였다.

2) 다문화가정 어머니의 개인주의-집단주의 문화성향과 관련된 변인의 탐색

추가분석을 통해 개인주의-집단주의 성향과 다문화가정 어머니의 특성변인 간의 관계에서 모의 배경변인의 영향력을 통제하고자 하였다. 이를 위해 먼저 모의 특성변인과 관계되는 배경변인이 무엇인지 분석하고, 다음으로 위계적 회귀분석방법으로 개인주의-집단주의 성향과 모-특성변인 간의 관계를 분석하였다.

(1) 다문화가정 어머니의 배경변인에 따른 집단 간 모-특성변인에서의 차이

〈표 6〉, 〈표 7〉은 다문화가정 어머니의 배경변인을 독립변인으로, 자아존중감, 부모효능감, 문화적응 스트레스, 문화적응 하위 유형 각각을 종속변인으로 하여 일원분산분석을 수행한 결과이다. 지면관계상 2차 자료 분석 결과인 〈표 7〉에서는 기술통계량과 F검증량 등 모두를 제시하였으나, 3, 4, 5회차 결과인 〈표 8〉에서는 F검증량 만을 제시하였다.

표 6 어머니의 배경변인에 따른 하위집단 간 모-특성변인 점수에 대한 일원분산분석(2차 자료)

배경변인	집단구분	N	문화성향 개인주의 M	SD	집단주의 M	SD	자아존중감 M	SD	부모효능감 M	SD	문화적응 스트레스 M	SD	문화적응 유형 동화 M	SD	통합 M	SD	분리 M	SD	소외 M	SD
연령	30세미만	24	3.14	0.40	3.59	0.39	3.83	0.51	3.26	0.77	2.71	0.68	2.98	0.65	3.29	0.60	3.07	0.53	2.28	0.81
	40세미만	485	3.12	0.42	3.64	0.39	3.91	0.52	3.65	0.55	2.52	0.74	3.12	0.69	3.45	0.57	2.87	0.65	2.09	0.74
	50세미만	847	3.03	0.44	3.64	0.39	3.88	0.51	3.56	0.54	2.47	0.71	3.03	0.63	3.46	0.54	2.97	0.61	2.11	0.67
	60세미만	71	2.98	0.40	3.71	0.41	3.89	0.49	3.51	0.52	2.54	0.76	2.91	0.53	3.43	0.56	2.97	0.51	2.16	0.70
	F		5.73**		.91		.43		5.76**		1.22		3.17*		.74		3.15*		.72	
한국거주기간	10년미만	120	3.18	0.43	3.70	0.37	3.90	0.55	3.56	0.64	2.70	0.71	2.93	0.69	3.37	0.67	2.98	0.56	2.13	0.72
	15년미만	867	3.07	0.42	3.63	0.40	3.87	0.51	3.59	0.55	2.53	0.72	3.01	0.62	3.42	0.53	2.98	0.62	2.13	0.70
	20년미만	408	3.01	0.44	3.64	0.38	3.93	0.51	3.59	0.53	2.40	0.71	3.17	0.68	3.53	0.57	2.86	0.64	2.06	0.70
	20년이상	34	2.93	0.38	3.78	0.37	3.94	0.33	3.55	0.37	2.12	0.71	3.12	0.60	3.47	0.54	2.83	0.55	1.96	0.60
	F		6.28***		2.74*		1.52		.17		9.26***		7.65***		4.73**		4.03**		1.46	
학력	중졸	157	3.15	0.44	3.61	0.44	3.78	0.55	3.50	0.60	2.43	0.78	3.36	0.66	3.41	0.55	2.81	0.73	2.17	0.75
	고졸	674	3.05	0.42	3.65	0.38	3.90	0.49	3.59	0.52	2.52	0.72	3.09	0.66	3.46	0.55	2.95	0.62	2.12	0.71
	초대졸	364	3.00	0.43	3.63	0.36	3.86	0.52	3.53	0.56	2.51	0.70	2.92	0.57	3.42	0.54	3.00	0.54	2.10	0.67
	대학졸	225	3.11	0.44	3.65	0.43	3.95	0.50	3.71	0.54	2.47	0.72	2.94	0.63	3.48	0.59	2.93	0.63	2.05	0.69
	F		5.96***		.62		3.95**		6.33***		.48		21.43***		.96		3.51*		1.02	
출신국적	중국	109	3.30	0.45	3.71	0.40	4.07	0.51	3.69	0.53	2.45	0.71	3.35	0.63	3.57	0.57	2.79	0.64	1.93	0.73
	조선족	282	3.19	0.42	3.70	0.38	3.98	0.51	3.63	0.50	2.34	0.73	3.58	0.60	3.62	0.51	2.63	0.72	1.96	0.69
	필리핀	373	3.11	0.45	3.60	0.38	3.84	0.52	3.67	0.61	2.68	0.72	2.90	0.57	3.40	0.53	3.13	0.56	2.25	0.72
	일본	498	2.88	0.36	3.61	0.35	3.83	0.49	3.47	0.49	2.40	0.68	2.84	0.54	3.39	0.55	2.99	0.50	2.10	0.65
	F		57.27***		5.86**		10.95***		12.49***		15.33***		123.2***		13.83***		43.4***		12.41***	

주: 출신국적에 따른 비교에서 베트남, 태국 국적 소유자는 소수 인원이어서 제외함.
*p<.05, **p<.01, ***p<.001

표 7 어머니의 배경변인에 따른 하위집단 간 모-특성변인 점수에 대한 일원분산분석(3~5차 자료)

배경변인	조사회차	문화성향		자아존중감	부모효능감	문화적응 스트레스	문화적응 유형			
		개인주의	집단주의				동화	통합	분리	소외
연령	3차	4.85**	.66	1.03	8.19***	3.23*	5.05**	1.86	1.93	.26
	4차	5.99***	.59	1.09	4.93***	1.87	5.20**	2.68*	.71	1.29
	5차	5.57**	1.35	2.35	9.15***	.33	3.76*	2.15	1.46	1.25
한국 거주 기간	3차	5.79**	2.95*	2.45	.60	7.17***	8.52***	2.73*	3.36*	2.19
	4차	2.54	1.21	1.00	2.64*	5.42**	8.26***	1.06	3.15*	1.10
	5차	1.81	1.01	.87	.51	6.68***	3.73*	2.68*	5.56**	3.38*
학력	3차	7.39***	.34	5.48**	8.72***	2.01	25.16***	2.14	3.50*	.09
	4차	3.87**	1.32	6.33***	6.98***	3.59*	17.49***	1.94	3.94**	.73
	5차	7.90***	.28	3.14*	4.30**	.38	16.65***	2.91*	4.62**	.21
출신 국적	3차	51.56***	10.06***	6.03***	11.60***	25.60***	123.53***	25.31***	45.49***	20.15***
	4차	37.27***	16.43***	6.30***	9.95***	22.18***	135.11***	19.60***	26.67***	15.87***
	5차	34.11***	8.87***	3.09*	7.46***	14.91***	106.35***	18.67***	37.03***	14.58***

*$p<.05$, **$p<.01$, ***$p<.001$

〈표 6〉을 보면 다문화가정 어머니의 연령에 따라서는 개인주의, 부모효능감, 동화, 분리 점수에서 그리고 한국 거주기간에 따라서는 개인주의, 집단주의, 문화적응 스트레스, 동화, 통합, 분리 점수에서 평균점수 간 통계적으로 유의미한 차이가 있었다. 또한 학력에 따라서도 개인, 자아존중감, 부모효능감, 동화, 분리 점수에서 유의미한 점수 차이가 나타났으며, 출신국적에 따라서는 9개 변인 모두에서 유의미한 차이가 발견되었다. 이러한 특징은 〈표 7〉에서도 유사하였다. 결과적으로, 문화성향과 모 특성변인과의 관계를 살펴보기 위해서는 모 배경변인 모두를 통제변인으로 설정할 필요가 있었다.

(2) 어머니의 개인주의-집단주의 문화성향과 모 특성변인과의 관계

〈표 6〉, 〈표 7〉의 결과에 기초하여 다문화가정 모-특성변인 각각에 대하여 어머니의 배경변인과 개인주의-집단주의 문화성향을 각각 통제변인과 설명변인으로 투입하여 2차~5차 자료에서 위계적 회귀분석을 수행한 결과는 〈표 8〉과 같다. 표에서 어머니 배경변인의 설명력(R^2)은 연령, 한국 거주기간, 학력, 출신국적 변인의 개별 설명력($\triangle R^2$) 모두를 합한 값이며, 표를 단순화하기 위하여 편의상 개별 변인들의 β, t, $\triangle R^2$은 표기를 생략하였다. 〈표 9〉는 독자들의 편의를 위하여 〈표 8〉의 결과를 간단하게 요약한 것이다.

표 8 개인주의-집단주의 문화성향 변인에 의한 모-특성 변인에의 위계적 회귀분석

종속변인	모형	투입변인	2차 조사자료				3차 조사자료				4차 조사자료				5차 조사자료			
			β	t	R^2	$\triangle R^2$	β	t	R^2	$\triangle R^2$	β	t	R^2	$\triangle R^2$	β	t	R^2	$\triangle R^2$
자아존중감	모형1	배경변인	-	-	.04	-	-	-	.04	-	-	-	.05	-	-	-	.02	-
	모형2	개인주의	.02	.46	.06	.02	-.09	2.39*	.04	.00	-.08	2.09*	.06	.00	-.06	1.52	.03	.00
		집단주의	.57	16.57***	.23	.17	.55	14.01***	.18	.14	.55	13.74***	.19	.14	.52	13.00***	.16	.13
부모효능감	모형1	배경변인	-	-	.05	-	-	-	.06	-	-	-	.05	-	-	-	.04	-
	모형2	개인주의	.14	3.96***	.09	.04	.17	4.39***	.10	.05	.12	2.94**	.08	.03	.12	2.81**	.06	.02
		집단주의	.37	9.73***	.15	.06	.43	10.17***	.18	.07	.35	7.96***	.13	.05	.44	10.04***	.14	.08
문화적응 스트레스	모형1	배경변인	-	-	.06	-	-	-	.07	-	-	-	.08	-	-	-	.06	-
	모형2	개인주의	.26	5.13***	.07	.01	.34	6.46***	.09	.02	.22	3.95***	.08	.00	.28	5.17***	.07	.01
		집단주의	-.29	5.51***	.09	.02	-.31	5.33***	.11	.02	-.30	4.79***	.10	.02	-.29	5.02***	.09	.02
문화적응 유형 동화	모형1	배경변인	-	-	.26	-	-	-	.26	-	-	-	.28	-	-	-	.25	-
	모형2	개인주의	.02	.42	.27	.00	.16	3.51***	.28	.01	.15	3.64***	.30	.02	.10	2.16*	.26	.01
		집단주의	.31	7.39***	.30	.03	.15	3.12**	.28	.01	.19	4.16***	.32	.01	.27	5.66***	.28	.02
문화적응 유형 통합	모형1	배경변인	-	-	.06	-	-	-	.07	-	-	-	.08	-	-	-	.08	-
	모형2	개인주의	.04	1.25	.08	.02	.10	2.48*	.10	.03	.07	1.91	.11	.03	.04	1.00	.10	.01
		집단주의	.52	13.9***	.20	.12	.50	11.53***	.19	.09	.46	10.96***	.20	.09	.55	13.05***	.22	.12
문화적응 유형 분리	모형1	배경변인	-	-	.11	-	-	-	.12	-	-	-	.08	-	-	-	.12	-
	모형2	개인주의	.24	5.86***	.13	.02	.33	7.53***	.16	.05	.31	6.80***	.12	.04	.33	7.04***	.16	.04
		집단주의	-.11	2.56*	.14	.00	.01	.26	.16	.00	-.01	.19	.12	.00	-.01	.14	.16	.00
소외	모형1	배경변인	-	-	.04	-	-	-	.05	-	-	-	.06	-	-	-	.05	-
	모형2	개인주의	.40	8.70***	.06	.02	.51	10.19***	.09	.03	.48	9.61***	.09	.03	.45	8.64***	.09	.03
		집단주의	-.66	13.72***	.18	.12	-.62	11.35***	.18	.09	-.52	9.37***	.15	.07	-.52	9.54***	.16	.07

*p<.05, **p<.01, ***p<.001

표 9 개인주의-집단주의 문화성향 변인에 의한 모-특성 변인의 설명력

종속변인		통제 변인	설명 변인			
		모 배경변인	개인주의		집단주의	
		R^2	β	R^2	β	R^2
자아 존중감		2~ 5%	-.09~.02	0~2%	.52~ .57	13~17%
부모 효능감		4~ 6%	.12~.14	2~5%	.35~ .44	5~ 8%
문화적응 스트레스		6~ 8%	.22~.34	0~2%	-.31~-.29	2%
문화적 응 유형	동화	25~28%	.02~.16	0~2%	.15~ .31	1~ 3%
	통합	6~ 8%	.04~.10	1~3%	.46~ .55	9~12%
	분리	8~12%	.24~.33	2~5%	-.11~ .01	0%
	소외	4~ 6%	.40~.51	2~3%	-.66~-.52	7~12%

주) β값과 설명력(R^2)은 2~5회차 자료에서 산출된 값을 범위로 나타낸 것

〈표 8〉을 보면 개인주의-집단주는 모-특성 변인이 무엇이냐에 따라 관계 양상에서 차이가 있었다. 첫째, 모의 자아존중감에 대하여 개인주의는 β값이 유의미하지 않거나(2차, 5차), 유의미하더라도 아주 낮은 크기로 1% 미만의 낮은 설명력(3차, 4차)을 보인 반면, 집단주의는 모든 자료에서 유의미한 β값과 13~17%의 높은 설명력을 지니고 있었다. 둘째, 부모 효능감과 개인주의-집단주의와의 관계는 2~5차 모든 자료에서 유의미한 β값을 보였으나, 설명력이 높은 편은 아니었다. 셋째, 문화적응 스트레스와 개인주의-집단주의와의 관계는 2~5차 모든 자료에서 유의미한 β값을 보였으나 설명력은 낮았다. 다만 그럼에도 개인주의는 문화적응 스트레스를 증가시키는 반면(+β값), 집단주의는 문화적응 스트레스 감소와 관계가 있었다(-β값). 넷째, 문화적응 유형 중 동화 유형은 개인주의-집단주의 둘 다와 유의미한 크기의 β값을 보였으나 설명력 자체는 낮았으며, 통합 유형과 개인주의-집단주의 관련성에서는 개인주의는 낮은 설명력을(0~2%), 집단주의는 높은 설명력(9~12%)를 보였다. 분리 유형과의 관계에서는, 비록 설명력은 낮으나 개인주의 성향은 분리를 증가시키는 데 기여하며(2~5%), 집단주의는 분리와 관계가 없었다. 마지막으로 소외 유형과 개인주의-집단주의는 유의미한 β값을 보였으나 기여도 방향에서

는 서로 상반되었다. 개인주의는 소외를 증가시키며(2~3%), 집단주의는 소외를 감소시켰다(7~12%).

6. 조사연구 결과가 갖는 시사점과 의미 탐색

1) 다문화가정 어머니의 심리적 특성변인 점수분포가 지니는 의미

먼저, 비록 본 연구의 주 관심사는 아니긴 하나 개인주의-집단주의 성향 및 모-특성변인(자아존중감, 부모효능감, 문화적응 스트레스, 문화적응 유형)의 점수분포에서 나타난 특징은 간단하게나마 언급할 필요가 있을 것으로 생각된다. 이는 향후 다문화가정에 대한 정책결정에도 시사점이 있을 것으로 생각되기 때문이다.

분석 결과에서, 외국인 어머니의 모든 특성변인들의 평균 크기는 조사회차가 이어지더라도 특징적인 차이가 없었다. 그러나 어머니의 배경변인에 따라서는 몇 가지 유의할만한 결과가 있었다. 통계적으로 볼 때, 연령이 높아짐에 따라 부모효능감은 높고, 한국 거주기간이 길수록 문화적응 스트레스는 낮으며, 동화·통합은 높고, 분리·소외는 낮은 경향이 있었다(표 6 참고). 한편, 어머니의 출신국적에 따라서는 모든 변인에서 통계적으로 유의미한 차이가 있었다. 상대적으로 볼 때, 중국 출신자는 개인주의-집단주의 문화성향은 높고, 자아존중감, 부모효능감은 가장 높았다. 반면 일본 출신자는 개인주의-집단주의 문화성향, 자아존중감, 부모효능감은 모두 가장 낮았으며, 문화적응에서도 동화, 통합에서 가장 낮았다. 필리핀 출신자는 문화적응 스트레스와, 분리, 소외 점수가 가장 높았다. 출신 국적에 따른 이러한 점수 차이 역시 실생활에서도 의미 있는 차이를 의미하는지는 향후 보다 정교한 연구를 통해 검증될 필요가 있을 것이다.

2) 다문화가정 어머니의 개인주의-집단주의 성향과 모-특성변인들 간의 관계가 지니는 의미

개인주의-집단주의와 모-특성변인들 간의 관계에 대해 회귀분석을 수행한 결과, 개인주의-집단주의는 유의미한 방식으로 외국인 어머니의 심리 특성변인들과 관련이 있었다. 집단주의는 높은 자아존중감ㆍ부모 효능감을 설명하였고, 문화적응 유형 중 통합 유형에서 높은 점수와 관계가 있었다. 또한 문화적응 유형 중 낮은 소외 점수와 낮은 문화적응 스트레스 점수와 관계가 있었다. 반면 개인주의는 문화적응 유형 중 분리, 높은 소외감 그리고 문화적응 스트레스의 증가와 관계가 있었다. 시사점을 두 가지로 나누어 제시하기로 한다.

첫째, 본 연구결과는 다문화가정에 관한 선행연구 및 개인주의-집단주의 문화성향에 관한 이론적ㆍ경험적 연구들과 관련하여 시사점이 있다. 앞서 50편의 선행연구를 분석한 결과에서 문화적응 유형, 문화적응 스트레스는 모의 개인적 적응과 관계가 있고, 나아가 부모효능감 등은 자녀의 삶의 만족도, 학교생활적응, 자녀의 자아존중감 등에 정적 영향을 미침을 보였다. 그런데 본 연구에서 개인주의-집단주의 성향이 이들 모-특성변인들과 밀접한 관계가 발견되었음을 고려한다면, 개인주의-집단주의 성향이란 어머니 자신의 적응 및 자녀 양육과 관련한 문화적 작동기제이며, 모-특성변인에 선행하는 변인으로도 고려할 수 있는 것이다. 한편으로, 본 연구결과는 문화성향에 관한 개인주의-집단주의 차원에 대한 이론적 설명 및 선행 경험적 연구와도 일관성이 있는 결과를 보여주었다. 개인주의-집단주의 관점에 의하면, 개인주의 성향은 소외, 아노미, 고독감과 정적상관이 있으며(Triandis, 2001), 무력감, 사회적 고립감 등과 높은 정적상관(박경란, 2000)이 있다. 이러한 특징이 본 연구에서도 그대로 나타나 집단주의 점수는 문화적응에서 '통합'과 높은 정적관계 그리고 문화적응 스트레스와 부적관계를 보인 이유가 아닐까 생각된다. 반대로 개인주의

성향자들은 개인 간 연대가 느슨하며, 개인의 요구와 목표가 주관심사이다(Hui, 1988; Triandis, 1995). 이러한 특성 역시 문화적응유형에서 분리와 소외, 높은 문화적응 스트레스와 관계를 보인 것이라 추측된다.

둘째, 본 연구의 결과는 다문화가정이 우리 사회의 한 구성원으로 건강한 삶을 살아갈 수 있도록 정책을 구축하고 지원하는 실제적 노력과 관련해서도 의미를 찾을 수 있다. 이는 특히 다문화가정 어머니와 가족의 심리적 적응과 정신건강을 위한 교육 및 상담·치료적 개입 내용과 방법 측면에서다. 기본적으로 향후 다문화가정에 대한 조사에서 문화성향에 대한 측정은 지속적으로 이루어질 필요가 있다. 이를 통해 문화성향이 모의 문화적·사회적 적응이나 스트레스뿐만 아니라 가족 간의 유대관계, 자녀 양육 행동, 지역사회와의 소통, 문화적응 유형 등과 어떠한 영향 관계 등이 있는지 체계적으로 분석해야 할 것이다. 궁극적으로는 다문화 가정의 한 개인이나 가족 대상의 적응과 심리적 건강, 안녕감을 평가하여 심리상담·치료적 접근을 도모하는 데 적극 활용되어야 할 것이다.

3) 일반 국민들의 다문화 수용성 확장과 관련하여 지니는 의미

본 연구의 결과는 일반 국민들의 다문화에 대한 수용성을 높여 나가는 데 그 내용과 방법론에 있어서도 함의하는 바가 크다고 생각된다. 도입부에서 언급한 것처럼, 2018 국민 다문화수용성조사 결과(여성가족부, 2018)를 보면, 성인의 다문화수용성지수는 100점 만점에 53점에 불과하며, 일방적 동화를 기대하는 정도가 높았다. 학생들을 대상으로 하는 다문화 수용성 향상을 위한 교육이나 활동은 다문화학생과 함께하는 예체능 활동 등 표면적인 것들이 많았다. 이렇게 본다면, 향후 다문화수용성을 위한 교육은 '문화가 다르면 개인의 정서, 사고, 인지체계 또한 어떻게 달라질 수 있는가' 등과 같은 주제를 활용하여 보다 직접적인 방식으로 다문화 교육에 포함될 필요가 있어 보인다. 본 연구에서 사용한 '문화성향

혹은 '개인주의-집단주의' 등의 개념 또한 주제 선정에 참고가 될 수 있을 것이다. 우리 일반 국민들이 결혼이민자·귀화자들에 대하여 일방적 동화기대가 높은 이유 중의 하나가 그들의 정서와 사고, 인식체계가 우리와 어떻게 다른지에 대한 이해도가 낮기 때문이다. '문화성향'을 주제로 이루어지는 교육은 문화가 다르면 정서·사고·인지체계가 다르며 자기에 대한 인식, 집단에 대한 태도와 가치, 대인관계 등 삶의 전반적인 방식이 다를 수 있음을 체계적으로 전달하는 데 도움이 될 것이다.

참고문헌

박경란(2000). "우리주의 문화에서 개인주의적 성향을 가진 사람들이 지각한 사회적 지지와 소외". 중앙대학교 석사학위논문.

여성가족부(2018). *2018년 국민 다문화수용성 조사, 연구보고 2018-60*. 여성가족부 다문화가족과.

_____(2021). *제3차 다문화가족정책 기본계획(2018~2022) 2020년도 시행계획*, 여성가족부.

최태진(2017). "대학생의 문화성향과 정신건강, 주관적 안녕감의 관계 및 성차", *수산해양교육연구* 29(6), 1994-2010.

_____(2021). "다문화가정 어머니의 개인주의-집단주의 문화성향에 관한 연구: 어머니 자신의 적응 및 자녀 양육과 관련된 변인과의 관계를 중심으로", *문화와융합* 43(8), 527-551.

한성열, 이홍표(1995). "개인주의-집단주의와 지각된 소외감의 관련성 연구", *한국심리학회지: 사회문제* 2, 113-129.

Harris, C. L., & Aycicegi, A.(2006). "When personality and culture clash: The psychological distress of allocentrics in an individualist culture and idiocentrics in a collectivist culture". *Transcultural Psychiatry* 43(3), 331-361.

Hui, C. H.(1988). "Measurement of individualism-collectivism", *Journal of Research on Personality* 22, 17-36.

Triandis, H. C.(1995). *Individualism and collectivism*, Boulder, CO: Westview Press.

Triandis, H. C.(2001). "Individualism and collectivism: Past, present and future". In D. Matsmmoto (Ed.), *The handbook of Culture and Psychology* (pp.35~50). New York: Oxford University Press.

Triandis, H. C., Bontempo, R., Villareal, M. J., Asai, M., & Lucca, N.(1988). "Individualism and collectivism: Cross-cultural perspectives on self-ingroup relationships", *Journal of Personality and Psychology* 54, 323-338.

● 이 장은 문화와융합 학술지 43권 8호에 실린 필자의 논문(최태진, 2021)을 바탕으로 재구성되었다.

03장

북한이탈여성의 남한생활적응 과정에서의 평생학습 참여

1. 평생학습 시대, 북한이탈여성의 교육

　최근 우리 사회에서 북한을 이탈한 사람들은 계속 급증하고 있으며, 그 중 여성 북한이탈주민의 수는 압도적이라 할 수 있다. 통일부의 2018년 보고에 따르면, 현재 북한을 이탈한 국내 입국 이주민은 32,476명이며, 여성의 비율은 85%로써 30세 이상의 성인여성은 59.5%, 40세 이상은 약 28.5% 정도로 집계되어 큰 비중을 차지하고 있다. 북한이탈성인여성들은 북한에서 고등학교 졸업 이상의 학력을 보유하는 경향이 많으며, 남한에 정착하여 평생교육기관의 학점은행제를 통해 학위 취득 등으로 학력을 보완하기도 한다. 이러한 학습을 통한 재구조화는 자아실현을 목표로 하는 교육인 전환학습이론(Transformative learning theory)과 연계하여 이해해 볼 수 있다.

　북한이탈여성들의 삶에 대한 본질적 의미를 이해하기 위해 그들이 평생학습에 참여하는 과정에서 겪는 경험과 관련된 의미들에 대해 연구하는 것은 중요하다. 특히, 남한 입국 후 북한에서의 남은 가족과 단절되어 있고, 남한에서 배우자가 없이 함께 살아가야 하는 북한이탈여성의 경우,

가족 및 갈등 상황과 함께 생계와 학업 수행을 동시에 수행하며 낯선 곳에서 적응해 나가야 하는 생활상의 부담은 클 수 있으며, 무엇보다 안정된 취업을 위한 연계적 학습이 절실한 그들은 남한 사회 문화의 실제적인 생활과 현실적 적응에 어려움을 겪을 수 있다. 즉, 북한이탈여성들은 험난한 역경의 시간을 거쳐 남한에 정착해 가며 생업을 위해 고단한 생활을 하면서 자신에게 처한 현실적인 여러 문제를 동시에 해결해야 하는 어려운 시간을 보내고 있으며, 더 나은 미래와 진로를 위해 일과 학업을 함께 수행하고 있어 이는 매우 특별한 부분이라 할 수 있다. 이에 이러한 현상에 관해 주목하여 남한에 입국해 거주하면서 평생학습에 참여하는 북한이탈여성들이 남한에서 어떻게 적응해 가는지 그 과정을 살펴보고, 교육 현장에서 평생학습 참여에 대한 경험은 어떠하며, 이와 관련된 다양한 상황적 맥락 및 경험의 과정을 탐색하여 도출되는 본질적 의미에 대해 파악해 보고자 한다.

2. 남한 사회 북한이탈여성의 생활적응과 평생학습

Berry(1997)는 문화에 대한 적응 과정을 집단과 개인의 문화적응수준으로 구분하여 통합, 동화, 분리, 주변화 등 네 가지 유형이 문화적응에 대한 스트레스에 영향을 나타낼 수 있음을 설명하였으며, 적응을 심리적 적응과 사회문화적 적응으로 분류하여 제시한 바 있다. 북한이탈여성들은 탈북하는 과정에서 심리적인 외상이나 북한에 두고 온 가족 지원 및 남한 입국 문제, 신분에 대한 불안 및 심리적 위축, 사회적 차별 등으로 인해 심리적인 적응에 많은 어려움을 겪게 된다. 남한의 사회에 새롭게 정착하는 북한이탈여성들은 남한 사회 문화의 적응 측면에서 건강이나 남녀 간의 역할 및 결혼, 자녀 및 가족 상황, 직장생활, 직업 훈련 등 적응상의 여러 문제 속에서 힘든 생활을 하고 있다. 그들이 남한의 사회에 적응하는 속도는 개인마다 차이가 있으며, 이로 인해 세대 간, 가족 간 불화나 갈등이 발생할 수 있다. 이와 관련해 남한의 자본주의 사회와 경제 체제에 대한 이해, 경제활동에 적응하는 것, 그리고 정부 예산과 관련된 정책적 대안을 마련해야 하는 필요성은 강조되고 있으며, 북한이탈여성 당사자가 수용하고자 하는 의지나 포용력 등 심리적인 적응은 매우 중요하다고 할 수 있다.

북한이탈여성들은 정부의 지원으로 하나원 교육 이후 복지관이나 직업 관련 학원, 평생교육기관 등을 이용해 직업교육과 더불어 지역사회 및 문화에 대한 이해와 적응을 위한 교육을 접하게 되며, 생업의 유지와 이를 위한 학습 외에도 언어적 장벽에 대한 어려움의 극복을 위해 계속해서 취업과 학습에 도전하여 자기계발을 하며 남한 사회의 적응을 위해 노력하고 있다. 그러나 강한 취업 욕구에도 불구하고 남한 사회에서의 인적·물적·제도적 정보 습득의 열악함으로 학업 이수 후의 취업률은 낮은 것으로 알려져 학습과 직업의 원활한 연계 및 취업을 위한 지속적인 재교육이 원만히 이루어지도록 제도적인 뒷받침이 강조되고 있다.

Mezirow(1991)에 따르면, 의미구조는 비판적인 성찰과 이성적 담론을 통해 수정, 전환되며, 관점의 전환은 성인발달의 중심 프로세스로서 핵심적인 개념에 대해 학습에 필수적이라 할 수 있는 경험과 수용할 수 없는 경험 속에서 비판적인 성찰과 자신의 생각을 포괄적·개방적·반성적으로 변화시켜 학습이 이루어지게 된다. 이러한 변화는 본 연구에서 북한이탈여성들이 도전하는 학점은행제를 이용한 자격 과정 이수 및 학위 취득 과정의 평생학습에서 일어날 수 있으며, 학습자들은 자신의 딜레마나 부정적인 감정들에 대한 자성 및 비판적 평가로부터 시작해 대안의 탐색과 일련의 행동을 계획해 볼 수 있다. 또한, 계획을 실행에 옮기기 위해 지식 및 기술을 습득하고 새로운 역할을 시도하게 되며, 자기 자신의 자신감과 역량을 강화하여 새롭게 형성된 관점으로 재통합하는 과정을 거치게 된다. 즉, 북한이탈여성들은 남한 사회에 적응하는 과정에서 평생학습의 새로운 경험을 통해 비판적으로 자기 자신을 성찰하고 담론을 통한 성찰적 판단으로 전환적 과정을 거쳐 능력과 자질을 수반하여 확장된 새로운 시각으로 자신의 삶을 바라볼 수 있을 것이다.

Taylor(2000)에 의하면, 전환학습의 과정에서 관계적 방식의 앎은 중요하다. 신뢰, 우정, 지지 등의 요소들은 효과적·이성적 담론의 기인에 중요하게 작용할 수 있어 주변의 지지나 가족들과의 관계, 신뢰를 쌓는 것이 중요하므로(Merriam et al., 2007) 남한에서 새롭게 경험하는 북한이탈여성의 평생학습에서 주변인들의 지지, 가족 및 교수자의 역할 등은 의미가 있을 것으로 여겨진다. 이에 성인학습자들의 자기계발 및 사회성을 증진할 수 있는 맞춤식교육이 설계, 실행되어야 하며, 평생교육의 관점에서 다양한 학습 성장을 지원하는 방안 모색과 학습 당사자가 학습의 주체가 될 수 있도록 교육 상담과 복지 등 여러 요소의 결합이 필요하다(한수정, 2017:309).

3. 심층면접법을 활용한 질적 자료 분석

1) 면담 참여자의 일반적 특징

본 연구의 대상은 국내 수도권에 소재하는 A 대학 부설 평생교육기관에서 자격 과정 이수 및 학력보완 차원의 평생학습을 통해 평생교육사와 사회복지사 학습에 참여하는 북한이탈여성학습자를 대상으로 하였다. 연구에서 참여자의 선정은 비확률 표집 중 세평적 사례 선택에 의해서 이루어졌으며, 연구자는 평생교육 관계자를 통해 연구 참여자를 선정하여 기관 프로그램의 수행 과정에 수개월 함께하고 진실성 있는 내용의 확보와 신뢰도를 높이기 위해 친밀한 관계성을 가지도록 하였다. 그리고 북한이탈여성들에게 연구의 취지 및 목적에 관해 설명하였으며, 연구 참여에 동의한 다섯 명을 최종 연구대상으로 선정하였다.

연구 참여자들은 정부의 관련 부처 지원으로 평생교육기관 이용을 통한 학습 경험이 있는 북한이탈성인여성으로서 모두 북한에서 이탈한 후 중국, 태국, 라오스 등에서 체류하는 과정을 거쳐 남한에 입국한 공통점이 있으며, 남한에 정착한 기간은 모두 3년 이상으로 남한에서는 배우자가 없이 학업과 직장생활을 병행하는 성인여성 다섯 명을 최종 면접자로 선정하였다. 연령은 만 30~52세이며, 질적 자료 수집을 위한 참여자와의 면담은 2019년 11월부터 12월까지 진행하였다. 연구자는 심층면담을 수행하기 전에 연구자 및 소속, 연구의 목적에 대해 구체적으로 설명하였으며, 이에 관해 이해하고 자발적으로 면담에 참여한 성인여성학습자들은 녹음 및 현장 메모 기록에 대해 동의하였다(표 1).

표 1 면담 참여자의 일반적 특징

사례	성별	연령	학력	결혼여부	면담시기(횟수)	출신지역 거주지역	남한 정착 년차	가족관계 및 거주지	본인 직업 (지역)	종교
A	여	52	대학교 졸업(북) 대학원 석사재학(남)	기혼	11.5 (1회)	함경북도(북) 서울(남)	7년	남편- 군 간부(북) 딸(남)	교사(북) 연구직 (남)	기독교
B	여	51	대학교 졸업(북) 학위보완 과정(남)	사별	11.19 (1회)	함경남도(북) 경기도(남)	5년	남편 사별(북) 딸(북) 아들(남)	교사(북) 노동직 (남)	무교
C	여	41	대학교 졸업(북) 학위보완 과정(남)	기혼	11.12 (1회)	함경북도(북) 경기도(남)	10년	남편-군인(북) 딸(북) 아들(북)	개인사업 (북) 노동직 (남)	무교
D	여	30	고등학교 졸업(북) 학위보완	미혼	11.26 (1회)	함경북도(북) 경기도	4년	부 이혼(북) 남동생(북) 모 재혼(남)	상업(북) 학생(남)	기독교

E	여	52	고등학교 졸업(북) 학위보완 과정(남)	이혼	12.3 (1회)	함경남도 (북) 경기도 (남)	6년	남편 이혼- 행정직(북) 아들(남)	개인사업 (북) 노동직 (남)	기독교

2) 자료 수집 및 분석

본 연구에서 연구자는 조사 사전 단계에서 참여자들과 비공식적인 면담을 하였으며, 공식 면담에서는 주제에 따른 면담 내용 질문 자료와 현장 노트 등을 활용하였다. 심층면담은 개인별 각 1회를 수행하였으며, 1회기당 약 1시간~1시간 30분 정도의 시간이 소요되었다. 면담에서 연구 참여자들이 자신의 경험과 사고에 대해 자유롭게 의사를 표현하여 진술할 수 있도록 하였으며, 면담 장소는 조용한 상담 공간 또는 차와 식사를 할 수 있는 편안한 장소에서 이루어졌다. 연구 참여자들은 남한 정착 전 북한에서의 생활, 북한 이탈 이후 중국, 미얀마, 태국 등 제3국을 거쳐 입국하여 남한에 정착하는 과정에서 경험한 일과 남한생활 및 평생학습 경험에 관해 이야기해주었다.

본 연구에서는 3단계로 구분하여 서술하였다. 먼저, 1단계에서는 남한 정착 전의 삶을, 2단계에서는 남한 사회 적응 과정에서의 새로운 생활을, 그리고 3단계에서는 남한생활적응 과정에서 경험한 평생학습과 기대에 관해 심도 있는 면담을 하였다. 면담 내용은 연구 참여자의 동의를 구하여 녹음하였으며, 녹음을 원치 않은 일부 참여자의 경우에는 현장 노트 및 메모 기록으로 작성하여 자료는 전사, 정리하였다. 자료의 분석은 Stake 외(1994)가 제시한 범주의 합산이나 직접적으로 해석하는 사례연구의 분석 방법 활용과 함께 Glaser와 Strauss(1985)가 제시한 지속해서 비교하는 방법을 사용하여 분석하였다. 자료 분석 과정에서 수집 자료는 개념에 관한 내용들을 코딩하고 이를 의미 있는 범주로 분류하였으며, 범주 간 연계성을 고려하고 확인하였다. 또한, 코딩하는 과정에서 새로운 범주 또는 주제에 적절히 코딩되었는지 지속해서 확인하여 검토하는 과정을 수행하였다.

  본 연구에서는 신뢰도와 타당성을 확보하기 위해 Lincoln과 Guba(1985)가 제안한 신빙성, 재현 가능성, 확인 가능성, 신뢰성 등을 토대로 하여 진행하였다. 먼저, 타당화 작업에서의 신빙성은 자료 수집 및 분석의 과정에서부터 수행되어 연구 대상자들에게 분석 자료 및 결과를 확인하게 하여 참여자 관점과의 일치를 확인하였다. 그리고 재현가능성 검증 과정에서는 연구에 참여하지 않은 북한이탈여성 한 명에게 결과의 공감 여부에 대해 논의하고, 확인 가능성을 위해 연구 참여자들과 사전에 개별적으로 연구의 목적과 의도에 관해 설명하였다. 또한, 코칭 및 교육학 관련 전문가와 심층면담 질문에 대한 구성과 내용을 검증하였으며, 자료의 다원화 방법 수행으로 심층면담 내용을 주된 근거 자료로 검토하여 현장 노트 및 메모 기록과 북한이탈주민의 남한적응 및 평생교육 관련 보고서 등을 보조 자료로 하여 상황적 맥락과 성격적 특성을 파악하였다. 본 연구에서 질적 자료의 질문 내용은 고등교육 학위 과정 참여 북한이탈여성에 관한 선행연구(엄미란, 2019)를 참조하여 연구의 목적과 대상에 적절하게 보완하여 〈표 2〉에서와 같이 재구성하였다.

표 2 심층면담 주제에 따른 질문 내용

영역	개인적 특성	남한생활적응
질문 내용	성별, 연령, 학력, 출신지역, 체류국가, 정착 및 거주년도, 가족사항, 직업, 종교	• 북한에서의 어린 시절과 청소년(청년), 성인 시기의 생활 • 탈북 과정 중 체류국에서의 삶과 경험 • 북한 이탈 과정 또는 낯선 환경에서의 삶과 대처 및 극복을 위한 노력 • 남한생활적응 과정에서의 경험을 통한 변화된 자신의 사고와 삶의 방식 • 남한생활적응 과정에서의 일과 평생학습 경험 • 남한생활적응 및 변화를 위한 노력과 전략

3) 심층면접법

본 연구에서는 북한을 이탈한 성인여성들의 심층면담을 통해 참여자 개인에 대한 생활과 학업 및 직장 등 맥락적인 자료를 수집하여 각각의 소수 사례에 대한 독특함과 사례 간의 분석을 통해 심도 있는 내용으로 심층면접법을 활용하여 분석을 진행하였다. Corbin과 Morse(2003:341-344)가 제시한 면접의 일반적인 네 가지 단계를 토대로 살펴보면, 먼저, 사전 준비 단계는 면접이 시작되기 전 면접 목적 및 과정에 관해 설명되고 명료화되는 단계로서, 연구자는 문서화된 내용으로 연구 참여자에게 보다 세밀하고 자세히 연구의 목적과 전반적인 진행 과정에 대해 알려주도록 하며, 참여자가 내용을 제대로 이해했는지를 파악하는 것이 중요하다. 그리고 전환 단계는 사전 준비 단계에서 서서히 면접으로 이행되는 단계로서, 연구자와 연구 참여자가 서로를 탐색하는 단계일 수 있으며 면접 주제도 광범위한 범위 내에서 자유롭게 서로 의견을 교환하는 것이 적절하다. 다음은 몰입 단계로서 본격적인 면접의 단계에 접어들어 연구 문제를 중심으로 연구자와 연구 참여자 간의 대화가 깊이와 폭을 더해 가는 단계이며, 마지막으로, 종료 단계에서는 면접이 서서히 종결되어 가는 단계로 연구문제와 관련된 의미 주제들이 표면에 떠오르게 된다. 연구자는 주제들을 중심으로 하여 다시 한 번 연구 참여자에게 확인하게 하거나 다른 대안의 가능성 등을 타진해 보고 이론적인 관련성을 탐색하도록 한다. 이상의 네 가지 단계는 크게 순서에 구애받지 않는 순환 활동으로 진행해 볼 수 있다. 이러한 심층면담을 통한 연구에서는 연구자와 사례 간 상호적 의사소통에 중점을 두고 연구 참여자와의 접촉을 통해 정확하게 특징을 기술하고 이해하는 것이 중요하며, 연구 참여자에 대한 특징과 함께 관련된 맥락 및 상황의 기술을 위해 면접 시 참여자의 표정까지 관찰할 필요가 있고, 그들이 경험한 자료를 모아 추상화하고 범주화하는 것이 중요하다.

4. 평생학습 참여 북한이탈여성의 남한생활적응 과정

북한이탈여성들이 남한생활적응 과정에서 경험한 생활과 평생학습 등 대상의 사례 내에 관해 분석하고 사례 간 분석을 함께 실시하여 연관성 있고 공유되는 주제들을 파악하고 최종적으로 범주화하여 살펴본 결과, 북한이탈여성들의 남한생활적응 과정은 '출신 및 배경의 대물림', '제3국의 또 다른 이방인', '새롭게 시작하는 나', '새로운 삶을 위한 일과 배움', '평생학습 기회 탐색과 자기계발', '변화하는 이방인의 기대' 등 여섯 가지의 대범주로 나눌 수 있었다(그림 1). 구체적으로, '출신 및 배경의 대물림'은 틀에 박힌 삶의 답답함, 힘들고 어려움 등의 2개로, '제3국의 또 다른 이방인'은 위험 속에서 돈을 벌기 위해 일함, 신분으로 인한 불안함, 남한으로 가기 위해 노력함 등의 3개로, '새롭게 시작하는 나'는 정착을 위한 도움에 대한 고마움, 나만의 거처를 구하여 안정감을 느낌 등의 2개로, '새로운 삶을 위한 일과 배움'은 불안정한 직업으로 고민함, 편견 속 고된 일의 어려움, 배움을 통해 구직을 희망함 등의 3개로, '평생학습 기회 탐색과 자기계발'은 국가 및 기관 제공 교육의 유용함을 인식함, 자격 과정의 이수를 위해 배움, 학력보완 및 대학원 연계 진로를 희망함 등의 3개로, '변화하는 이방인의 기대'는 자신에 대해 깊이 이해함, 관계를 통한 깨달음, 소통을 위해 새로운 노력을 함, 가족과 함께하는 삶을 준비함 등 4개의 하위범주로 구분할 수 있으며, 총 17가지의 범주로 도출되었다.

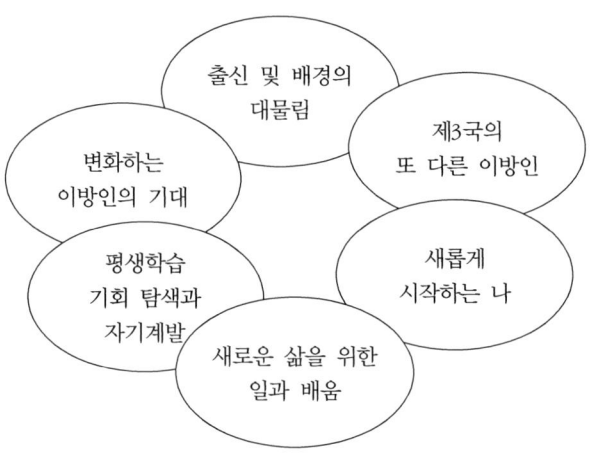

그림 1 북한이탈여성의 남한생활적응 과정

1) 남한 정착 전의 삶

(1) 북한에서의 삶

북한이탈여성들이 남한 정착 이전의 삶에서 인식한 북한에서의 삶의 과정은 '출신 및 배경의 대물림'으로 범주화할 수 있으며, 그 하위내용으로는 틀에 박힌 삶의 답답함, 힘들고 어려움 등 두 가지의 범주로 나누어 볼 수 있다(표 3).

표 3 북한에서의 삶

대범주	하위범주	개념
출신 및 배경의 대물림	틀에 박힌 삶의 답답함	북한의 사상과 체제에 대해 지겨움을 느낌
		재가한 홀어머니 밑에서 자란 나와 간부급 집안 남편과는 다른 가치관이 있었음
		자녀 때문에 살아야 하는 여자의 인생에 대해 답답해하였음
		정해진 대로 살아야 하는 북한과는 다른 남한에 대해 청소년기부터 동경해왔음
		답답한 삶 속에서 자녀의 한국에 관한 관심과 열망에 나도 동조하게 되었음
		억압된 정권에 대한 부정적인 마음과 북한을 떠나고 싶은 마음이

	있었음
	어린 시절 부모의 이혼으로 인한 부정적인 사고가 있었음
	아동기에 발생한 사고로 인해 기억을 상실해 힘든 경험을 한 적이 있음
	어려운 경제사정으로 학업을 휴학하여 공부를 그만둔 것을 후회하였음
	북한의 교육·진로 체계와 부모의 반대로 대학에 진학하지 못하여 힘들었음
힘들고 어려움	교사 급여로는 생활이 어려워 분야를 바꾸어 공부하고 이직을 하게 되었음
	결혼하면서부터 여러모로 생활이 힘들었으며 고부갈등이 심하였음
	개인사업의 실패로 인해 가세가 기울고 감시로 불안정한 가정생활을 하였음
	남편의 북한 생활제대로 자녀 세대까지 경제적인 어려움이 생기게 되었음
	교통사고로 남편과 사별하여 힘이 들었으며, 남한에서의 편안한 삶을 소망함

○ 출신 및 배경의 대물림

북한이탈여성들은 북한 사회에서 상처받은 마음과 표현하기 어려웠던 과거 속의 자신을 돌아보면서 남한으로의 새로운 삶으로 이어지게 된 배경을 회상하고 있었다. 이는 북한이탈여성들이 북한의 사회주의 체제 및 억압된 분위기로부터 탈피하기를 원하였으며, 신분상의 제도, 가부장적인 가정상의 어려움이나 고부 갈등, 가정환경 및 가족 간의 문제, 그리고 여성으로서 배움의 제한 등 자신들이 겪어온 과거의 생활에서 벗어날 수 있는 길을 남한 민주주의의 자유로운 삶으로 갈망하고 있는 배경으로 보인다.

"정권이 잘못됐다는 생각에 내 마음은 북한을 떠나고 싶었어요. 제도도 너무 억압하는 것 같고, 잘못된 것 같아서 내 스타일이 아니어서

나는 여기서 못 살 거라고 생각이 들었어요. 나이가 들어서도 살고 싶은 생각이 없고 해서 계속 기회를 찾다가도 행동하기는 계속 힘이 들었는데……. 가자! 라고 결심하게 된 것이지요." (사례 D)

(2) 체류국에서의 생활

북한이탈여성들이 남한 정착 전의 삶에서 인식한 체류국에서의 생활 과정은 '제3국의 또 다른 이방인'으로 범주화할 수 있으며, 그 하위내용으로는 위험 속에서 돈을 벌기 위해 일함, 신분으로 인한 불안함, 남한으로 가기 위해 노력함 등 세 가지의 범주로 나누어 볼 수 있다(표 4).

표 4 체류국에서의 생활

대범주	하위범주	개념
제3국의 또 다른 이방인	위험 속에서 돈을 벌기 위해 일함	중국에서의 생활을 위해 옷 가게에서 아르바이트로 여러 곳을 전전함
		중국으로 건너가 10여 년 동안 식당일, 가정 보모 등으로 고생하며 일을 함
		남한으로 가기 위해 위험한 상황 속에서도 브로커와의 연결을 위한 돈을 모으기 위해 일을 함
	신분으로 인한 불안함	제3국 태국을 거쳐 오면서 수용 시설에 갇혀 불안한 신분의 국제적인 난민이 됨
		체류하는 과정에서의 브로커에 대한 불신과 인신매매에 대한 두려움이 있었음
	남한으로 가기 위해 노력함	죽거나 살거나 두 가지의 길만 있을 뿐이라는 각오로 버티면서 힘든 생활을 이겨내기 위해 노력함
		라오스에서 장기간 체류하게 되어 교회 선교사에게 성경 및 교육을 받으며 지속적인 소통을 위해 노력함
		중국, 라오스 등에서 교회 후원을 받기 위해 꾸준히 편지하고 소통하기 위해 노력함

○ 제3국의 또 다른 이방인

북한이탈여성들은 제3국에서 체류하면서 매우 불안정하고 고달픈 생활로 고난의 시간을 보내면서 위험을 무릅쓰고 남한에서의 새로운 삶을 향해 나아가고 있었다. 이는 북한이탈여성들에게 북한의 사회주의 체제와는 다른 남한의 민주주의 국가에서의 자유로움과 권리에 대한 새로운 삶으로 이어지는 것으로, 그 과정에서 자신의 정체성을 잃은 이방인의 모습으로 피할 수 없었던 고난의 시기를 겪게 되었으며, 남한에서의 삶은 더욱 새롭고 전환적인 삶으로 의미가 부여될 수 있음을 인식한 것으로 보인다.

> "우리는 국제 재판을 받고 온 사람이에요. (중략) 거기가 어디이던가? 국제 난민소예요. 거기에 넣었던 거예요. 우리를……. 거기에 까맣게 생기고, 하얗게 생기고, 이렇게 생기고, 세계 각국 난민이 다 모인 것이에요. (여러 나라에서) 추방된 이들이 몰린 거죠. 엄청나게 감방(수용시설)이 커요. 남자 감방이 따로 있고 여자 감방이 따로 있는데……. (중략) 우리는 한 달 있었어요. 한 달 있으면서 병이 있어도 못 오고, 거기서…… (있어야 해요). 결핵이 있거나 여기 한국에 오면 전염될 수 있는 병이 있지요? 거기에서 (병이) 있기만 하면, 거기서 완치될 때까지 놔두는 거예요." (사례 B)

2) 남한 사회 적응 과정에서의 새로운 생활

(1) 새로운 삶의 시작

북한이탈여성들이 남한 사회의 생활에 적응하는 과정에서 인식한 새로운 삶의 시작은 '새롭게 시작하는 나'로 범주화할 수 있으며, 그 하위내용으로는 정착을 위한 도움에 대한 고마움, 나만의 거처를 구하여 안정감을 느낌 등 두 가지의 범주로 나누어 볼 수 있다(표 5).

표 5 새로운 삶의 시작

대범주	하위범주	개념
새롭게 시작하는 나	정착을 위한 도움에 대한 고마움	다양한 교육과 체험학습의 지원을 경험하였음
		하나원에서 만난 사람들과의 관계성은 깊은 면이 있으며 남한생활에 도움을 줌
		하나원에서 제공하는 사회복지교육 교수자 강의를 통해 남한 사회에서의 롤 모델로 정함
		종교에 대해서는 잘 몰라도 하나원의 교회를 통한 신앙적 지지로 마음의 안정을 얻게 됨
		하나원에서의 교육 지원으로 장애인센터에서 일하는 사회복지사를 꿈꾸게 되어 고마움
	나만의 거처를 구하여 안정감을 느낌	친척이 있고 지원 임대아파트의 경쟁력이 낮은 지방으로 안정적인 거처를 정하였음
		남한에 입국해 일정 시기 이후 나의 직장 상황 및 선호에 따라 내가 살기 편이한 월세 집을 구하였음
		나의 경우 조건부 계약이 가능한 임대아파트는 죽을 때까지 살아도 되어 집에 대한 걱정이 없음
		법적 후원의 주관으로 제공되는 기숙사에 거주하다가 나만의 전세 아파트에 살게 되었음

○ 새롭게 시작하는 나

북한이탈여성들은 남한에서 하나원의 생활로부터 시작해 정착을 위해 새로운 관계성과 배움을 체험하면서 안정적인 거처를 구해가며 마음을 굳건히 다지고 새로운 삶을 시도해 나가고 있었다. 이는 북한이탈여성들이 남한에서의 정착을 위해 다양한 접근으로 도움과 지지를 받으며, 새로운 사람들과의 만남과 학습에의 도전을 통해 실질적으로 생활에 필요한 부분들에 대한 문제를 탐색하고 해결해 가면서 생활의 터전을 마련해 갈 수 있을 것으로 보인다.

"하나원에서 생활할 때 처음으로 사회복지 강의를 들으면서 (여자) 교수님이 멋있다는 생각이 들었어요. 어떻게 저렇게 열정적으로 하실 수 있는지, 강의를 들으면서 저도 한번 저렇게 (강의를) 해 보고 싶은 생각이 들고, 교단에 선 교수님의 모습이 멋있었어요. (북한에서 생각했던) 가부장적인 남자의 모습이 아니었어요. 또 장애인센터에서 열심히 일하시는 분을 보고, 장애인들이 다르게 보이고……. 저도 그렇게 되고 싶고요. 하나원에서 나와서도 계속 그런 생각이 들었어요." (사례 E)

(2) 생계유지를 위한 일과 배움의 도전

북한이탈여성들이 남한생활적응 과정에서 인식한 생계유지를 위한 일과 배움의 도전은 '새로운 삶을 위한 일과 배움'으로 범주화할 수 있으며, 그 하위내용으로는 불안정한 직업으로 고민함, 편견 속 고된 일의 어려움, 배움을 통해 구직을 희망함 등 세 가지의 범주로 나누어 볼 수 있다 (표 6).

표 6 생계유지를 위한 일과 배움의 도전

대범주	하위범주	개념
새로운 삶을 위한 일과 배움	불안정한 직업으로 고민함	북한은 국가 주도로 직업이 정해지고 이동되지만, 남한에서 하는 일은 내가 책임을 져야 하는 면이 있음
		차상위계층으로서 북한 연구와 관련된 단기 파트 타임으로 일한 적이 있으나 지금은 그마저 끊김
		회사 직원 식당에서 계속해서 정직원이 아닌 계약직으로 불안정한 일을 하고 있음
		편의점이나 식당 등에서 아르바이트하며 전전긍긍하며 고민함
	편견 속 고된 일의 어려움	생활상 무슨 일이 일어나면 법적인 것을 잘 몰라 행정적 부분에서 차별과 편견을 느낌
		신분의 편견으로 인해 직장의 승진 대상에서 탈락하게 되어 낙심함
		한식요리사자격을 갖추고 요양병원 주방장 역할로 일하나 정규직이 되지 못해 계속 힘들었음
	배움을 통해 구직을 희망함	남한에서 북한말로 대화하면 차별이 있으므로 한국말을 열심히 배우며 더 나은 일을 구하고 싶
		남한에서 왜 사는지를 생각하며 대학원 과정을 공부하면서 진로에 대한 마음을 정리해 보고 싶음

남한 남자와 재혼한 엄마와의 갈등 및 스트레스가 많으나 계속 공부하면서 미래의 일을 준비하고 싶음
열정적인 교수자의 가르침을 통해 나도 차후 사회복지사로 일해보고 싶음

○ 새로운 삶을 위한 일과 배움

북한이탈여성들은 생계를 위한 일자리의 경험과 배움을 통한 구직 등 사회주의 체제 관련 사상, 가치관 및 신념이 다른 북한에서는 깊이 고찰할 수 없었던 남한 사회의 민주주의 체제 속에서 점차 인권 및 복지적 차원을 포함한 평생학습에 대한 욕구를 발견하게 되는 의미 있는 변화가 시도되고 있었다. 이는 북한이탈여성들에게 학습의 권리에 대한 보장과 함께 일상에서 누릴 수 있는 학습의 자유로움과 실제적인 삶에 대안이 될 수 있는 역할로 작용할 수 있을 것으로 보인다.

"많이 변화되었죠. (남한생활에서) 사건이 딱히 있었다기보다는……. 그냥 세월이 흘러가면서 이제 내가 여기 (남한) 사람들하고 대화가 되어야 하는데, 살아온 게 다 다른데 어떻게 대화가 돼요? 그런 부분에 대해서 많이 느끼고, 대화가 단절되잖아요. (소통에 필요한) 그런 부분들을 조금 연구해서 한국 자료들도 (공부하면서) 많이 보고요. 대화를 해야만 모든 것이 연결되니까요. (중략) 힘이 들더라고요. 내가 이렇게 북한 말을 써버리고 하면 조선족이냐고 이렇게 오해도 받고, 시급도 다른 사람들은 만 원을 주는데 나는 뭐 팔천오백 원을 준다던가, 그렇게 차별을 하는 거지요. 그래서 나는 열심히 노력해서 한국말을 많이 배우고, 내가 북한 사람이 아닌 척하기도 하고요." (사례 C)

3) 남한생활적응 과정에서 경험한 평생학습과 기대

(1) 평생학습을 통한 배움과 자기계발을 위한 학습

북한이탈여성들이 남한생활적응 과정에서 경험하게 된 평생학습과 기대에 관한 인식은 '평생학습 기회 탐색과 자기계발'로 범주화할 수 있으며, 그 하위내용으로는 국가 및 기관 제공 교육의 유용함을 인식함, 자격 과정의 이수를 위해 배움, 학력보완 및 대학원 연계 진로를 희망함 등의 세 가지 범주로 나누어 볼 수 있다(표 7).

표 7 평생학습을 통한 배움과 자기계발을 위한 학습

대범주	하위범주	개념
평생학습 기회 탐색과 자기계발	국가 및 기관 제공 교육의 유용함을 인식함	통일부 지원 프로그램으로 학위 취득 및 자격 과정 이수에 필요한 교육비를 제공받고 있음
		평생학습 바우처 카드 등 시간만 있으면 국가에서 제공하는 무료 지원 교육도 많음
		나는 북한에서 초등 교사로 일하여 공부하는 것에 소질이 있으며 남한적응과 문화를 알기 위해 제공해주는 공부에 계속해서 참여하는 것은 반드시 필요하다고 생각함
		남한은 미국교육방식이어서 북한과는 다르며, 한국의 왜곡된 역사를 바로 알기 위한 교육 참여의 중요함을 인식함
	자격 과정의 이수를 위해 배움	평생교육사 및 사회복지사 자격 과정과 학위 취득 과정을 동시에 이수하고자 학습에 임함
		평생교육원 외 교류분석사, 심리분석사, 브레인 트레이너 자격 과정도 함께 공부하고 있으며, 배움에 대한 열의가 있음
		남보다 잘살아보려고 하루하루를 공부하며 힘든 생활을 버티고 있으며, 곧 사회복지사 자격 과정의 실습교육에 열심히 임하고자 함
		통학시간은 조금 걸리지만, 평생교육사 자격 필요 과목들을 거의 이수해 실습 신청이 가능하게 되었음
		한식요리사 과정을 공부해 관련 자격증은 가지고 있으며, 지금 하고 있는 자격 과정 학습을 이수하여 전일 직장으로 의료보험 혜택까지 받고 싶음

학력보완 및 대학원 연계 진로를 희망함	북한에서 4년제 대학을 졸업했으나 더 나은 남한생활을 위해 타 전공의 학력보완 학위 과정 학업에 임하고 있음
	대학원 석사 과정에 진학하였으며, 논문 수행 및 종합시험 준비에 임하였음
	석사학위 취득 이후에도 계속해서 사회복지학 박사 과정 진학을 희망하여 이를 고려하고 있음

○ 평생학습 기회 탐색과 자기계발

　북한이탈여성들은 정부의 부처 및 평생교육 제도를 통해 관련 교육기관들을 이용하며 더 나은 일자리와 남한에서의 안정된 생활과 적응을 위해 평생학습을 통한 진로를 탐색하였으며, 자격 과정 이수와 동시에 학력보완 및 대학원 진학 등으로 다양한 학습을 경험하며 자기계발을 적극적으로 해나가고 있었다. 이는 북한이탈여성들에게 평생학습을 통한 다양한 접근의 진로 탐색 기회 확대와 자기계발 및 학습 역량 함양으로 더욱 안정된 남한 사회에서의 삶을 대비하는 학습이 될 수 있을 것으로 보인다.

　"제가 하반기 학기에 들어와서 논문 써야지, 종합시험을 쳤지, 어제, 그제 국가공인자격증 시험 친다고 완전히 정신이 없었지, 브레인 트레이너 보느라 정신이 없었고……. 그리고 지금 진로, 평생교육사 (필수) 과목이 (실습을 제외하고) 네 과목이잖아요. 이거 두 과목에……. 그런데 이거(오프라인 수업)는 사람들을 (직접) 대상으로 하다 보니 조금 육안이 있는데, 이게 온라인(강좌)으로 하는 것은 육안이 없잖아요. 내가 (수업) 오기 전까지 그거 듣다가……. 오늘까지 안 들으면 안 돼요. 주차(별) 수업, 그것도 있지, 그거 하고 교류분석사 1급하고 심리분석사 1급 자격증은 (이미 이수해서) 자격증까지 (집으로) 왔어요. 그것은 (올해) 초기에 즉각 해버렸거든요. 2학기 들어와서 그러니까 이게 논문을 써야지 이게 포화상태가 되었어요." (사례 A)

(2) 긍정적 변화를 위한 노력과 준비

북한이탈여성들이 남한생활적응 과정에서 긍정적인 변화를 위한 노력과 준비에 관한 인식은 '변화하는 이방인의 기대'로 범주화할 수 있으며, 그 하위내용으로는 자신에 대해 깊이 이해함, 관계를 통한 깨달음, 소통을 위해 새로운 노력을 함, 가족과 함께하는 삶을 준비함 등 네 가지의 범주로 나누어 볼 수 있다(표 8).

표 8 긍정적 변화를 위한 노력과 준비

대범주	하위범주	개념
변화하는 이방인의 기대	자신에 대해 깊이 이해함	나는 문제가 발생하면 해결하는 데 대화나 결정을 잘 미루는 성격이며, 상대방의 성향을 보고 주로 회피하려는 경향이 있었음
		교회에서의 물질적인 도움은 중요하지 않으며, 원만한 신앙생활을 통해 나의 마음을 잘 다스리고자 함
		원래의 나는 마음속에 있는 것을 다 표현해야 하는 성질이 있었으나 점차 순해졌음을 느끼게 되었음
		나는 자존심이 있어 돌려서 말하면 건방져 보이며 감정 관리가 잘되지 않은 면이 있음
		재혼한 엄마로 인해 상처가 많은 편이며, 돈 문제나 민사소송 등 솔직히 자살하고 싶을 때가 있었음
		기가 센 나의 성격이 남한에 와서 많이 변하였으며, 오픈하지 않고 할 일만 하는 면이 있어 사람들이 싫어하여 나 자신을 더욱 방어하게 되었음
		어떻게든지 다른 사람에게 피해를 주지 않고 서로가 윈 윈 할 수 있는 길을 찾고자 하였음
	관계를 통한 깨달음	하나원 입소 시절만 해도 악종과 같은 성격이었는데 교회생활 및 관계성을 통해 서서히 변하였음을 인식하였음
		라오스에서부터 연락한 선교사, 현재 소속 교회 사모님과의 지지와 관계성이 남한생활에 힘이 되어 주었음
		북한 사람들은 이해와 이득이 없으면 냉철하고 직선적이라고 생각했으며, 하나원 기수 때부터 한국에서 맺은 사람들과의 관계성은 깊은 측면이 있음을 알게 되었음
	소통을 위해 새로운 노력을 함	북한에서는 사람들과 소통하면서 부딪치고 싸우기도 했으나 남한에서는 내가 하는 말과 행동에 대해 조심하고 조용히 책임지고자 노력하고 있음

	내가 제시한 문제에 대해 남한 사람들이 자기 주관을 확실하게 해주지 않으면 그것에 대한 답과 목표를 스스로 해결할 수 있도록 나 자신을 잘 다스리고자 노력함
	또래와 공동체모임을 하면서 조금 더 겸손해지고자 노력하고 있으며, 남한의 다른 사람들도 힘들게 사는 모습을 보며 나 자신이 온순한 성격으로 변화되고자 함
	북한에 두고 온 딸과 아들을 남한으로 데리고 와서 함께 사는 것이 내가 살아가는 인생의 목적임
	학업생활과 함께 아파트, 공사 현장에서 용접 및 입주 관련 노동에 열심히 임하면서 북한에 두고 온 자녀를 생각하며 미래를 준비해 가고자 함
가족과 함께하는 삶을 준비함	딸도 남한의 대학에서 학업에 열심히 임하고 있으며, 나는 가족과의 생계보장을 위해 기초생활수급수혜와 교육바우처 등 교육 기회를 놓치지 않고 석사학위 이후 박사 과정 진학까지 계획해보고 있음
	재혼한 엄마와의 갈등으로 지금은 결혼할 생각이 없지만, 나만의 꿈과 계획을 세우고 공부하여 취직하고 싶으며, 엄마와 더 잘 지낼 수 있도록 노력하고 나이 들어서는 실버타운 운영을 해보고 싶음
	먼저 남한으로 오게 된 아들과 함께 열심히 살면서 북한에 두고 온 딸을 데리고 오고 싶은 마음이 간절하여 계속 기도하고 열심히 공부하며 비용을 마련하고자 함
	지난 과거의 생각은 하지 않고 오직 나의 인생은 아이들을 생각하며 살아가고자 함

○ 변화하는 이방인의 기대

북한이탈여성들은 남한 사회에서 생활하며 적응하는 과정에서 평생학습을 통해 긍정적으로 변화되어 가는 자신을 돌아보고 이해하며, 새롭게 만나게 된 사람들과의 관계성 및 소통을 위해 노력하면서 비판적 시각의 관점에서 새로운 깨달음이 있음을 인식하고 있었다. 또한, 북한이탈여성들은 남한에서 살고 있는 가족과 함께, 또는 북한에 두고 온 가족까지 남한에서의 함께하는 삶을 꿈꾸며 더 나은 미래를 설계하고 기대하면서 평생학습에 임하고 있었다. 북한이탈여성들에게 이러한 평생학습의 경험에 대한 의미는 남한 사람들이 인식하는 평생학습과는 다른 깊은 의미를 지니고 있는 것으로 보인다.

> "내가 한국에 편하게 사려고 왔는데 내 손도 보면 편하지를 않고, 엄청……. 한국에 와서 별의별 고생을 다 해보았어요. 그런데 오직 한 가지만 생각한 거예요. 과거를 생각하지 말자, 과거를 생각하면 내가 이 나라(남한)에 온 것을 후회한다! 그렇게……. (후회한다는) 생각하지 않아요. 과거를 생각하지 말고 내 인생만을 생각하며 살아나가야 한다! 아이들만 생각하고……. (북한에 남겨 둔) 아이를 데려와서 (남한에서 함께 살도록) 내가 돈을 벌어야 한다. (중략) ○○ 아저씨들이 밥 먹고, 아침, 점심, 저녁 식사해요. 식당에서 일하는데……. (기초생활) 수급자라 아직 정직은 못 되고 하는데, 올해 12월에 정직이 되면 좋지요. 오늘은 (학교 수업에 오느라) 아예 (일을) 빠지고요." (사례 B)

5. 평생학습 경험의 의미와 실천적 교육을 위한 제언

1) 북한이탈여성이 남한생활적응 과정에서 경험한 평생학습의 의미

북한이탈여성들이 경험한 남한생활에서의 다양한 상황적 맥락과 평생학습의 경험 과정을 탐색하여 분석한 결과를 논하면 다음과 같다.

첫째, 북한이탈여성들은 남한 정착 이전 북한에서의 삶의 과정을 출신 및 배경의 대물림으로 회상하여 틀에 박힌 삶의 답답함과 힘들고 어려운 과거로 인식하고 있었으며, 체류국에서의 생활 과정에 관해 제3국의 또 다른 이방인으로 위험 속에서 돈을 벌기 위해 일을 하고, 신분으로 인한 불안함 속에서 생활하며 남한으로 가기 위해 계속해서 노력한 것으로 인식하였음이 발견되었다. 이는 북한 사회에서 상처받은 마음과 표현하기 어려웠던 과거 속의 자신을 돌아보면서 남한으로의 새로운 삶으로 이어지게 된 배경을 회상하고 있는 것으로 해석된다. 즉, 북한이탈여성들은 북한의 사회주의 체제와 억압된 분위기로부터 탈피하기를 원하였으며, 신분상의 제도나 가부장적 가정상의 갈등, 가정환경 및 가족 간의 문제, 여성으로서 배움의 제한 등 자신들이 겪어온 과거의 생활에서 벗어날 수 있는 길을 남한 민주주의의 자유로운 삶으로 갈망하는 배경이 된 것으로 인식하였다. 또한, 그들은 체류국에서 매우 불안정하고 고달픈 생활과 시간을 보냈으며, 위험을 무릅쓰고 생사를 걸고 남한에서의 새로운 삶을 향해 질주하여 나아가고 있었던 것으로 보인다. 즉, 북한이탈여성들은 북한 사회와는 다른 남한의 민주주의 국가에서 자신에게 부여될 수 있는 자유로운 삶과 권리를 갈망하여 새로운 삶으로 가는 과정에서 자신의 정체성을 잃은 이방인의 모습으로 피할 수 없는 고난의 시기를 겪게 되었으며, 남한에서의 삶은 더욱 새롭고 전환적인 삶으로 깊은 의미를 부여받을 수 있을 것으로 인식하고 있었다.

둘째, 북한이탈여성들은 남한생활적응 과정에서 새로운 삶의 시작을 위한 제도적·관계적 도움과 지지에 고마움을 느끼고 자신의 생활상 편이한 곳으로 거처를 구하며 안정적으로 정착해 가고 있는 것으로 인식하고 있었으며, 남한생활적응 과정에서 새로운 삶을 위한 일과 배움에 대해 불안정한 직업에 관한 고민과 함께 편견 속의 고된 일에 대한 어려움, 배움을 통해 구직을 희망한 것으로 인식하였음이 발견되었다. 즉, 북한이탈여성들은 남한에서의 정착을 위해 정부 제도의 지원 등 다양한 접근으로 도움과 지지를 받으며 새로운 사람들과의 관계성과 배움에 도전하였으며, 이를 통해 실질적으로 생활에 필요한 부분들에 대한 문제를 탐색하고 해결해 가면서 삶의 터전을 마련해 갈 수 있을 것으로 인식하였다. 또한, 생계를 위한 일자리나 안정된 여건의 취업에 있어 배움과 연계하여 도전하는 등 사회주의 체제 및 관련 사상, 가치관 및 신념이 다른 북한에서는 깊이 고찰할 수 없었던 남한의 민주주의 체제 속에서 점차 그들의 일상생활은 인권 및 복지적 차원을 포함하는 평생학습에 대한 욕구의 발견으로 의미 있는 변화가 시도된 것으로 해석된다. 즉, 북한이탈여성들은 학습에 대한 권리 보장과 함께 일상에서 누릴 수 있는 학습의 자유로움이 자신의 실제적인 삶에 버팀목이 되고 대안이 될 수 있을 것으로 인식하고 있었다.

셋째, 북한이탈여성들은 남한생활적응 과정에서 꾸준히 평생학습의 기회를 탐색하고 자기계발을 위해 노력하였으며, 국가 및 기관이 제공하는 교육의 유용함을 인식하면서 자격 과정의 이수를 위해 계속해서 배움에 임하고 학력보완 및 대학원을 연계한 진로를 계획하는 등 학습의 중요성에 대해 인식하고 있음이 발견되었다. 또한, 평생교육기관을 이용한 학습을 통해 변화되어 가는 이방인으로서의 기대는 자신에 대한 깊은 이해와 여러 관계성을 통한 깨달음, 소통을 위한 새로운 노력으로 가족과 함께하는 삶을 준비하고자 하는 것으로 인식하고 있음이 발견되었다. 이는 북한이탈여성들은 정부 부처 및 평생교육 관련 제도를 통해 평생교육기관들을 이용하고 남한에서의 더 나은 일자리, 안정된 생활과 적응을 위해 평생학습을 통한 진로를 탐색하면서 자격 과정을 이수하거나 동시에 학위 취득을 위한 진학 설계 등 다양한 평생학습을 경험하며 적극적으로 자기계발을 해나가고 있는 것으로 해석된다. 북한이탈여성들은 이러한 평생학습의 교육 기회 및 경험이 다양한 접근의 진로 탐색 기회 확대와 자기계발 및 학습 역량 함양에 긍정적으로 작용하여 남한 사회에서 더욱 안정된 삶을 대비할 수 있을 것으로 인식하고 있었다. 그뿐만 아니라 북한에서는 경험하지 못했던 종교생활의 신앙 체험 및 유대적 관계의 지지는 심리적·정서적 측면에서의 깨달음을 비롯해 긍정적인 수용의 변화로 작용하였음을 발견할 수 있다. 즉, 남한 사회에서의 생활적응 과정에서 평생학습을 통해 긍정적으로 변화되어 가는 자신을 돌아보고 깊이 이해하며, 새로운 경험과 만남을 통해 맺게 된 사람들과의 관계성과 소통을 위해 노력해 가면서 자아에 대해 비판적 시각의 관점으로 새로운 깨달음을 인식하고, 남한에서 살고 있는 가족과 함께, 또는 북한에 두고 온 가족이 있는 경우에는 남한에서 함께하는 삶을 희망하면서 더 나은 미래를 설계하고 기대하며 평생학습에 임하고 있는 것으로 해석된다. 북한이탈여성들에게 이러한 평생학습의 경험에 대한 의미는 그들의 실제적인 삶에 대한 긍정적인 변화와 기대로 작용하여 남한 사람들이 인식하는 평생학습과는 다른 깊은 의미가 부여된 것으로 인식하고 있음이 발견되었다.

2) 평생학습의 실천적 교육을 위한 제언

북한이탈여성들의 평생학습에 대한 실천적 교육을 위해 다음과 같이 제언하고자 한다.

첫째, 북한이탈여성들의 평생학습 참여와 교육 지지에 대한 차별이 없도록 그들의 교육 욕구에 대해 잘 파악해야 하며, 남과 북의 사회적 통합을 위한 평등한 교육 문화의 조성이 요구된다. 이를 위해 북한이탈여성들에 대한 이해와 개별적 특성, 탈북 경로 및 과정 등을 고려하여 그들이 이방인이 아닌 동일한 자국민으로서 소속감과 자긍심을 가질 수 있고, 남한 사회의 문화와 체제에 대해 더욱 이해할 수 있도록 원만하고 친밀한 관계성 유지가 필요하며, 이를 위한 사려 깊은 배려의 태도가 요구된다. 모든 이들이 그러하듯이 북한이탈여성들도 평생학습의 수혜자로서, 교육의 권리와 요구에 부합하는 의견을 수렴하여 그에 적절한 교육활동이 수반되어야 하며, 관련 정부 지원 사업이나 평생교육 사업에 대한 명확한 평가와 세부적인 계획의 수립으로 북한이탈여성들의 생활적응과 평생학습의 발전을 도모해야 할 것이다.

둘째, 북한이탈여성들은 다양한 평생학습 참여를 통해 더 나은 미래를 기대하고 있으므로 이를 위한 교육 정보 제공 및 법 제도 개선 등 체계적인 교육서비스의 지원과 상세한 안내 및 참여 유도가 필요하다. 또한, 북한이탈여성들의 실제적인 교육의 필요에 부응하는 효과적인 대안의 모색이 필요하며, 평생교육 관련 유관기관 간의 연계적 소통과 적절한 역할 분담 수행이 요구된다. 예컨대, 평생교육기관과 복지적 차원의 기관 간

교육서비스 연계나 취업 지원 및 통합 상담 센터 운영 등 기관들의 네트워크 활성화와 역할 연대를 통한 평생학습의 실행은 학습자를 중심으로 한 효율적인 교육으로 진행되어야 할 것이다.

셋째, 연구에서 참여자들은 북한 사회 체제에서 이행하기 어려웠던 학업이나 출신 배경 및 경제적 상황의 대물림을 피하고자 하는 것, 차별된 급여 및 일터에서의 부당한 대우 등으로 인한 낙심과 좌절된 마음을 평생학습의 배움을 통해 자아에 대한 탐색 및 깨달음과 더불어 반성적 사고의 성찰 등 세상을 바라보는 그들의 관점은 바람직하게 변화되고 있음을 발견할 수 있었다. 또한, 그들 자신의 진정성 있는 발견과 가족과 함께하는 삶을 위해 진로를 탐색하고 평생학습에 대한 열정을 발휘하여 긍정적인 변화와 함께 내재된 잠재력을 개발할 수 있는 가능성이 있음을 보여주고 있다. 이에 남한의 정치적·경제적·사회적 체제에 원만하고 빠른 적응을 위해 민간단체를 비롯해 국가 차원에서의 북한이탈주민을 위한 교육 프로그램 운영 및 행·재정적 지원의 확장이 강구된다. 예컨대, 시민교육 프로그램의 제공으로 이주민의 자발적인 참여를 유도하여 대화와 접촉 기회를 확대하도록 하고, 정서 심리상태의 안정과 트라우마에 대한 완화 및 회복을 위한 정기적 심리 상담, 여가선용을 위한 문화예술 활동 등의 지원 확대, 취·창업 교육 및 일자리 연계 등 남한생활적응을 위한 다양한 평생학습의 연계적 지원이 활발히 수행되어야 할 것이다.

넷째, 북한이탈여성들의 지역사회에서의 안정적인 정착 및 통합을 위한 평생교육프로그램의 운영과 자문 활동 및 밀착 상담 등을 통해 그들의 남한 사회 부적응 문제를 해결하고 적응능력을 향상할 수 있도록 해야 한다. 이를 위해 남북한 주민들이 함께 참여 가능한 통합적 교육프로그램을 제공하여 서로 간의 상호적 이해와 긍정적·수용적 인식의 변화를 유도해야 할 것이다. 북한이탈여성들의 실제 생활에서 발생할 수 있는 현실적 문제들의 해결을 위해 교육 서비스와 관련 법 제도는 개선되고 강화되어야 하며, 당사자의 필요에 부합하고 실질적으로 생활에 적응하는

데 도움이 될 수 있도록 장기적·지속적인 다양한 평생학습 활동이 실천적으로 이루어져야 할 것이다.

참고문헌

엄미란(2019). "고등교육 학위과정에 참여하는 북한이탈(탈북)중년여성의 '전환학습'에 대한 현상학적 연구", *Andragogy Today* 22(4), 1-29.

한수정(2017). "평생교육 맥락에서 본 성인학습자의 문화예술스포츠교육과 삶의 만족 간의 관계 연구", *예술인문사회융합멀티미디어논문지* 7(5), 309.

_____(2022). "평생학습 참여 북한이탈여성학습자의 남한생활적응 연구", *문화와융합* 44(1), 535-567.

Berry, J. W.(1997). "Immigration, acculturation, and adaptation". *Applied Psychology: An International Review* 46(1), 5-68.

Corbin, J., & Morse, J. M.(2003). "The unstructured interactive interview: issues of reciprocity and risks when dealing with sensitive topics". *Qualitative Inquiry* 9(3), 335-354.

Glaser, B., & Strauss, A. L.(1967). *The discovery of grounded theory: Strategies for qualitative research*. Aldine Publishing Company, New York.

Glesne, C., & Peshkin, A.(1992). *Becoming qualitative researchers: An introduction*. White Plains, NY: Longman.

Lincoln, Y. S., & Guba, E. G.(1985). *Naturalistic inquiry*. Beverly Hills, CA: Sage Publication.

Merriam, S. B., Caffarella, R. S., & Baumgartner, L. M.(2007). *Learning in Adulthood(3rd edition)*. San Francisco: Jossey-Bass.

Mezirow, J.(1991). *Transformative dimensions of Adult learning*. San Francisco: Jossey-Bass.

Stake, R. E.(1994). *Case studies, In N. K. Denzin, and Y. S. Lincoln(Eds.), Handbook of qualitative research*. Thousand Oaks, Sage Publications, 236-247.

Taylor, K.(2000). *Teaching with developmental intention, In J. Mezirow & Associates(Eds.), Learning as transformation: Critical perspectives on a theory in progress(pp.151-180)*. San Francisco: Jossey-Bass.

● 이 장은 문화와융합 학술지 44권 1호에 실린 필자의 논문(한수정, 2022)을 바탕으로 재구성되었다.

04장

퍼포먼스로서의 MZ세대 디지털 시민운동

1. MZ 세대의 시민운동

2019년부터 2021년 현재까지 동아시아에서는 민주주의를 위한 시민운동이 활발하게 진행되고 있다. 21세기 시민운동의 새로운 양상은 2019년 홍콩, 2020년 태국, 2021년 미얀마의 민주주의 시민운동에서 발견된다.

홍콩, 태국, 미얀마에서의 시민운동이 발발한 구체적인 원인에는 차이가 있지만, 이들의 시민운동의 방식에서는 유사점이 발견된다. 그것은 첫째, 시민운동의 주최측이 모두 젊은층(Z세대: 1990년대 중반부터 2000년대 초반 출생한 세대)이라는 점, 둘째, 인터넷, 소셜 네트워크를 통해 시민운동이 활성화되고 있다는 점, 그리고 셋째, 인터넷과 소셜미디어를 통한 정보의 실시간 공유로 국제화된 연대가 형성되었다는 점이다.

정보의 실시간 공유는 MZ세대(1980년대 초부터 2000년대 초 출생한 밀레니얼세대(M)와 1990년대 중반부터 2000년대 초반 출생한 Z세대를 통합해서 부르는 용어)가 주도하는 시민운동의 가장 중요한 요소가 된다. 이들은 모든 상황과 사건을 휴대폰 영상으로 저장하고 이를 인터넷, 트위터, 페이스북에 공유함으로써 자신의 이야기를 세계에 전한다. 즉, 이들의 영상은 실시간 생방송이 되는 것이다. 짧은 시간에 이들의 개인영상은 블록버스터 영화나, BBC, CNN 방송처럼 세계와 공유된다. 그렇기 때문에 이들의 시위는 단순히 개인 소장용 사진이나 영상이 아닌, 세계와 공유된 증거물이자, 시민운동의 자료가 되는 것이다. 이 같은 움직임에 의해 **빠른** 시간 안에 이들의 시민운동은 세계의 동조와 지지를 얻게 되고, '민주주의'라는 보편적 목적을 향해 전 세계가 함께하는 시민운동을 형성할 수 있게 된다. 이와 같이 소셜미디어, 이메일 등의 인터넷 매체를 통한 시민간의 **빠른** 정보공유와 의사소통을 가능하게 하는 시민운동의 형태를 디지털 시민운동이라고 한다.

디지털 시민운동이 이전의 시민운동과 다른 요소는 시민운동을 촬영, 녹화해서 세계와 공유하는 주체가 시민이라는 것이다. 이전에는 전문 신문사나 방송국 등의 전문가들이 촬영하고 시위현장 상황을 중계, 보도했다면 이제는 일반인들이 자신의 전자기기로 촬영, 녹화한 현장을 세계에 전한다. 현장의 참여 당사자인 동시에 사건을 해설하고 취재하는 리포터인 이들은 자신의 영상을 사회에 공개하는 한편의 퍼포먼스를 제작하는 것이다.

현재의 시민운동은 정부와 군 세력의 감시와 무력진압을 피하는 데에 그치지 않는다. 현재의 시민운동가들은 강성률이 2008년 촛불집회를 묘사했듯 시위가 '놀이'가 되는 '문화제'로서의 퍼포먼스를 만들어가고 있다 (강성률, 2005). 시민운동의 주최인 MZ세대의 시위는, 그들이 익숙한 디지털화된 방식으로 진행된다. 인터넷으로 모임을 공지하고, 네트워크 상에서 토론하고, 의견을 모으는 등 시위현장에서 뿐만 아니라, 온라인 상에서의 시위도 활발히 진행된다. 네트워크 환경은 '보이기 위한' 퍼포먼스의 성격을 가진다. 시위참여자들은 세계에 공개되는 영상을 통해 자신의 싸움에 세계가 함께하기를 설득한다.

아래부터는 홍콩, 태국, 미얀마의 시민운동을 1)**무대**, 2)**배우**, 3)**상징요소**, 4)**희곡(비희곡)** 의 네 가지로 구분하여 해석한다. 동남아시아의 시위

분석을 통해 새로운 세대에 등장한 시민운동의 특성을 소개하며, 이 세대의 시민운동이 목표 달성을 위해 주의해야할 점, 개선해야 할 점 등을 탐구한다.

2. 퍼포먼스로서의 시민운동

주현식은 2016~2017년 박근혜 대통령 탄핵 촛불집회를 '퍼포먼스'로 해석한다. 집회에 참여하는 시민들이 배우이자, 연출로, 촛불집회가 진행된 장소인 광장은 '무대'로 그리고 참여자들의 손에 들린 '촛불'은 이 집회의 평화적 의미를 집약해서 상징하는 '오브제(상징요소)'이다.

이 글에서도 주현식의 주장과 같이 디지털 사회운동을 퍼포먼스로서 해석한다. 주현식은 그의 책에서 오늘날의 시대상은 '퍼포먼스의 시대'라고 말한다. 그는 계속해서 (퍼포먼스는) '(······) 오프라인 장소에서뿐만 아니라 카카오톡, 유튜브, 페이스북, 등 디지털 미디어의 가상공간을 통해 누구나 자기 자신을 공공적으로 전시하는 것이 활발해졌다'고 현시대를 분석한다. 그는 더 나아가, '심미적 영역을 넘어 일상적 영역에서 퍼포먼스하면서 살아가는 존재인 '호모퍼포먼스'(Homo Performance)야말로 이 시대의 한 키워드'라고 말한다(주현식, 2019:6).

홍콩, 태국, 미얀마 시민운동에 참여하는 시민들도 이와 같은 '호모퍼포먼스' 세대이다. 그들은 지금 자신이 하고 있는 일을 전시하고, 더 많은 사람들에게 동의를 구하여 함께 변화를 일으키기를 원한다.

뉴욕대학의 쉐크너(Richard Schechner)교수와, 사회적 퍼포먼스의 개념을 소개한 터너(Victor Turner)는 그들의 연구에서 공연, 즉 퍼포먼스를 통해 사회의 이상적인 공동체 커뮤니타스(Communitas, 빅토 터너, 2014:28)를 확립할 수 있다고 말한다. 디지털화된 시민운동은 이 커뮤니타스의 확립을 가상공간으로까지 확장하였다고 볼 수 있다. 한국의 2002

년 촛불집회, 2008년 촛불집회, 그리고 2016~2017년 박근혜 탄핵 촛불집회에서도, 인터넷을 통한 네티즌들의 이상적인 공동체가 확인되었다. 같은 목적으로 같은 공간에, 같은 구호를 외치고, 함께 노래를 부르며 시위에 참여한 시민들은 연대를 느꼈고, 공통된 목적을 이루기 위한 의지를 다졌다. 시위의 진행에는 여러 공연요소가 복합적으로 적용되었고 이는 참여자들의 투지와, 시민운동의 효과를 높이는 데 기여하였다. 한국에서의 촛불집회와 마찬가지로, 2019~2021년 홍콩, 태국, 미얀마에서 진행된 시민운동에서도 이 같은 공연적 요소와, 디지털기기의 활용으로 시위가 진행되었다.

아래부터는 본격적으로 홍콩, 태국, 미얀마 시민운동의 무대, 배우, 상징요소(오브제), 희곡(비희곡)의 요소들을 살펴본다. 동남아시아의 시위분석을 통해 새로운 세대에 등장한 시민운동의 특성을 소개하며, 이 세대의 디지털시민운동이 주의해야할 점, 개선해야 할 점 등을 탐구한다.

1) 무대

아래부터는 홍콩, 태국, 미얀마 시민운동가들이 선정한 무대를 살펴본다. 시민운동 퍼포먼스가 일어나는 각각의 장소는 상징성을 가진다. 각각의 장소에서 일어난 민주주의 시민운동은 '장소특정적 퍼포먼스(site-specific performance)'인 것이다. 홍콩, 태국, 미얀마의 시민운동 참여자들은 의미 있는 장소를 시위의 무대로 선정하였다.

(1) 홍콩 시민운동 퍼포먼스의 무대: 홍콩 정부 청사, 입법회 청사 및 법원 앞, 폴리테크닉 대학(Polytechnic University)

2019~2020년 홍콩시위는 홍콩정부의 2019년 도주범죄인 및 형사법 관련 법률 개정 법안 도입으로 촉발된 시위이다. 홍콩시민들은 이 법이 통과될 경우 중국의 강압적인 통제가 시민과 언론의 자유를 침해하게

될 것을 인지하고 시위를 시작했다. 법안통과를 막으려는 목적에 맞게 시민운동의 무대는 법안의 통과가 결정되는 곳들인 '법원'과, '입법회 청사', '정부 청사'에서 이루어졌다. 법안 통과가 결정되는 시간에 시민운동가들은 법원앞에서 큰소리로 법안통과 반대구호를 외쳤다.

시위는 폴리테크닉 대학에서도 활발하게 진행되었다. 대학의 청년들은 시민의 의견을 존중하지 않고 무력으로 시민을 통치하는 중국정부에 강력히 대응하였다. 아직 20대 초반의 학생들은 수업을 뒤로하고 홍콩을 지키기 위해 몸을 아끼지 않았다. 경찰의 최루탄에 대응하기 위한 무기를 스스로 만들고, 벽돌을 던지며 경찰의 무력진압에 대응했다. 대학이라는 공간은 중국정부를 상대하고 있는 시위자들이 얼마나 나약한 위치에 있는 이들인지를 더욱 분명히 알 수 있게 했다. 변변한 무기도 없는 이 대학생들은 벽돌이나 자신들이 직접 제작한 최루탄을 들고 경찰에 맞섰다. 이는 분명한 다윗과 골리앗의 싸움이다. 이 장면의 공개는 세계인들에게 보호받아야 할 대상이 누구인지를 분명히 알게 했다. 홍콩의 젊은 시민운동가들은 민주주의를 위한 이들의 싸움이 얼마나 큰 희생을 요구하고 있는지, 이 어린 학생들은 얼마나 대범하게 이에 대응하고 있는지를 보이며 세계의 지지를 유도했다.

(2) 태국 시민운동 퍼포먼스의 무대: 시암은행, 민주주의 기념탑

태국의 시민운동가들이 선정한 무대는 태국국왕이 주주로 있는 은행인 시암은행(Siam Commercial Bank)과 태국의 민주주의를 상징하는 방콕 민주기념탑 앞이었다.

엄청난 왕권의 재산을 상징하는 **시암은행**은 곧 젊은이들의 낮은 취업률과 경제위기에 무관심한 왕권의 부당함을 부각한다(Vice News, 2020). 태국의 젊은 세대는 정부가 경제에 무지하여 경제를 회복할 능력이 없다고 말한다. 젊은이들은 정부뿐만 아니라 태국을 붙들고 있는 더 높은 장벽은 왕권임을 인지한다.

젊은 시민운동가들은 민주주의 기념탑을 빨간 천으로 감쌌다. 빨간 천은 민주주의를 위해 목숨을 바친 태국의 선조들의 피를 상징한다. MZ세대시민운동가들은 목숨을 바쳐 이뤄낸 민주주의가 왕권이나 군부에 의해 퇴색되지 않고, 진정으로 확립되길 기원하는 소망을 전달한다.

(3) 미얀마 시민운동의 무대: 미얀마 수도 네피도, 양곤, 만달레이

미얀마 수도 및 최대 규모 도시인 네피도, 양곤, 만달레이 등의 인구가 집중된 도시의 거리는 군부 쿠데타에 대한 전 국민의 반대를 나타내기에 가장 적합한 장소이다. 그뿐 아니라, 미얀마의 시민운동가들은 미얀마의 역사 속에서 시민들이 민주주의를 얻기 위해 정부와 군부와 격렬하게 다투었던 장소에서 시위를 진행한다. 민주열사들의 피가 민주화 요구를 상징적으로 알릴 수 있는 장소이다. 2021년에도 8888 민주화 운동이 진행되었던 장소인 절과 대학에서 많은 승려들과 학생들이 민주주의에 대한 염원을 피력하였다.

2) 배우

현재 홍콩, 태국, 미얀마에서 진행되고 있는 사회운동은 10대 후반부터 30대 초반의 젊은 층이 주도하고 있다. Z세대와 밀레니얼세대가 함께 마음을 모은 것이다.

Z세대보다 한 세대 전인 밀레니얼 세대는 1981~1995년에 태어난, 2000년대 검색엔진, 즉석 메시지의 등장을 목격한 디지털 개척자이고, Z세대는 1996년부터 2012년에 걸쳐 출생한 19~25세의 젊은이들이다. 특히 Z세대는 인터넷과 IT(정보기술)에 친숙하며, TV 컴퓨터보다 스마트폰, 텍스트보다 이미지 동영상 콘텐츠를 선호한다. 아울러 관심사를 공유하고 콘텐츠를 생산하는 데 익숙하여 문화의 소비자이자 생산자 역할을 함께 수행한다.

컴퓨터, 인터넷, 이미지에 익숙한 MZ세대의 특성에 맞게 이들의 시민운동도 디지털화 되어있다. 이들은 서로 S.N.S.로 소통하고 정보를 교환하며, 휴대폰으로 현장을 녹화하고 곧바로 페이스북이나 인스타그램 또는 트위터에 업로드하고 있다. 이들의 영상은 유튜브 영상으로 제작되어 곧 전 세계인들에게 현장의 상황을 알린다.

홍콩의 젊은 시민운동가들은 동남아시아의 디지털시민운동의 선두주자였다고 말할 수 있다. 인터넷과 S.N.S. 활용에 능숙한 홍콩의 MZ세대는 네티즌을 발빠르게 모으고, 함께 의견을 공유하여 현장에서의 시민운동을 활성화할 수 있었다.

태국의 시위를 주도하는 이들은 태국의 20대 젊은이들이다. 이들 젊은 시민운동가들은 금기시 되어왔던 주제들에 겁 없이 대항한다.

교토로 추방된 학자 파빈 차차발뽕푼(Pavin Chachavalpongpun)은 눈물을 훔치며 100만년이 지나도 일어날 수 없을 것 같았던 일이 일어나고 있다고 감탄한다(SBS Date Line, 2020).

태국과 홍콩의 구체적인 사정은 다르지만, 2020년 태국의 사회운동과 2019년 홍콩의 사회운동에는 많은 유사점이 발견된다. 그 유사점은 시민운동이 젊은층에 의해 주도되고 있다는 점과 이 운동을 주도한 학생들이 이 운동을 "지도자 없는(leaderless)"운동으로 평가하고 있다는 점이다.

2021년 2월 미얀마 군부의 쿠데타 이후 미얀마에서는 이에 반대하는 시위가 끊이지 않고 있다. 군대의 유혈진압은 3월 31일 현재 민간인 500명 이상의 목숨을 빼앗았다. 민주주의를 경험한 **미얀마**의 시위를 주도하는 젊은이들은 자신들이 5년간 누린 자유를 포기할 수 없다고 말하며 무서운 정부의 공격에 용감하게 맞서고 있다. 이제 갓 대학생이 된 시위 참여자들은 목숨을 걸고 시위에 참여한다. 민주주의를 향한 어린 자녀의 열망을 지지하는 이들의 부모는 아이들의 손목에 주소와 혈액형을 적어주며 민주주의를 향한 자녀의 뜻을 응원한다.

3) 상징요소

시민운동에서 중요한 요소 중의 하나는 시민들을 하나로 모을 수 있는 상징 요소를 내세우는 것이다. 유튜브 영상, 페이스북, 트위터, 인스타그램 등의 디지털 플랫폼에서도 이처럼 모두의 공감을 사고, 대중의 관심을 끌 수 있는 상징적 요소가 필수적이다. 퍼포먼스적 요소들에 익숙한 MZ세대 시민운동가들은 그들의 시민운동에서도 역시 이 같은 상징 요소들을 사용한다.

아래부터는 시민운동의 배우들인 홍콩, 태국, 미얀마의 MZ세대 시민운동가들이 활용한 시민운동 퍼포먼스의 상징요소들을 살펴본다.

(1) 홍콩시민운동 퍼포먼스의 상징요소

① 다섯 손가락

홍콩 시민들은 송환법 폐지, 시위대 '폭도' 규정 철회, 체포된 시위대원의 조건 없는 석방 및 불기소, 경찰의 강경 진압에 대한 독립적인 조사, 홍콩 행정장관 직선제 시행 등을 요구하였고, 위와 같은 다섯 가지 사항을 상징하는 다섯 손가락을 드는 경례는 홍콩 시민운동의 상징이 되었다.

② 노란우산

2014년 홍콩의 우산혁명(중국어: 雨傘革命)때 시민은 노란우산을 들고 경찰의 최루탄을 막았다. 우산혁명의 노란우산이 홍콩 시민운동의 상징이 되어 2019년 시위 때도 정부의 '범죄인 인도법안'에 반대하는 시민들은 노란우산을 들고 거리에 나왔다.

(2) 태국 시민운동 퍼포먼스의 상징요소

① 노란색 오리튜브 '러버덕'(Rubber Duck)
태국의 반정부시위대가 경찰이 쏘는 물대포에 맞서 대형오리 튜브를 동원하였고, 우산과 같은 도구만으로 물대포를 막기에는 역부족이어서, 수영장에서 볼 수 있는 오리튜브를 동원하였다. 이 같은 창의적인 방식으로 시민들은 공권력을 조롱하고 있다.

② '해리포터' 속 이름을 댈 수 없는 자 패러디
시민들은 전세계적으로 인기를 끈 소설「해리포터」에 나오는 이름을 부를 수 없는 자('He who must not be named') 볼드모트를 패러디하여 권력자인 태국 국왕의 절대적 권력의 부당성에 항거하였다. 스스로를 민주주의 마법사로 칭한 시민들은 소설에 나오는 주인공으로 분장하거나 마법봉을 들고 시위에 나섰다(KBS News, 2020).

그림 1 소설 해리포터의 마법사로 분장하여 연설하고 있는 태국시위참여자
(Athit Perawongmetha/REUTERS)

③ 세 손가락 경례

영화 헝거게임에서 차용한 세 손가락 경례를 통해 시민운동 참여자들은 절대 권력에 굴복하지 않겠다는 의지를 피력한다. 현재 시위를 주도하고 있는 젊은이들은 기존에 태국왕실모독죄를 두려워하여 오리튜브나, 마법사와 같은 소극적 방법으로 시위에 참여해 온 것과 달리, 보다 직접적으로 절대 권력인 왕권이나 총리에 대한 자신들의 불만이나 요구를 표출한다.

④ 햄토리

일본의 인기 애니메이션인 '방가 방가 햄토리'에서 나오는 주제가를 '우리 세금이 제일 맛있더냐'로 개사하여 시위현장에서 정부를 조롱하는 노래를 함께 불렀다(JTBC, 2020).

(3) 미얀마 시민운동 퍼포먼스의 상징요소

① 빨간 리본

미얀마 시민들은 아웅산 수찌 고문이 이끄는 NLD 당의 상징색인 빨간 리본을 가슴에 달아, 민주주의 정부에 대한 지지를 표현한다. 빨간 리본은 5년 전에 이룬 '민주주의'와 그 자유를 다시 이룰 수 있다는 '희망'의 상징이 되었다.

② 소음 시위

군부 쿠데타에 대한 항의 표시로 차량 경적을 울리고, 냄비, 북을 두드리며 시위를 한다. 시민들은 후라이팬 두드리는 소리와 함께 "악은 물러가라"라는 구호를 외친다. 이러한 행위는 불행이나 불운을 쫓아내는 미얀마의 전통적인 의식이다. 디지털세대는 이와 같은 시위현장을 온라인에 공개했다. 그리고 세계의 지원과 지지를 요구하는 그들의 페이스북 페이지는 24시간 만에 '좋아요' 15만여 회를 기록했다(정의길, 2021).

③ 노래 'Kabar Maykay Bu'

캔사스 밴드가 부르는 노래인 'Dust in the Wind'를 '끝날 때까지 우리는 만족할 수 없다'는 내용으로 개사하여 미얀마 시민운동을 상징하는 노래로 부르고 있다(Khaosod English, 2021).

④ 세 손가락 경례

태국의 세 손가락 경례와 마찬가지로 미얀마의 젊은이들도 세 손가락 경례를 하며 절대로 부당한 권력에 굴복하지 않겠다는 의지를 다진다. 세 손가락은 '선거, 민주주의, 자유'를 상징한다.

그림 2 세손가락경례로 왕권에 대한 저항을 표시하는 시민들
(Adam Dean/The New York Times, 2020.10.16.)

⑤ 붉은 페인트 칠하기

미얀마 시민들은 거리와 정부 건물에 붉은 색 페인트를 칠하고 있다. 붉은 페인트는 군부의 쿠데타 선언에 반대하는 시위를 하다가 목숨을 잃은 시민들의 피를 상징한다. 시민운동가들은 붉은 페인트를 칠하며 희생자들의 피는 아직 마르지 않았다고 말한다.

⑥ 버다욱(Padauk) 꽃 들고 거리 행진

버다욱 꽃은 미얀마의 국화이다. 봄철에 피는 이 꽃은 미얀마의 물 축제 띤잔(Thingyan)에서 볼 수 있는 새해를 기념하는 꽃이다. 미얀마력으로 새해에 시작되는 '물 축제'에서는 새해를 기념하며 서로를 정화하는 의미로 물을 뿌리고, 수백 명의 미얀마 시민들은 버다욱 꽃을 들고 거리 행진을 한다. 2021년 시민들은 이 축제날에 축제를 즐기기 보다는 모두 한마음으로 군부에 저항하겠다는 의지를 보이며 버다욱 꽃을 들고 거리를 행진했다(AFP, 2021).

터너는 '카니발'이 사회의 현실을 새롭게 '모델화'하고 새로운 '틀'을 부여하는 방법이며, 또 실제로 민중의 창조력으로부터 생겨나오는 일종의 작품이라고 말한다(터너, 2014:213). 터너의 해석처럼 미얀마의 시민들도 자신들의 축제를 새로운 의미를 가진 축제, 저항의 의미를 가진 행진으로 새롭게 창조한 것이다.

그림 3 버다욱 화분을 들고 시위하는 미얀미 시민 (REUTERS)

4) 희곡(비희곡)

관객과 공연자의 구분이 없는 퍼포먼스는 결국 관객의 행위가 퍼포먼스 그 자체가 되어 관객의 행위에 의해 공연이 재구성된다. 즉, 퍼포먼스는 미리 완성된 작품이 아니라, 참여자들의 행위를 통해 만들어져가는 '현재진행형'의 성격을 갖진 작품이다.

시민운동과 퍼포먼스의 가장 큰 유사점은 바로 이 완성된 '희곡'이 없다는 점에서 찾을 수 있다. 퍼포먼스의 특성은 그 즉흥성과 우연성에서 찾을 수 있기 때문이다. 퍼포머의 계획과 전체적인 공연의 구상이 있을 수 있지만, 그 어떤 퍼포먼스도 진행되기 이전에는 그 완성품을 알 수 없다. 퍼포먼스는 진행형 작품이고, 상황에 따라 예상 못한 변화가 가능하고, 결말은 퍼포먼스가 끝나기 전까지는 확정될 수 없기 때문이다. 현재 시민운동이 진행 중인 홍콩, 태국, 미얀마의 상황도 이와 같다. 진행 중이고 어떤 결과가 있을지 아직 아무도 알 수 없다. 아래부터는 현재까지 진행되었던 홍콩, 대만, 미얀마 시민운동의 대본 없는 퍼포먼스(시민운동가들의 즉흥적인 행동과 전략, 시민운동으로 촉발된 상황과 위기)를 살펴본다.

(1) 홍콩의 비희곡 퍼포먼스

'초이쏘이토이(LIHKG 吹水台)'는 익명성이 보장되기 때문에 홍콩 청년들 사이에서 가장 활발하게 이용되는 온라인 커뮤니티이다. 홍콩 시민운동 당시 초이쏘이토이에는 다양한 시위 아이디어들이 공유되었고, 다양한 토론을 거친 시위 계획들이 페이스북과 같은 SNS를 통해서 적극적으로 알려졌다. 홍콩에서 이뤄진 상당수의 집회나 항의 행동은 이런 방식으로 조직됨으로서 '지도부 없는 항쟁'이 가능하게 되었다. 입법회 청사 앞 레넌 벽(John Lennon Wall 連儂牆) 조성, 친중 상점들에 대한 불매운동, 백화점 건물 안에서 '홍콩에 영광을(Glory to Hong Kong 願榮光歸香港)'을 제창하는 퍼포먼스 등의 아이디어가 제안되어 추진되었다(홍명교, 2019).

한편, 평화로운 시민운동을 진행하던 홍콩 시민들은 경찰의 진압에 무너질 수밖에 없었다. 시민들은 페이스북과 유투브 등 S.N.S.에 당시 상황을 애타게 알렸다. 홍콩의 경찰 진압은 시민을 무참히 공격했다. 시민의 사망도 여러 차례 목격되었다. 하지만, 경찰은 경찰에 의한 시민의 사망을 자살로 조작하여 보고하는 경우가 발견되었다. 시위 참여자들은 이 같은 경찰의 조작에 대비해 '나는 자살하지 않습니다.'라는 선언("non-suicide declaration")을 하였다. 어떤 이들은 자신의 소셜미디어에 이러한 선언을 적기도하고 가족이나 친구들에게 자신이 죽는다면, 그것은 자살에 의한 것이 아님을 적은 문자를 S.N.S.를 통해 보내기도 하였다(Andersen, 2019).

(2) 태국의 비희곡 퍼포먼스

총리 퇴진 및 군주제 개혁을 외치는 태국 반정부 시위대의 목소리가 갈수록 커지는 가운데 사회관계망서비스(SNS)가 이들의 강력한 무기가 되었다. 경찰 봉쇄를 피하는 '게릴라식 시위' 장소를 알리고 공유하는 수단이 되는 것은 물론, 세계에 태국의 시위 상황을 알리고 지지를 호소하는 통로 역할을 하였다. 예를 들어, 태국 반정부 시위대는 방콕 승전기념탑과 아속 사거리 2곳을 비롯해 전국 20여 곳에서 동시다발적으로 게릴라식 시위를 벌였다. 시위를 조직한 자유청년(Free Youth)과 탐마삿과 시위연합전선(UFTD)측은 이 과정에서 페이스북이나 트위터 등 SNS를 적극적으로 활용했다. 경찰이 사전에 공지된 집회 장소를 사전에 봉쇄하자, 시위를 조직한 집행부는 페이스북 및 트위터를 통해 시위 장소를 긴급 변경해 공지했다. 또한, 시위에 참여한 젊은이들은 해시태그로 '태국에서 벌어지고 있는 일'(#WhatIsHappeningInThailand)을 달아 한국어를 포함해 다양한 문자로 군주제와 군부 통치를 반대하는 자신들의 명분을 알리는 데 주력하였다.

5) 미얀마의 비희곡 퍼포먼스

　미얀마의 시위는 에어로빅 강사 킹닌와이(Khing Hnin Wai)의 영상이 인터넷에 등록되면서 시작되었다. 킹닌와이가 에어로빅 영상을 촬영하고 있던 때에 여러대의 검은 에스유비(SUV) 차량들이 정부청사로 들어섰다. 그야말로 계획된 바 없는 퍼포먼스가 진행된 것이다. 이 영상이 공개되자, 미얀마 국민들과 세계는 순식간에 쿠테타가 시작되었음을 인지할 수 있었다. 오래 지나지 않아 미얀마 군부가 국가를 장악하고 선출 지도자인 아웅산 수찌와 그 측근을 비롯한 수백 명을 구금되었다. 미얀마 시민들은 이 날을 미얀마 역사상 "가장 많은 피를 흘린 날(bloodiest day)"이라고 말한다. 거리에서 총성이 들리고, 시민들이 거리에 총에 맞아 쓰러지는 모습을 목격한 미얀마의 시민들은 미얀마와 세계각지에 온라인과 오프라인으로 활발하게 민주화운동을 진행하였다.

　쿠테타가 시작된 날부터, 절박한 마음으로 자신들이 겪고 있는 일을 세계에 알리려는 미얀마 국민들의 영상이 인터넷을 가득 채웠다. 몇몇 시민들은 집 안에서 몰래 영상을 찍어 올렸고, 일부 용감한 이들은 길거리에서 시위 장면을 공개적으로 찍어 올리기도 했다. 군의 체포 장면을 촬영하다가 목숨을 잃을 수도 있는 상황에서, 젊은이들은 위험을 감수하고 군인들의 잔혹한 제압 장면을 영상에 담았다. 군인들은 실탄을 발사하고, 최루탄을 쓰며, 잔인하게 시위대를 구타했고, 이 같은 현장을 포착한 영상은 인터넷을 통해 세계로 전달됐다. 현장을 목격한 세계인들은 미얀마 군부의 행위에 붕괴했고, 미얀마 시민운동가들을 지지하고 응원하였다. 희생자들을 위한 모금운동도 온라인으로 함께 진행되었다. 유명 영화배우와 감독을 비롯한 수많은 인플루언서들은 페이스북에 세손가락 사진을 올리며 시민 불복종 운동에 동참할 것을 호소했다. 미얀마 시민들은 페이스북을 통해 "냄비 시위"장면을 생중계했다. 이와 같은 디지털 시민운동은 미얀마 내에 있는 시민들의 결속을 다지고, 세계에 미얀마의 위기를 알렸으며, 전세계가 한마음으로 미얀마의 민주화운동에 참여하는 결과를 낳았다.

6) 디지털 시민운동의 커뮤니타스: 밀크티 동맹(Milk Tea Alliance)

SNS에서는 태국과 홍콩, 미얀마의 반(反)독재 운동을 '밀크티 동맹(Milk tea Alliance)'이라고 한다. 밀크티 동맹은 온라인으로 형성된 민주주의 연대 움직임이다. 밀크티가 태국과 홍콩 등에서 공통으로 사랑받는 음료라는 점에서 착안한 이름이다. 네티즌을 위주로 형성되어 홍콩, 대만, 태국, 그리고 미얀마까지 민주주의를 위한 네티즌들의 움직임이 진행되고 있다.

'밀크티 동맹'에서 회원들끼리 지켜야하는 규정이나 규칙은 없다. 이 모임은 그저 '밀크티'라는 공통점을 가진 국가들이 서로를 지지하고 응원

그림 4 홍콩·대만·태국의 '밀크티 동맹'을 표현한 이미지.
페이스북 페이지(milktealogy) 캡처

하겠다는 약속만으로 성립된 것이다. 이 동맹은 디지털세대의 특성을 잘 설명한다. 온라인상에서 같은 흥미와 관심사를 가진 사람들이라면 쉽고 빠르게 하나의 공동체가 확립된다. 공식적인 단체의 확립에는 장소를 비롯하여 인증 받아야 할 사항이 많지만, 온라인 동맹은 친구들과 만드는 동호회와 같이 형성과정이 간단하다. 밀크티 동맹도 민주주의라는 공통된 이상과 밀크티라는 기호(嗜好)가 맞아 성립되었다. 정치의 무거운 주제를 Z세대의 참신함으로 취미와 놀이 같이 만들 수 있었던 것이다.

2020년 7월 18일부터 태국에서 반정부 시위가 한창 전개되고 있는 가운데, 홍콩과 대만에서는 태국의 반정부 시위를 지지하는 집회가 열렸다. 홍콩 우산혁명의 주역인 시민운동가 조슈아 웡(Joshua Wong)은 2020년 7월 자신의 트위터를 통해 태국 시위를 지지하는 글을 올리고 '#MilkTeaAlliance(밀크티 동맹)'이라는 해시태그를 덧붙였다. 온라인상에서 서로 자신의 정보를 나누며 서로 응원하는 모습에서 온라인상의 협력관계가 성립되는 것을 확인할 수 있다(DW News, 2020).

밀크티 동맹은 인터넷으로만 접근이 가능하다. 인터넷으로 마음을 모은 네티즌들은 인터넷으로 모든 정보를 접한 젊은이들을 급속도로 연합하게 했다. 국가는 신문, 라디오, 티비를 통제할 수 있었지만 세계 각국에 있는 네티즌을 통제할 수는 없었다. 통제할 수 없는 젊은 네티즌의 물결은 '밀크티 연맹'의 이름으로 연대했다. 이 연대는 중국, 대만 뿐 아니라, 인도네시아, 인도까지도 진정한 민주주의의 염원을 가진 모든 이를 밀크티 연맹의 이름으로 하나가 되게 했다. 트위터에서는 'milkteaalliance#(밀크티 연맹 해시태그)'가 지난 12개월 동안 1,100만 트윗을 기록했다고 보도한다(NBC News, 2019).

디지털 연대는 얼굴도 본 적 없는 세계의 사람들의 마음을 모으고, 행동하게 하였다. 이들의 움직임이 국제적인 효력이 있는 규칙은 없었지만, 민주주의의 소망을 품은 세계 네티즌의 연대는 정부까지도 긴장하게 했다.

밀크티 동맹의 사례를 통해 현재 홍콩, 태국, 미얀마에서 일어나고 있는 디지털 시민운동이 온라인 상의 코뮤니타스를 성립하게 했다고 볼 수 있다. 특히 코로나19로 외부활동이 제한된 이 시기에 사람들은 그 어느 때보다 온라인으로 소통하고 있고, 제한된 인간 간의 소통을 온라인으로 대신함으로써 네트워크 상에 밀접한 관계가 확립될 수 있었다. 이 같은 시민운동은 빅터 터너가 말한 '리미널한 시간', '전이의 시간', '가능성이나 잠재적인 힘으로 가득 차 있는 시간'으로 이해할 수 있다(터너, 2014:205).

3. 디지털 시민운동의 약점과 해결방안

디지털 시민운동이 시민의 직접적 참여를 높이고 전 세계의 연결망을 통해 시민운동과 초국적 협력을 시도하는 데 유리하다는 장점에도 불구하고, 디지털 시민운동은 사회운동으로서의 실행성, 지속성 등의 요인에서 그 약점이 발견된다.

디지털 시민운동은 그 속도와 영향력 면에서는 이전의 그 어떤 전략보다도 단연 우세하다. 하지만, 그만큼 가짜뉴스, 검토되지 않은 정보와 자료가 무분별하게 공유되는 점도 방심할 수 없다. 정보를 제공하는 사람의 신뢰도를 판명하는 것도 중요하고, 그에 못지않게 정보 제공이 원활하지 못한 경우와 정부에서 페이스북, 트위터, 인터넷을 모두 통제할 수 있다는 점 또한 디지털시민운동이 대응해야하는 문제이다.

최근 디지털 시민운동에 의한 민주화 시위가 거세게 일고 있는 동남아시아에서 볼 수 있는 공통점은 이들 국가에서 모두 시위의 확산을 막기 위해 소셜미디어 통제부터 착수했다는 점이다. 최근 로이터통신 등 외신은 미얀마 군정이 미얀마 전역의 인터넷과 와이파이 망을 끊었다고 보도했다(뉴시스, 2021).

미얀마 군정에 의한 인터넷과 와이파이 망 자체가 두절됨에 따라 소셜미디어 접속률이 현저히 낮아졌다. 영국의 인터넷 서비스 감시단체 넷블록은 "미얀마의 인터넷 연결이 평상시의 14% 정도까지 떨어졌다"고 밝혔다.

중국전부는 시위에 참여하거나 이를 독려한 고등학생, 학생운동가들, SNS 전파자들을 불법 체포하는 등 강경 대응에 나섰다. 인터넷을 차단해도 Z세대가 우회방법을 찾아내자, 언제든 개인의 소셜미디어 정보에 접근할 수 있도록 사이버 보안법 제정을 추진하고 있다.

홍콩에서는 시민을 관찰할 수 있는 카메라가 시위를 하는 시민들에게 위험요소이다. 얼굴이 공개되면 신변에 위험이 있을 수 있기 때문이다. 그래서 이들은 마스크를 사용하여 얼굴을 가렸지만, 정부에서는 마스크 사용금지법으로 이들을 위협했다. 심지어, 홍콩 시민이 가장 많이 사용하는 SNS인 페이스북과 트위터, 왓츠앱(WhatsApp)이 시민들을 조종하는 장치로 이용되기도 했다. 사용자만 메시지를 읽을 수 있는 '종단 간 암호화(End to end encryption)' 기술을 이용한다고 알려진 왓츠앱에서도 그룹채팅에서는 결코 안전하지 않다는 조사결과가 나와 홍콩 시민들을 공포에 떨게 했다.

이보다 더욱 무서운 점은 인터넷으로는 전 세계의 정보가 공유된다는 데에서도 찾을 수 있다. 홍콩의 시민뿐만 아니라 홍콩의 사태에 긍정적인 반응을 보인 세계의 모든 사람들이 공격의 대상이 될 수 있다는 것이다. 텔레그램 CEO 파벨 두로프(Pavel Durov)는 트위터에 홍콩 시위가 벌어지고 있는 시기와 동시에 텔레그램 서버를 향해 중국발 디도스 공격(특정 인터넷 사이트가 소화할 수 없을 만큼의 엄청난 접속통신량을 한꺼번에 발생시켜 서비스 체계를 마비시키는 행위)이 벌어지고 있다는 소식을 전하기도 했다(BBC, 2019). 레베카 시(Rebecca Sy)는 중국의 시위 게시물에 페이스북 '좋아요'를 눌렀다가 직장에서 해고되기도 했다. 그녀는 많은 노동자들이 이 같은 압박을 받고 있다고 전했다.

정부라는 강한 상대를 대항해야하기 때문에, MZ세대에게는 디지털시민운동의 약점을 극복하는 것이 버거울 수밖에 없다. 하지만, 이들 MZ세대 시민운동가들에게는 그들의 강점인 디지털 미디어가 있다. **지속성, 실행성 부족**의 문제에 대한 대안으로는 미얀마의 밀크티 얼라이언스의 현장집합이 좋은 예가 될 수 있다. 온라인에서의 모임이 미얀마 현장에서의 집합으로 실현되었을 때, 미얀마 정부와 세계는 긴장할 수밖에 없었다. 이처럼, 온라인에서의 모임이, 현장에서의 만남으로 이어진다면, 단체의 단결을 공고이할 뿐만 아니라 정부와 세계에 민주주의 시민운동 단체의 위력과 실재성을 증명할 수 있을 것이다.

정부의 감시와 통제에 대한 대응 부분은 시민들이 해결하기 가장 어려운 부분일 수 있다. 하지만, 이 측면에 대해서도 시민들은 그들의 강점인 온라인사회의 동조를 전략으로 사용하고 있다. 많은 네티즌들이 온라인상에서 화합하고, UN을 비롯한 인권기관에 동의서를 제출하고, 그들이 가장 활발히 활동하는 소셜네트워크에 협력을 호소하였다. 그리고 그 결과, 홍콩에서는 페이스북, 구글, 트위터가 경찰과의 교류를 멈추겠다고 발표했다. MZ세대 사회운동가들의 이 같은 지속적인 노력은 이후에도 많은 단체와 나라들의 동조를 얻어, 현재 진행되는 정부의 통제를 제한할 수 있는 방법이 고안될 수 있을 것으로 기대된다.

4. 완벽한 공동체(communitas)를 꿈꾸며

지금까지 홍콩, 태국, 미얀마의 시민운동을 무대, 배우, 희곡, 상징요소로 구분하여 퍼포먼스로서 분석하였다. 본 연구는 시민운동을 '퍼포먼스'로 해석하여 시민운동의 참여자들인 MZ대가 민주주의를 위해 선택한 전략에 주목할 수 있었다. MZ 세대는 호모 퍼포먼스 세대답게, 자신의 의사를 가장 효과적으로 표현하는 오브제(상징 요소)를 통해 그들의 뜻을 효과적으로 전달했다. 이들의 움직임은 사람을 모았고 무엇보다 평화로웠다.

그렇기 때문에 심각해질 수밖에 없는 시위가 축제가 될 수 있었고, 놀이가 될 수 있었다.

MZ세대는 국내시민만을 관객으로 생각하지 않았다. 그들은 전 세계가 알고 있는 "헝거 게임"의 손동작, 모두가 좋아하는 "해리 포터"의 의상과 상징의 활용을 통해 세계를 무대로 자신의 시민운동 퍼포먼스를 진행했다. 이 같은 움직임은 세계의 눈길을 끌었고, 또한 네티즌들의 마음을 모아, 홍콩, 태국, 미얀마의 민주주의를 위한 온라인 연맹 '밀크티 얼라이언스'를 성립하기도 했다.

이들 세 곳의 민주주의를 향한 싸움은 온라인공간에서의 커뮤니타스 확립으로 유지되고 확장되었다. 네티즌들은 지친 시민운동가들에게 지속적인 지지를 표현하며 온라인 상에서의 공동체를 유지하였다.

홍콩, 미얀마, 태국의 시민운동에 참여하는 젊은이들은 모두 '한번 맛본 자유를 포기할 수 없다'고 말한다. 이들이 목숨을 걸고 시위에 참여할 수 있게 하는 것은 "이미 성공한 적이 있다(We've done it before)"는 자부심과 미래세대에게 이 같은 사회를 물려줄 수 없다는 의지에서 찾을 수 있다.

이들 젊은 시위대는 이미 민주주의를 이룩한 한국, 미국 등 선진국의 대사관 앞에서 "홍콩을 도와주세요", "태국을 도와주세요", "미얀마를 도와주세요"라며 소리친다(이별찬, 2021). 이들의 눈물어린 호소가 방송과 SNS를 통해 세계인들의 마음을 울리고 있다.

코로나의 위기로 현장의 시민운동이 제한된 가운데에서도, 민주주의를 염원하는 홍콩, 태국, 미얀마의 MZ세대 시민운동가들은 여전히 디지털로 시민운동 퍼포먼스를 이어가고 있다.

관객으로서의 세계는 홍콩, 태국, 미얀마 시민운동가들이 목숨을 걸고 준비한 퍼포먼스를 감상하였다. 퍼포먼스의 완성은 퍼포머(performer)의 일방적인 행동에 그치지 않는다. 이에 완성은 바로, 퍼포먼스를 감상한 사람들이 이에 반응하여, 또 다시 함께 예상치 못한 퍼포먼스를 이어갈 때 가능하다. 때문에 이제 세계는 함께 동남아시아의 시민운동에 반응할 차례이다. 연극학자 보알(Augusto Boal)이 말한 '보고' 또 '행동'하는 '스펙-액터(Spect-actor)'로서의 역할이 주어진 것이다. 그와 같은 상호소통이 이루어질 때, 터너가 말한 완벽한 공동체 '커뮤니타스'가 성립될 수 있을 것이다.

참고문헌

강성률(2008). "[강성률의 문화 가로지르기] 촛불집회 단상Ⅱ – 왜 디지털세대에게 시위는 '놀이'인가?", 민족21, 2008-7, 152-153.
빅터 터너. 김익두, 이기우 옮김(2014). 제의에서 연극으로, 민속원.
이벌찬(2021). "미얀마 '피의 일요일' 열흘 전 한국대사관 앞엔 "도와달라" 손피켓", 조선일보
정다은(2021). "퍼포먼스로서의 디지털 시민운동", 문화와융합 43(11), 1195-1214.
주현식(2019). 호모 퍼포먼스, 연극과인간.
뉴시스(2021). https://newsis.com/view/?id=NISX20210402_0001392976 "미얀마 군부, 무선 광대역 인터넷 차단… 쿠데타 이후 어린이 43명 사망".
BBC News, 2019, "Telegram boss links cyber attack during HK protests to China"
DW News(2020), "Milk Tea Alliance: How Thai protesters have learned from Hong Kongers", https://www.youtube.com/watch?v=-m72Yv9Qrpk
NBC News NOW(2021), "What Is The Milk Tea Alliance? Inside A Political Movement Growing Asia", https://www.youtube.com/watch?v=hKZRDjwUmWk
SBS Date Line (2020), "The student protest leader challenging the Thai King", https://www.youtube.com/watch?v=9UP6hhDVrRA
Sebastian Skov Andersen(2019). "Hong Kong Protesters Are Declaring 'I Won't Kill Myself' Just in Case They Disappear", VICE.

● 이 장은 문화와융합 학술지 43권 11호에 실린 필자의 논문(정다은, 2021)을 바탕으로 재구성되었다.

2부
안전한 사회

05장
기업의 정보보호 활동이 보안정책 준수에 미치는 영향 | **공용득 · 채명신**

06장
경찰조직내 남성경찰관들의 성차별 수준 탐색 | **권혜림**

07장
청소년 사이버폭력 목격 척도 개발 및 타당화 | **정여주 · 신윤정 · 이도연**

08장
공동주택에서의 이웃 간 층간소음 해결책은 무엇인가? | **이선화 · 박현구**

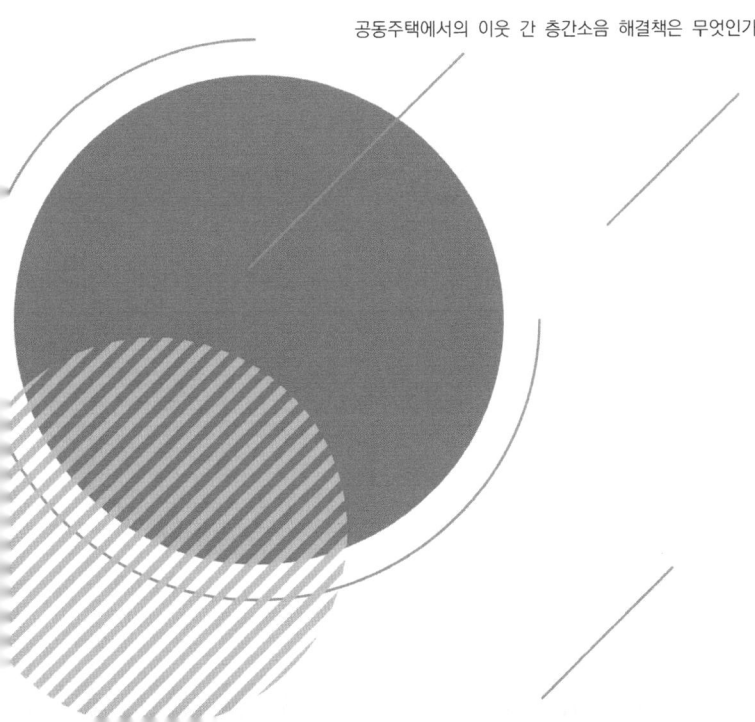

05장

기업의 정보보호 활동이 보안정책 준수에 미치는 영향

1. 코로나 시대, 정보보호 활동의 변화

정보통신 기술의 발달이 우리에게 가져다준 편리성 이면에는 정보보안 위협의 증가라는 부정적인 측면도 있다. 정보보안 위협에 대처하는 방법에는 관리적, 물리적, 기술적 영역의 보안대책이 있으며 일반적으로 보안 울타리, CCTV, 잠금장치 등 물리적인 보안대책으로 악의적인 침입자 접근을 막고 Anti-virus, 방화벽 등 보안시스템으로 해커의 공격을 방어하는 기술적인 보안대책에 치중하는 경향이 있었다. 그러나 최근에는 정보 유출 사고의 84.1% 이상이 전·현직 내부직원에 의한 것으로 확인(중소기업청, 2017)되고 있어서 내부직원 관리를 위한 관리적 영역의 보안대책이 더 중요하게 여겨지고 있다. 기업에서 내부직원 관리의 궁극적인 목적은 보안정책을 잘 준수하도록 하여 보안사고가 발생하지 않도록 하는 것이다.

한편, 전 세계인에게 커다란 고통을 주고 있는 코로나19로 인해 개인과 기업, 사회의 모든 일상이 변화하고 있는 가운데 2020년 재택근무를 시행한 기업의 비중은 전체 기업 중 54.5%에 달하는 것으로 나타났다(한국은행, 2020). 재택근무는 비즈니스의 연속성을 위해서 어쩔 수 없는 선택일 수도 있지만, 정보보안 측면에서는 기업의 내외부 경계를 모호하게 함과 동시에 보안 위협이 증가할 수 있다는 우려를 낳고 있다. 이는 과거와 같은 방법으로 재택근무 환경에 물리적인 보안 울타리나 보안시스템을 잘 구축해서 보안 위협에 대처할 수 어렵기 때문이다. 국내 최고의 IT 기업인 삼성 SDS도 2021년 주목할 만한 사이버 보안 트랜드 7개를 뽑은 가운데 재택근무 환경에서 발생할 수 있는 보안 위협을 기업보안의 최우선 과제로 선정했다(Cyber Security Conference 2021, 2021). 이러한 현상은 오랫동안 정보보호 활동 영역의 Weakest link로 여겨져 온(Mitnick & Simon, 2002; Warkentin and Willison, 2009) 사람 즉, 내부직원에 대한 보안관리가 더더욱 중요해지는 계기가 되고 있다. 지난해 미국 샌프란시스코에서 열린 'RSA 콘퍼런스 2020'에서의 핵심 주제도 '인적요소(Human Element)'가 선정되어 정보보호를 위해서는 무엇보다 사람이 중요한 관리 대상임을 강조했다.

최근 내부직원 보안정책 준수 의도와 준수 행동을 설명하기 위한 실증적 분석의 연구들이 늘어나고 있으며 사회과학 분야에서 인간의 행동을 가장 잘 예측할 수 있다는 계획된 행동이론(Theory of Planned Behavior)이 많이 사용되고 있다. 그러나 지금까지의 연구는 산업 분야, 구성원의 경력, 직급, 업무 등의 변수들을 활용한 조직이나 집단대상의 연구가 대부분으로 인간이 가지고 있는 개개인의 특성을 반영한 연구는 거의 이루어지지 않고 있다. Michael workman(2006)은 조직구성원의 보안 통제 및 정책을 수립하는 데 있어서 개별 구성원의 특성을 인지하여 상대적 통제나 다양한 상호 보완적 통제 대책 수립을 강조했으며, 전동진(2020)은 정보보안 행위에 관한 연구는 개인보다는 조직관점에서 연구가 대부분으로 이러한 조직관점에서의 연구가 개인의 보안행위를 설명하기에는 무리가 있다고 주장했다.

내부직원들이 보안정책을 준수하지 않고 위반하는 것은 인간의 의지와 행위에 기초(Sasse, 2004)하고 있는데, 인간 행동을 분석하는 성격 진단

도구들에는 MBTI, WAIS, DISC, MMPI 등이 있다. 그중 DISC는 기존의 성격 진단 도구들이 인간 내면의 요소인 사고, 감정, 태도, 가치관 등을 중요하게 생각하는 데 반해, 외부로 나타나는 인간의 외적인 행동에 주목하여 다른 성격유형론에 비하여 업무에 적용하기가 쉽다는 장점이 있다(이창준, 2002). 이러한 이유로 기업의 종사자 교육이나 학습, 아동교육, 유아, 영업사원, 대기업, 교사 등 연구 분야가 넓고 다양하게 활용되고 있다(오지연, 2019).

따라서 본 연구에서는 개인의 행동유형인 DISC가 보안정책 준수 행동에 어떤 영향을 미치는지를 실증 분석하고 이를 통해서 인간을 목표로 삼고 있는 최근의 보안 위협에 기업이 어떻게 대처해 나가야 하는지 정보보호 활동 방향을 제시하고자 한다.

2. 정보보호 활동과 보안정책 준수 연구모형

최근 기업에서 발생하는 보안사고 대부분이 내부직원에 의해서 발생하고 있는데, 사회과학 분야에서 인간의 행동을 예측하는 이론으로 개인의 행동과 연관된 선행변수를 설정하고 검증하기 위하여 폭넓게 인용되거나 사용하는 이론이 계획된 행동이론이다(Safa et al., 2015). 본 연구에서는 기업의 대표적 보안 활동으로 개인적 영향이 큰 교육훈련과 제재 처벌(박종원, 2017)을 계획된 행동이론에 영향을 미치는 요인으로 선정하고 인간의 행동유형이 계획된 행동이론의 선행요인과의 관계에서 어떤 영향을 미치는지 알아보기 위해 DISC를 활용하였다. 본 연구의 목적과 변수 간 관계를 검증하기 위한 연구모형은 〈그림 1〉과 같다.

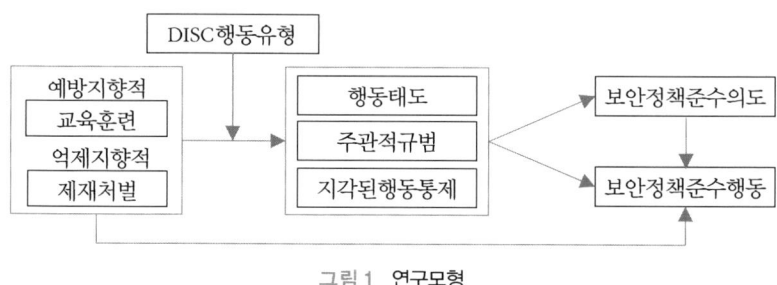

그림 1 연구모형

연구모형을 바탕으로 실증 분석을 위해 다음의 〈표 1〉과 같이 연구가설을 설정하였다.

표 1 연구가설의 설정

가설	내용
1	정보보안 교육훈련은 행동 태도에 정(+)의 영향을 미칠 것이다.
2	정보보안 교육훈련은 주관적 규범에 정(+)의 영향을 미칠 것이다.
3	정보보안 교육훈련은 지각된 행동통제에 정(+)의 영향을 미칠 것이다.
4	정보보안 제재처벌은 행동 태도에 정(+)의 영향을 미칠 것이다.
5	정보보안 제재처벌은 주관적 규범에 정(+)의 영향을 미칠 것이다.
6	정보보안 제재처벌은 지각된 행동통제에 정(+)의 영향을 미칠 것이다.
7	정보보안 정책준수를 위한 행동 태도가 보안정책 준수의도에 정(+)의 영향을 미칠 것이다.
8	정보보안 정책준수를 위한 주관적 규범이 보안정책 준수의도에 정(+)의 영향을 미칠 것이다.
9	정보보안 정책준수를 위한 지각된 행동통제가 보안정책 준수의도에 정(+)의 영향을 미칠 것이다.
10	정보보안 정책준수를 위한 행동 태도가 보안정책 준수행동에 정(+)의 영향을 미칠 것이다.
11	정보보안 정책준수를 위한 주관적 규범이 보안정책 준수행동에 정(+)의 영향을 미칠 것이다.
12	정보보안 정책준수를 위한 지각된 행동통제가 보안정책 준수행동에 정(+)의 영향을 미칠 것이다.
13	정보보안 정책준수 의도는 보안정책 준수행동에 정(+)의 영향을 미칠 것이다.
14	교육훈련은 보안정책 준수행동에 정(+)의 영향을 미칠 것이다.
15	제재처벌은 보안정책 준수행동에 정(+)의 영향을 미칠 것이다.

16	DISC 행동유형은 교육훈련이 계획된 행동의 선행요인인 행동 태도, 주관적 규범, 지각된 행동통제에 미치는 영향 강도를 긍정적으로 조절할 것이다.
16-1	DISC 행동유형은 교육훈련이 행동 태도에 미치는 영향 강도를 긍정적으로 조절할 것이다.
16-2	DISC 행동유형은 교육훈련이 주관적 규범에 미치는 영향 강도를 긍정적으로 조절할 것이다
16-3	DISC 행동유형은 교육훈련이 지각된 행동통제에 미치는 영향 강도를 긍정적으로 조절할 것이다.
17	DISC 행동유형은 제재처벌이 계획된 행동의 선행요인인 행동 태도, 주관적 규범, 지각된 행동통제에 미치는 영향 강도를 긍정적으로 조절할 것이다.
17-1	DISC 행동유형은 제재처벌이 행동 태도에 미치는 영향 강도를 긍정적으로 조절할 것이다.
17-2	DISC 행동유형은 제재처벌이 주관적 규범에 미치는 영향 강도를 긍정적으로 조절할 것이다.
17-3	DISC 행동유형은 제재처벌이 지각된 행동통제에 미치는 영향 강도를 긍정적으로 조절할 것이다.

3. 보안정책 준수에 미치는 영향요인 설문조사

연구모형에 대한 검증을 위해 8개 요인 55개 문항으로 설문지를 구성하였으며 각 문항은 "전혀 그렇지 않다"에서 "매우 그렇다"까지 1에서 7단계로 설정하였다. 5점 척도의 경우 중윗값인 '보통'을 선택하는 경향이 있어서 7첨 리커트 척도를 활용하였다. 변수의 조작적 정의는 아래 〈표 2〉와 같다.

표 2 측정변수의 조작적 정의

변수	조작적 정의	측정문항	관련연구
교육 훈련	보안정책을 준수할 수 있도록 조직구성원을 이해시키고 실천할 수 있도록 교	측정 문항은 5개 항목으로 '회사는 직원들에게 정보보안 책임과 의무에 대해 교육한다.', '회사는 정보보안 규정(법률)에 대해 교육을 시행한다.', '회사는	Puhkainen & Siponen(2010) 김보라(2016) 신혁(2018)

	육하는 내용, 방법의 인지 정도	직원들의 보안인식 제고를 위한 교육을 시행한다.' 등으로 구성	
제재처벌	보안정책을 위반할 때 조직구성원이 받게 되는 처벌에 대한 인지 정도	측정 문항은 5개 항목으로 '보안정책을 위반하면 확실히 처벌받게 된다.', '보안정책을 위반하면 받게 되는 처벌에 대해 명확히 알고 있다.', '보안정책을 위반하면 예외 없이 처벌받는다.' 등으로 구성	신혁(2014) 이성규(2014) 강다연(2014) 이정하(2015)
행동태도	보안정책을 준수하기 위한 조직구성원의 긍정, 부정적으로 판단하는 인식의 정도	측정 문항은 5개 항목으로 '보안정책을 준수하는 것이 필요하다.', '보안정책을 준수하는 것이 유익하다.', '보안정책을 준수하는 것이 좋다.' 등으로 구성	Ajzen(1991, 2002) 임명성(2012) Safa et al.(2015) 신혁(2018)
주관적규범	보안정책을 준수하는 데 있어서 상사, 동료, 부하직원들의 기대에 대한 지각의 정도	측정 문항은 5개 항목으로 '나의 상사는 내가 보안정책을 지킬 것으로 생각한다.','나의 동료는 내가 보안정책을 지킬 것으로 생각한다.', '나는 보안정책을 위반하는 행동을 할 수 없다.' 등으로 구성	Ajzen(1991, 2002) 임명성(2012) 이성규(2014) Safa et al.(2015) 전동진(2020)
지각된행동통제	보안정책을 준수하는 데 있어서 조직구성원의 행동 조절 능력의 정도	측정 문항은 5개 항목으로 '회사 보안정책을 준수하는 것이 어렵지 않다.', '보안정책을 준수하기 위해 내 행동을 조절할 수 있다.', '회사 보안정책을 준수할 수 있는 능력이 있다.' 등으로 구성	Ajzen(1991, 2002) 임명성(2012) Safa et al.(2015) 신혁(2018) 전동진(2020)
보안정책준수의도	보안정책을 준수하기 위한 조직구성원의 실천 의지의 정도	측정 문항은 5개 항목으로 '회사 보안정책을 항상 지킬 것이다', '보안정책을 준수하려고 노력할 것이다.', '회사 보안정책을 준수하며 업무를 수행할 것이다' 등으로 구성	Ajzen(1991, 2002) 신혁(2018)
보안정책준수행동	보안정책을 준수하고 행동으로 옮기려는 조직구성원의 실제 행동의 정도	측정 문항은 5개 항목으로 '보안정책을 준수하기 위해 회사 권고사항을 따른다.', '보안정책 준수를 위해 결과를 생각하고 행동한다.', '보안정책 준수를 위해 담당자와 의논한다.' 등으로 구성	Ajzen(1991, 2002) 강다연(2014) 신혁(2018)

DISC 행동 유형	보안정책을 준수하는 데 있어서 일정한 경향성을 갖는 조직구성원의 행동 유형	측정 문항은 20개 항목으로 인간의 DISC 행동유형인 주도형, 사교형, 안정형, 신중형별로 각 5개 항목으로 구성	김병진(2018) 오지연(2019)

설문조사는 2020년 12월 15일부터 2021년 1월 15일까지 한 달 동안 국가 핵심기술을 보유한 철강기업의 퇴직 및 재직직원을 대상으로 구글 설문지 750부를 배포하고 315개의 설문을 회수하여 응답률은 42%로 나타났다. 이중 불성실 응답 설문지 4개를 제외한 311개 설문지를 최종 분석에 사용하였다.

데이터 분석을 통한 연구가설 검증을 위해 SPSS 21.0과 PROCESS macro 3.5, AMOS 22.0 프로그램을 사용하였다. SPSS는 빈도분석과 탐색적 요인분석에 활용하였고 PROCESS macro는 조절 효과 및 매개효과 분석, AMOS는 확인적 요인분석과 신뢰도 및 타당성 분석, 경로분석에 활용하였다.

4. 설문조사 데이터의 분석

본 연구에 사용된 표본은 311명이며 이에 대한 인구통계학적 특성은 다음과 같다. 나이는 20대 3명(1.0%), 30대 53명(17.0%), 40대 85명(27.3%), 50대 이상 170명(54.7%)으로 나타났으며 근속연수는 10년 이하 58명(18.6%), 20년 이하 76명(24.4%), 30년 이하 31명(10.0%), 30년 이상 146명(46.9%)으로 같은 직장에서 장기 근속한 50대 이상의 응답자가 가장 많았다.

학력은 전문대학 졸 이하 133명(42.8%), 대졸 130명(41.8%), 대학원 졸 48명(15.4%)으로 나타났다. 직무 분야는 생산기술직 137명(44.1%),

관리사무직 167명(53.7%), 연구직 7명(2.3%)으로 응답하였다.

조절 효과 검증에 사용하는 DISC 행동유형은 주도형 60명(19.3%), 사교형 106명 (34.1%), 안정형 83명(26.7%), 신중형 62명(19.9%)으로 사교형, 안정형, 신중형, 주도형 순으로 분포를 나타냈다. 각각의 구성항목에 따른 표본의 인구통계학적 특성은 〈표 3〉과 같다.

표 3 표본의 인구통계학적 특성

구분		빈도(명)	비율(%)	구분		빈도(명)	비율(%)
나이	20대	3	1.0	직무 분야	생산기술직	137	44.1
	30대	53	17.0		관리사무직	167	53.7
	40대	85	27.3		연구직	7	2.3
	50대 이상	170	54.7	직급	사원/대리급	40	12.9
근속 연수	10년 이하	58	18.6		과장급	158	50.8
	20년 이하	76	24.4		차장급	76	24.4
	30년 이하	31	10.0		부장급	37	11.9
	30년 이상	146	46.9	DISC 행동 유형	주도형(D)	60	19.3
학력	전문대졸 이하	133	42.8		사교형(I)	106	34.1
	대졸	130	41.8		안정형(S)	83	26.7
	대학원 졸	48	15.4		신중형(C)	62	19.9

1) 설문 데이터의 신뢰도와 타당도 검증

수집된 설문 데이터는 코딩 과정을 통해 SPSS를 사용하여 탐색적 요인분석과 신뢰도 측정을 시행하였다. 요인분석 결과 교육훈련 5, 제재처벌 1, 주관적 규범 3~4, 지각된 행동통제 1, 보안정책 준수행동 1이 요인적재 값 0.4 이하로 나타났으며 송지준(2016)의 요인적재 값 선택기준에 따라 제거한 후 다시 측정한 결과 각 변수에 대한 요인적재 값이 모두 0.6 이상으로 나타나 각 변수를 구성하는 요인은 적절하다고 판단할 수 있다.

측정 도구의 타당도와 신뢰도 검증 결과 외부 적재 값에 대한 최소 기준값은 0.7(Bagozzi and Yi, 1988), 측정변수 설명력 기준값은 0.5인데 보안준수행동 3과 제재처벌 3은 기준에 미치지 않아 제거한 후 다시 측정한 결과 외부 적재치는 모두 0.7 이상, 측정변수 설명력은 0.5 이상으로 측정되었다. AVE는 0.5 이상이면(Bagozzi and Yi, 1988) 바람직한 집중타당도라고 볼 수 있는데 모두 0.5 이상의 값을 나타내고 있어 집중 타당도를 확보하였다. 내적일관성 신뢰도 측정을 위한 Cronbach's Alpha, CR(개념신뢰도) 값도 최소 기준치인 0.7 이상의 값을 나타내 신뢰도를 확보하였으며 결과는 다음의 〈표 4〉와 같다.

표 4 AMOS를 활용한 집중타당도 및 내적일관성 신뢰도 측정 결과

잠재변수	측정변수	집중타당도			내적일관성 신뢰도	
		외부 적재치	측정변수 설명력	평균분산 추출(AVE)	Cronbach's Alpha	CR
교육훈련	교육훈련1	0.895	0.802	0.740	0.917	0.919
	교육훈련2	0.847	0.718			
	교육훈련3	0.923	0.852			
	교육훈련4	0.790	0.625			
제재처벌	제재처벌2	0.710	0.731	0.551	0.798	0.786
	제재처벌4	0.825	0.759			
	제재처벌5	0.752	0.857			
행동태도	행동태도1	0.792	0.627	0.856	0.935	0.967
	행동태도2	0.907	0.823			
	행동태도3	0.887	0.788			
	행동태도4	0.850	0.722			
	행동태도5	0.872	0.760			
주관적 규범	주관적 규범1	0.845	0.715	0.780	0.854	0.914
	주관적 규범2	0.841	0.707			
	주관적 규범5	0.761	0.580			
지각된 행동통제	지각된 행동통제2	0.813	0.661	0.665	0.847	0.888
	지각된	0.791	0.626			

	행동통제3					
	지각된 행동통제4	0.746	0.557			
	지각된 행동통제5	0.733	0.537			
보안정책 준수의도	보안정책준수 의도1	0.911	0.830	0.924	0.934	0.984
	보안정책준수 의도2	0.869	0.756			
	보안정책준수 의도3	0.879	0.773			
	보안정책준수 의도4	0.808	0.653			
	보안정책준수 의도5	0.832	0.692			
보안정책 준수행동	보안정책준수 행동2	0.836	0.700	0.796	0.853	0.921
	보안정책준수 행동4	0.739	0.546			
	보안정책준수 행동5	0.862	0.742			

판별 타당성은 잠재변수 간에 구분이 잘 되어 있는 정도를 나타내는 것으로 잠재변수 간 상관관계가 낮아야 한다. 판별타당도는 Fornell-Larcker 에 의한 평가 방법에 따라 잠재변수 간 AVE의 제곱근과 잠재변수의 값을 비교하여 괄호 안의 AVE 제곱근은 잠재변수들의 값 중에 가장 큰 값보다 커야만 판별타당도가 있다고 보는데, 측정 결과 대각선의 값들이 나머지 값보다 크므로 판별 타당성을 확보한 것으로 판단하였다. 측정모형의 판별 타당성 측정 결과는 아래 〈표 5〉와 같다.

표 5 측정모형의 판별 타당성 측정 결과

잠재변수	교육훈련	제재처벌	행동태도	주관적 규범	지각된 행동통제	보안정책 준수의도
교육훈련	(0.740)					
제재처벌	0.250	(0.551)				
행동태도	0.173	0.098	(0.856)			
주관적 규범	0.271	0.130	0.209	(0.780)		
지각된 행동통제	0.203	0.082	0.274	0.513	(0.665)	
보안정책 준수의도	0.175	0.202	0.254	0.127	0.202	(0.924)
보안정책 준수행동	0.245	0.269	0.129	0.137	0.165	0.391

확인적 요인분석과 같은 방법으로 모델의 적합도를 확인하였으며 적합도를 향상하기 위해서 수정지수(Modification Indices)를 통해 공분산 설정의 원칙에 따라 교육훈련1과 교육훈련4, 태도1과 태도4, 지각된 행동통제2와 지각된 행동통제4, 보안준수의도1과 보안준수의도4를 연결하여 적합도를 향상했으며 연구모형의 수정전·후 모형 적합도는 〈표 6〉과 같다.

일반적으로 모형의 적합도는 CFI와 TLI는 그 값이 클수록 RMSEA는 작을수록 적절한데, CFI와 TLI는 0.9이상일 때 양호한 것으로 평가되며 RMSEA는 0.08이하면 양호한 적합도, 0.05이하면 매우 좋은 적합도로 간주한다(Browne & Cudeck, 1993; Hu & Bentler, 1999).

표 6 연구모형의 수정전·후 적합도 비교

구분	X^2	df	p	RMR	RMSEA	GFI	AGFI	NFI	CFI	TLI
연구 모형	845.944	308	0.000	0.058	0.075	0.822	0.782	0.871	0.913	0.901
수정 모형	774.035	304	0.000	0.057	0.071	0.835	0.795	0.882	0.924	0.913

연구모형의 적합도는 특정 지수로만 판단하기보다 연구자가 종합적으로 판단해야 한다(Hoyle, 1995)는 선행연구에 따라 수정된 모형은 X2=774.035(df=304, p 〉.000), CMIN/DF=2.546 나타나 수용기준을 충족하고 RMR=0.057, RMSEA=0.071, GFI=0.835, AGFI=0.795로 양호하며 NFI=0.882, CFI=0.924, TLI=0.913로 나타나 연구모형의 전반적인 적합도는 양호한 것으로 판단했다.

2) 보안정책 준수에 미치는 영향 검증 결과

본 연구의 가설을 검증하기 위하여 AMOS를 사용하여 변수 간 인과관계에 대하여 경로분석을 시행하였으며 연구모형은 다음의 〈그림 2〉와 같다.

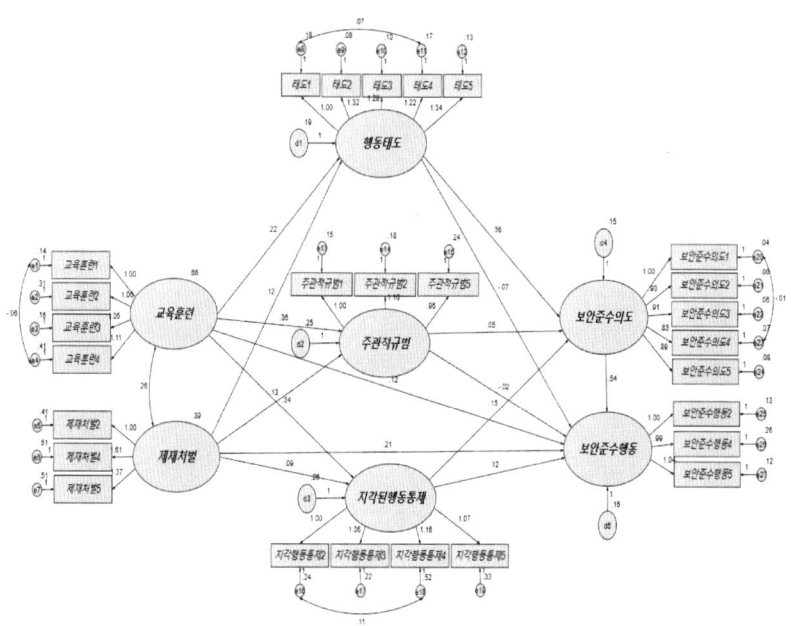

그림 2 구조방정식 연구모형

연구가설에 따른 경로분석 결과는 다음의 〈표 7〉과 같다.

표 7 연구모형 가설검증 결과

가설	경로	B	S.E.	C.R(t)	p값	결과
가설1	교육훈련 → 행동태도	0.218	0.042	5.217	0.000***	채택
가설2	교육훈련 → 주관적 규범	0.356	0.051	7.019	0.000***	채택
가설3	교육훈련 → 지각된 행동통제	0.343	0.054	6.392	0.000***	채택
가설4	제재처벌 → 행동태도	0.122	0.057	2.145	0.032*	채택
가설5	제재처벌 → 주관적 규범	0.141	0.068	2.060	0.039*	채택
가설6	제재처벌 → 지각된 행동통제	0.098	0.071	1.380	0.167	기각
가설7	행동태도 → 보안정책 준수의도	0.363	0.055	6.606	0.000***	채택
가설8	주관적 규범 → 보안정책 준수의도	0.056	0.045	1.229	0.219	기각
가설9	지각된 행동통제 → 보안정책 준수의도	0.149	0.047	3.178	0.001**	채택
가설10	행동태도 → 보안정책 준수행동	-0.014	0.069	-0.208	0.835	기각
가설11	주관적 규범 → 보안정책 준수행동	0.106	0.055	1.917	0.055	기각
가설12	지각된 행동통제 → 보안정책 준수행동	0.164	0.058	2.797	0.005*	채택
가설13	보안정책 준수의도 → 보안정책 준수행동	0.644	0.081	7.992	0.000***	채택
가설14	교육훈련 → 보안정책 준수행동	0.121	0.053	2.284	0.022**	채택
가설15	제재처벌 → 보안정책 준수행동	0.207	0.060	3.459	0.000***	채택

*** $p<0.001$, ** $p<0.01$, * $p<0.05$

(1) 교육훈련과 행동 태도, 주관적 규범, 지각된 행동 통제와의 관계

가설 1, 2, 3의 경우, 예방 지향적 활동인 교육훈련이 내부직원의 행동태도(B=0.218, t=5.217), 주관적 규범(B=0.356, t=7.019), 지각된 행동통제(B=0.343, t=6.392)에 미치는 영향은 유의수준 0.05에서 모두 유의한 것으로 나타났다. 이것은 기업의 대표적 보안 활동인 교육훈련의 효과성을 다시 확인해 주는 결과로 이해할 수 있다.

(2) 제재 처벌이 행동 태도, 주관적 규범, 지각된 행동 통제와의 관계

가설 4, 5, 6의 경우, 억제 지향적 활동인 제재 처벌이 내부직원의 행동 태도(B=0.122, t=2.145), 주관적 규범(B=0.141, t=2.060)에 미치는 영향은 유의수준 0.05에서 유의하였다. 그러나 지각된 행동 통제(B=0.098, t=1.380)는 유의하지 않은 것으로 나타났다. 이러한 결과는 제재 처벌로 인해서 내부직원이 보안정책을 준수하도록 할 만큼의 지각된 행동 통제력 향상 효과는 나타나지 않은 것으로 가설 3과 비교하면 교육훈련이 제재 처벌보다 지각된 행동 통제력 향상 방법으로 더 효과가 있다는 것을 알 수 있다.

(3) 행동 태도, 주관적 규범, 지각된 행동 통제와 보안정책 준수 의도와의 관계

가설 7, 8, 9의 경우, 행동 태도(B=0.363, t=6.606), 지각된 행동 통제(B=0.149, t=3.178)에 미치는 영향은 유의수준 0.05에서 유의하였다. 그러나 주관적 규범(B=0.056, t=1.229)은 유의하지 않은 것으로 나타났다. 주관적 규범은 보안정책을 준수할지를 결정할 때 행위의 주체가 중요하게 생각하는 사람들 즉, 상사, 동료, 후배 직원들이 그 행동에 대해서 호의적으로 생각한다면 그 행동을 실행할 가능성이 크고 반대의 경우에는 그 행동을 실행하지 않을 가능성이 크다는 Ajzen(1980)의 주장과는 배치되는 결과이다. 이것은 계획된 행동이론을 적용하여 불법적인 사용 행동을 규명하고자 하는 연구가 많아지고는 있지만, 불법 사용 행동 분야에서 주관적 규범의 예측력의 한계점이 나타날 수 있다는 주장(하충룡, 이유경, 2009)을 뒷받침한다.

(4) 행동 태도, 주관적 규범, 지각된 행동 통제와 보안정책 준수 행동과의 관계

가설 10, 11, 12의 경우, 지각된 행동 통제(B=0.164, t=2.797)에 미치는

영향은 유의수준 0.05에서 유의하였다. 그러나 행동 태도(B=-0.014, t=-0.208), 주관적 규범(B=0.106, t=1.917)은 유의하지 않은 것으로 나타났다. 이것은 준수 의도와 준수 행동, 지각된 행동 통제와 준수 행동 간에만 직접 효과가 있다는 계획된 행동이론에 근거한 결과라고 해석할 수 있다.

(5) 보안정책 준수 의도와 준수 행동과의 관계

가설 13의 경우, 보안정책 준수 의도가 준수 행동에 미치는 영향은 t 값이 ±1.96 이상이고 p 값이 유의수준 0.05보다 작아서 유의한 것으로 나타났다. 이러한 결과는 계획된 행동이론의 다양한 선행연구에서 이미 검증된 것으로 내부직원의 정보보안 정책준수 의도는 행동을 실행하는 데 매우 중요하게 작용한다는 것을 알 수 있다.

(6) 교육훈련과 제재 처벌이 보안정책 준수 행동과의 관계

가설 14, 15의 경우, 교육훈련과 제재 처벌이 보안정책 준수 행동에 미치는 영향은 교육훈련(B=0.121, t=2.284), 제재 처벌(B=0.207, t=3.459)로 유의수준 0.05에서 모두 유의한 것으로 나타났다.

(7) 교육훈련이 행동 태도, 주관적 규범, 지각된 행동 통제에 미치는 영향 관계에서 DISC 조절 효과

DISC 행동유형의 조절 효과를 검증하기 위해 Hayes(2018)가 제안한 PROCESS macro의 Model 1번을 적용하여 진행하였다. 부트스트래핑 5,000회 및 신뢰구간 95%를 설정하고 독립변수와 조절 변수를 평균 중심화(mean centering)하여 상호작용항의 통계적 유의성을 확인하였다. 그 결과는 〈표 8〉과 같다.

가설 16-1의 경우, 교육훈련과 행동 태도와의 관계에서 상호작용항 추가로 인한 R2 변화량은 0.0310이고 p 값이 유의수준 0.05보다 작아서 통계적으로 유의하므로 조절 효과가 검증되었다. 신중형을 제외한 주도형, 사교형, 안정형에서 조건부 효과가 있는 것으로 나타났다.

가설 16-2의 경우, 교육훈련과 주관적 규범과의 관계에서 상호작용항 추가로 인한 R2 변화량은 0.0423이고 p 값이 유의수준 0.05보다 작아서 통계적으로 유의하므로 조절 효과가 검증되었다. 신중형을 제외한 주도형, 사교형, 안정형에서 조건부 효과가 있는 것으로 나타났다.

가설 16-3의 경우, 교육훈련과 지각된 행동 통제와의 관계에서 상호작용항 추가로 인한 R2 변화량은 0.0433이고 p 값이 유의수준 0.05보다 작아서 통계적으로 유의하므로 조절 효과가 검증되었다. 신중형을 제외한 주도형, 사교형, 안정형에서 조건부 효과가 있는 것으로 나타났다.

표 8 교육훈련과 계획된 행동이론 선행요인과의 조절 효과 검증 결과

구분	교육훈련 → 행동 태도			교육훈련 → 주관적 규범			교육훈련 → 지각된 행동통제		
	Effect	se	t값	Effect	se	t값	Effect	se	t값
D(주도형)	0.3455	0.0606	5.6997***	0.5192	0.0601	8.6399***	0.4562	0.0670	6.8128***
I(사교형)	0.3995	0.0705	5.6672***	0.3910	0.0699	5.5946***	0.3597	0.0779	4.6180***
S(안정형)	0.2368	0.1011	2.3408*	0.2692	0.1003	2.6844**	0.4115	0.1117	3.6825**
C(신중형)	0.0776	0.0735	1.0560	0.1312	0.0729	1.8002	0.0398	0.0812	0.4905
상호작용 효과	R^2	F	p**	R^2	F	p***	R^2	F	p**
	0.0310	3.9360	0.0089	0.0423	5.9652	0.0006	0.0433	5.6566	0.0009

*** $p<0.001$, ** $p<0.01$, * $p<0.05$

(8) 제재 처벌이 행동 태도, 주관적 규범, 지각된 행동 통제에 미치는 영향 관계에서 DISC 조절 효과

가설 17의 경우, 가설 16과 같은 방법으로 PROCESS macro를 사용하여 조절 효과를 확인하고 그 결과를 아래 〈표 9〉에 나타냈다.

가설 17-1의 경우, 제재 처벌과 행동 태도와의 관계에서 상호작용항 추가로 인한 R2 변화량은 0.0866이고 p 값이 유의수준 0.05보다 작아서 통계적으로 유의하므로 조절 효과가 검증되었다. 주도형, 안정형을 제외한 사교형, 신중형에서 조건부 효과가 있는 것으로 나타났다.

가설 17-2와 가설 17-3의 조절 효과는 없는 것으로 나타났다.

표 9 제재 처벌과 계획된 행동이론 선행요인과의 조절 효과 검증 결과

구분	제재처벌 → 행동 태도			제재처벌 → 주관적 규범			제재처벌 → 지각된 행동통제		
	Effect	se	t값	Effect	se	t값	Effect	se	t값
D(주도형)	0.0226	0.0640	0.3534						
I(사교형)	0.5219	0.0697	7.4851***	-	-	-	-	-	-
S(안정형)	0.0586	0.0829	0.7074						
C(신중형)	0.1618	0.0733	2.2092**						
상호작용 효과	R^2	F	p***	R^2	F	p	R^2	F	p
	0.0866	10.7173	0.0000	0.0034	0.3841	0.7645	0.0110	1.2201	0.3025

*** $p<0.001$, ** $p<0.01$, * $p<0.05$

3) 교육훈련과 제재처벌의 간접효과 검증 결과

본 연구의 독립변수인 교육훈련, 제재 처벌이 보안정책 준수 행동에 영향을 주는 간접효과는 PROCESS macro model 4를 이용하여 부트스트래핑 5,000회 및 신뢰구간 95%를 설정하여 검증하였으며 그 결과는 〈표 10〉과 같다. 분석 결과 제재 처벌이 지각된 행동 통제 → 보안정책 준수 행동으로의 간접효과에 대해서만 LLCI 0.0004 ULCI 0.0588로 통계적으로 유의한 것으로 나타났다. 즉, 제재 처벌은 개인이 특정한 행동을 실행에 옮길 수 있는 통제 신념인 지각된 행동 통제력을 통해서 보안정책 준수 행동을 하게 된다는 것이다.

표 10 계획된 행동이론 선행요인의 간접효과 검증 결과

구분	행동 태도 → 보안정책 준수행동				주관적 규범 → 보안정책 준수행동				지각된 행동통제 → 보안정책 준수행동			
	Effect	se	LLCI*	ULCI**	Effect	se	LLCI*	ULCI**	Effect	se	LLCI*	ULCI**
교육훈련	0.0285	0.0282	-0.0259	0.0883	0.0202	0.0325	-0.0417	0.0919	0.0335	0.0262	-0.0090	0.0947
제재처벌	0.0208	0.0192	-0.0082	0.0673	0.0180	0.0195	-0.0134	0.0640	0.0236	0.0150	0.0004	0.0588

* LLCI(Low Limit Confidence Interval): boot 간접효과의 95% 신뢰구간 내에서의 하한값
**ULCI(Upper Limit Confidence Interval): boot 간접효과의 95% 신뢰구간 내에서의 상한값

5. 기업의 정보보호 활동이 보안정책 준수에 미치는 영향

1) 연구 결과의 요약 및 논의

본 연구에서는 정보보안은 사람이 핵심이며 기업의 비즈니스 연속성 보장을 위해서는 사람, 즉 내부직원의 관리가 중요하다는 전제하에 내부직원 보안관리의 대표적 활동인 교육훈련과 제재 처벌이 보안정책 준수 행동에 미치는 영향과 개개인의 특성을 반영한 DISC 행동유형에 따라서는 어떤 영향이 있는지 연구하고자 했다. 연구가설 검증을 위해 국가 핵심기술을 보유한 국내 철강기업의 퇴직 및 재직직원을 대상으로 설문조사를 실시하고 SPSS 21.0과 AMOS 22.0, PROCESS macro 3.5 프로그램을 사용하여 데이터를 분석하고 가설을 검증하였다. 본 연구의 가설검증 결과를 요약하면 다음과 같다.

첫째, 교육훈련은 계획된 행동이론의 선행요인인 행동 태도, 주관적 규범, 지각된 행동 통제에 모두 유의한 영향을 미치는 것으로 나타났다. 이러한 결과는 선행연구(Workman and Gathegi, 2007; 김두환, 2020)와 일치하며 내부직원의 보안 인식 제고를 위한 예방 지향적 활동인 교육훈련의 효과를 다시 한번 확인시켜 주었다. 최근 사람을 대상으로 하는 사회공학적 기법의 공격이 늘어나고 있는 만큼 최신의 공격기법이나 피해사례로 구성된 콘텐츠를 e-러닝, SNS 등 다양한 매체를 활용하면 교육의 효과를 높일 수 있을 것이다. 또한 일방적 교육보다는 스팸메일 모의훈련 등 내부직원이 직접 참여하는 교육훈련은 보안정책 준수 의도를 향상할 수 있을 것으로 판단된다.

둘째, 제재 처벌은 행동 태도와 주관적 규범에 유의한 영향을 미치고 지각된 행동 통제에는 유의한 영향을 미치지 않는 것으로 나타났다. 제재 처벌은 내부직원의 억제 지향적 예방 활동 중에서 개인적 영향도가 가장 큰 요인으로 보안정책을 준수하기 위해 긍·부정을 판단하는 행동 태도와 상사, 동료, 부하직원 등 주변 환경에 영향을 받는 주관적 규범에는 영향을 미치지만, 행동으로 옮기기 위한 지각된 행동 통제력에는 영향을 미치지 않는다는 것을 알 수 있다. 이러한 결과는 지각된 행동 통제력이 높은 사람은 태도나 사회적인 압력과는 무관하게 높은 행동 의도를 형성한다는 계획된 행동이론에 근거한 결과라고 이해할 수 있다.

셋째, 계획된 행동이론의 행동 태도와 주관적 규범, 지각된 행동 통제가 보안정책 준수 의도에 미치는 영향에서 행동 태도와 지각된 행동 통제는 유의한 영향을 미치고 주관적 규범은 유의한 영향을 미치지 않는 것으로 나타났다. 개인의 행동은 다른 사람들과의 관계에 상당한 영향을 받게 된다는 주관적 규범에는 내게 중요한 사람들이 내가 어떤 행동을 해야 한다는 생각을 믿는 정도인 주관적 신념과 타인의 생각에 순응하려는 순응 동기를 함께 고려해야 하는데(하충룡, 이유경, 2009), 본 연구의 표본 특성상 한 직장에서 30년 이상 근무한 직원이 46.9%로 타인을 의식하기보다는 국가 핵심기술을 보유한 사업장에서 기업의 보안문화가 체화된 지각된 행동 통제력이 보안정책 준수 의도에 더 큰 영향을 준 결과라고 이해할 수 있다.

넷째, 계획된 행동이론의 행동 태도와 주관적 규범, 지각된 행동 통제가 보안정책 준수 행동에 미치는 영향에서 지각된 행동 통제만 유의한 영향을 미치는 것으로 나타났다. 이것은 Ajzen(1991)의 계획된 행동이론에 근거한 결과와 같은 것으로 행동 태도와 주관적 규범은 보안정책 준수 의도의 매개효과로 보안정책 준수 행동에 영향을 미치는 것으로 이해할 수 있다.

다섯째, 교육훈련과 제재 처벌은 보안정책 준수 행동에 모두 유의한 영향을 미치는 것으로 나타났으며 이것은 정보보호 기본활동의 실천 필요성에 대해 재확인한 결과로 해석할 수 있다. 그러나 기업에서 보안정책 위반 시 one strike-out이나 삼진아웃제 같은 제재 처벌의 실효성에 대해서는 찬반의 의견이 있으므로 기업의 문화와 직원 정서에 기반한 적절한 제재 처벌의 선택과 강약 조절이 필요하다고 판단된다.

여섯째, 교육훈련과 제재 처벌이 행동 태도, 주관적 규범, 지각된 행동 통제와의 관계에서 DISC 행동유형의 조절 효과를 확인할 수 있었다. 교육훈련은 행동 태도, 주관적 규범, 지각된 행동 통제 모두에서 조절 효과가 있으며 행동 태도와 주관적 규범에서는 주도형, 사교형이 조절 효과가 큰 것으로 나타났다. 이것은 자신감이 있으며 타인을 주도적으로 이끌고 솔직한 태도를 보이는 주도형의 행동 특성과 타인과의 관계성을 무엇보다 중요시하는 사교형의 행동 특성에 따른 결과로 해석할 수 있다.

제재 처벌은 행동 태도와의 관계에서만 사교형, 안정형의 조절 효과가 있는 것으로 나타났으며 낙천적, 긍정적이며 타인의 평가 정도에 민감한 사교형과 안정과 화합을 중요시하고 행동에 대해 불편함을 싫어하는 안정형의 행동 특성에 따른 결과라고 해석할 수 있다.

2) 연구 결과 시사점

본 연구는 보안은 사람이 핵심이며 사람, 즉 내부직원의 보안관리를 위해 기업의 대표적 보안 활동인 교육훈련과 제재 처벌의 효과성을 검증하고 인간의 행동 유형별로 개인의 특성을 반영한 DISC 행동유형의 조절 효과를 통해서 보안정책 준수 행동에 미치는 영향 정도를 검증하였다. 연구 결과를 토대로 나타난 시사점은 다음과 같다.

첫째, 교육훈련과 제재 처벌이 계획된 행동이론의 선행요인과의 영향 관계에서 그 효과성이 검증되었다. 이것은 가장 일반적이고 전통적인 보안 활동의 효과성을 재확인한 것으로 시대와 환경이 변화해도 보안 활동의 기본은 변하지 않으며 반드시 지켜져야 한다는 것을 의미한다. 물론 교육훈련과 제재 처벌의 방법과 수단에 있어서는 변화가 필요하다. 교육훈련의 경우, 조직의 구성원이 직접 참여하는 현실감 있는 콘텐츠의 구성과 함께 e-러닝, 유튜브, SNS 등을 이용한 다양한 콘텐츠 전달 방법도 고려해야 한다. 제재 처벌의 경우, 효과성은 입증되었으나 제재 처벌의 강조는 오히려 역효과를 불러올 수도 있으므로 기업의 보안문화와 직원의 정서를 고려한 보안정책의 수립이 필요하다.

둘째, 계획된 행동이론의 선행요인과 보안정책 준수 의도와의 관계에서 행동 태도와 지각된 행동 통제는 효과성이 검증되어 계획된 행동이론이 사회과학 분야에서 인간 행동을 예측하는 데 높은 설명력을 가지고 있다는 것은 일부분 확인이 되었으나 주관적 규범은 유의하지 않은 것으로 나타났다. 주관적 규범이 행동 의도에 유의한 영향을 미치지 않는 것은 하충룡 외(2009)의 선행연구 결과와 같이 주관적 규범의 예측력 한계일 수도 있으나 국가 핵심기술을 보유한 사업장의 법·제도 측면의 각종 보안관리 활동으로 인한 기업의 보안문화에 의해 발생한 결과라고 판단된다. 따라서 일반 기업에서도 국가 핵심기술 보유사업장에 적용되는 국가 핵심기술 보호조치 사항 등을 참고한 보안관리 활동으로 보안이 기업문화 일부분으로 자리를 잡도록 한다면 기업의 보안 수준을 한층 더 높일 수 있는 계기가 될 수 있을 것으로 기대한다.

셋째, 본 연구에서 가장 의미 있는 결과로 보안 분야에서는 처음으로 계획된 행동이론을 기반으로 개개인의 특성을 반영한 DISC 행동유형 분석을 시도했다는 것으로 개인의 행동유형에 따라 기업의 보안 활동이 이루어지면 더 효과적일 수 있다는 것이다. 예를 들어서 가설1의 경우, 교육훈련이 잘 이루어지면 직원이 보안정책을 준수하려는 긍정적인 태도를 증가시키는 것으로 판단할 수 있고 여기에 DISC 행동유형이 적용될 경우, 교육훈련이 행동 태도에 미치는 영향은 사교형, 주도형, 안정형 순으로 차이가 있으며 이러한 결과를 바탕으로 성격유형별로 차별화된 교육이 이루어진다면 그 효과가 증대될 것으로 기대할 수 있는 것이다.

3) 연구의 한계점 및 향후 과제

본 연구를 통해 도출된 시사점에도 불구하고 본 연구의 수행과정에 몇 가지 한계점을 가지고 있으며 향후 이러한 한계점을 고려한 연구가 필요하다.

첫째, 기업의 보안정책과 보안관리 수준에 따라 내부직원의 보안 의식 수준에도 차이가 있을 수 있는데, 본 연구에서는 국내 국가 핵심기술 보유 철강기업 한곳만을 대상으로 하여 보안 수준에 차이가 있는 모든 기업을 대표하는 결과라고 보기에는 제한적이라는 것이다. 따라서 향후 산업군, 업종, 기업규모 등을 고려한 다양한 대상으로 연구를 확대할 필요가 있다. 또한 퇴직직원이 포함될 경우, 상대적으로 설문 응답률이 낮아서 대표성 문제가 야기될 가능성이 있으므로 설문 대상 선정시 이에 대한 고려도 필요하다.

둘째, 인간 성격과 행동을 규명하는 진단도구 중에서 DISC가 자기진단 도구로써 활용 가치가 높다는 연구 결과(김영희, 1997)가 있으나, 향후 같은 표본에서 두 가지 이상의 진단 도구를 비교한 연구가 이루어진다면 계획된 행동이론과 함께 인간 행동을 예측하는 연구에서 객관성과 신뢰성을 확보하여 더욱 다양하게 활용될 수 있을 것으로 기대한다. 코로나로 인해 기업의 비즈니스 환경이 변화하고 있으며 인간을 표적으로 하는 공격도 증가하고 있다. 따라서 이제는 기업의 보안 활동도 개인 맞춤형이 되어야 하며 그러기 위해서는 개개인의 특성을 반영한 인간 행동의 연구가 더 많이 이루어질 필요가 있다.

참고문헌

공용득, 채명신(2021). "정보보호 활동의 예방지향적, 억제지향적 요인과 보안정책 준수행동 간의 관계 연구" *문화와융합* 43(7), 701-730.

김두환(2020). "군 조직원의 내외적 동기가 군사보안 행동에 미치는 영향 연구", *국방과보안* 2(1), 1-64.

김병진(2018). "가족기업 CEO의 DISC 행동유형이 경영성과에 미치는 영향", 건국대학교 박사학위논문.

오지연(2019). "인스타그램의 이용 동기가 인플루언서 속성 및 관계유지에 미치는 영향", 홍익대학교 박사학위논문.

이성규, 채명신(2014). "산업보안정책 준수의지에 영향을 미치는 요인분석", *대한경영학회지* 27(6), 927-953.

전동진(2020). "개인의 정보보안 행위에 대한 연구", 인천대학교 박사학위논문.

Ajzen, I.(1991). The Theory of Planned Behavior. *Organizational Behavior and Human Decision Processes* 50(2), 179-211.

Ajzen, I., & Fishbein, M.(1980). *Understanding Attitudes and Predicting Social Behaviour*. Englewood Cliffs. NJ: Prentice Hall.

Bulgurcu, B., Cavusoglu, H., & Benbasat, I.(2010). Information Security Policy Compliance: An Empirical Study of Rationality-Based Beliefs and Information Security Awareness. *MIS Quarterly*, 523-548.

Kankanhalli, A., Teo, H. H., Tan, B. C., & Wei, K. K.(2003). An Integrative Study of Information Systems Security Effectiveness. *International Journal of Information Management* 23(2), 139-154.

Puhakainen, P., & Siponen, M.(2010). Improving Employees' Compliance Through Information Systems Security Training: an Action Research Study. *MIS Quarterly*, 757-778.

Sasse, M. A.(2005). Usability and Trust in Information Systems. Edward Elgar.

● 이 장은 문화와융합 학술지 43권 7호에 실린 필자의 논문(공용득, 채명신, 2021)을 바탕으로 재구성되었다.

06장

경찰조직내 남성경찰관들의 성차별 수준 탐색

1. 여성경찰에 대한 조직 안팎의 회의적 시선

제복 입은 여성경찰관을 낯설게(사전적으로 '사물이 눈에 익숙하지 아니함'을 의미) 바라보던 때가 있었다. 조직구성원의 절대 다수가 남성이었던 경찰에서 여성경찰을 보는 일이 흔하지 않았던 과거에는 당연한 반응이었을 것이다. 1946년 최초로 여성경찰을 모집한 이래, 여성들의 사회경제적 활동 증가 및 여성대상 범죄문제가 사회적 병리현상으로 대두되면서 지속적으로 여성경찰에 대한 증원이 이루어졌다. 전체 조직구성원 중 여성경찰관이 10% 남짓한 비율이 된 오늘 날은 과거와 달리 거리에서 순찰 중인 여성경찰관을 마주하는 건 흔한 일이 되었다.

그러나 그녀들을 바라보는 시선에는 여전히 낯설음이 존재한다. 결국 여성경찰관의 수적 증원과는 별개로 그녀들을 부자연스럽고 낯선 존재로 바라봄에는 복잡한 고정관념과 편견에 기반한 차별적 인식이 작용하고 있음을 알 수 있다. 이러한 회의적 시선은 여성경찰에 대한 부정적 인식이나 평가에 영향을 끼치며, 성차별적 조직문화를 형성하기도 한다. 물론 과거에 비해 성차별 문제를 국가적·조직적 차원에서 적극적으로 대처하고 있으며, 남성 위주의 경찰조직 역시 성평등이라는 사회적 흐름과 요구에 발 맞추어 변화를 도모하고 있다. 경찰청이 중앙행정기관 최초로 성평등정책 계획을 세우고 2018년 전담부서 신설 및 성평등정책관으로 외부인사를 채용을 통해 치안정책의 성평등 수준 제고와 경찰조직 내 성평등 실현이라는 목표를 구체화하고 있음은 이러한 노력의 일환으로 보여진다. 또한 2019년 말 '성평등정책 기본계획 2020~2024년'을 발표하며 경찰대생·간부후보생 선발 및 순경 공채에서 단계적으로 남녀 통합 모집을 실시하기로 하였다.

문제는 이러한 변화에 대한 우려와 비판의 목소리가 존재한다는 점이다. 경찰업무의 특성상 일정한 체력이 뒷받침되어야 하는데 선발과정상 남녀의 상이한 체력기준은 형평성 문제를 불러올 수 있으며, 이로 인해 여성경찰의 수적 증가는 치안부재로 연결되리라는 우려마저 존재한다. 조직 내부, 특히 여성경찰과 함께 근무하게 되는 남성경찰의 회의적인 인식도 문제이다. 많은 경찰관들은 여성경찰관의 육체적 열등, 부족한 공격성, 감성적 성격, 허약한 정신, 순진성 등을 이유로 동료로써 그녀들에 대해 부정적인 인식이 높은 편이다. 순찰활동이나 시민만족뿐만 아니라 육체적 능력을 요하는 업무나 훈련, 심지어 폭동진압분야 등에서 남녀경찰의 능력이 대등함을 입증한 많은 연구결과들은 남성경찰의 여성경찰에 대한 동료인식에 그다지 영향을 미치지 못하고 있는 것이다. 증원여부와는 무관하게 여자경찰을 여전히 낯설게 보고 있는 사회적 시선들처럼 조직내부에서도 여성경찰은 '경찰'보다는 '여성'으로 먼저 평가되고 있는 것이다.

여성경찰에 대한 조직 안팎의 차별적 시선은 존재했고, 여전히 존재한다. 또한 차별의 형태는 직접적일 수도 간접적일 수도 있다. 특히, 표면적으로 여성에게 호의적인 모습이면서 우회적인 형태의 성차별이 존재할 수 있음에 주의해야 한다. 이러한 성차별 방식은 성인지적 정책들의 효과적 운영을 저해하고 오히려 남성 중심적 구조를 강화시키는 요소로 작용하게 되므로 온정적 성차별주의에 대한 조직차원의 진단은 의미있는 연구라 할 수 있다. 결국 경찰조직의 양성평등 실현을 위해서는 여성경찰에 대한 남성경찰의 개인적 평가와 반응을 정확히 진단해보고 양가적 성차별의 가능성과 그 수준에 대한 탐색이 필요할 것이다. 이 연구에서는 여성경찰에 대한 남성경찰관들의 차별적 편견 특히, 성에 기초한 차별의 실태를 살펴보고자 한다. 양가적 성차별이론은 인간이 가진 사고와 태도의 이중성을 강조하며, 성차별에 있어서 개인의 성별, 연령, 학력 등에 따른 차이를 중요시하기에 남성경찰관의 인구사회학적·근무환경적 특성별 차이에 주목하였다. 경찰이 조직차원에서 성평등을 지향하고 다양한 관련정책들을 시도함에 있어서 구성원의 인식, 특히 남성경찰관 개개인이 지니고 있는 성차별 수준에 대한 진단이 필요한 이유일 것이다.

2. 경찰조직의 성차별 수준에 관한 진단

1) 양가적 성차별에 관한 이해

우리는 다름에 인색할 뿐만 아니라, 종종 틀림으로 단정짓는 오류를 범하기도 한다. 인종, 계층, 교육수준, 등 사회적으로 낮은 지위 집단(유색, 하층, 저학력) 구성원들이 소수로 존재할 때 다양한 차별적 상황에 노출되게 된다. 성별도 그 중 하나이며, 소수집단인 여성들은 여성이기에 조직과 사회 내에서 독특한 억압에 놓이게 된다. 따라서 성차별이란 여성이기에 겪게 되는 독특한 억압을 설명하기 위해 흔히 사용되는 용어이다. 남성과 여성이 각 성에 적합한 사회적 역할을 담당해야 한다는 고정관념에 해당되는 성차별은 '정치문화를 위시한 사회제도 및 행위양식 속에 실제로 존재하거나 가정된 남녀 간의 차이가 중요하다고 보는 견해'를 의미한다.

국가적 차원에서 성평등 관련 법안을 강화하고, 고용평등 및 조직 내 성평등 구현에 많은 노력을 기울이고 있음에도 불구하고, 여전히 성차별은 존재한다. 아이러니하게도 성평등주의를 지향한 다양한 제도와 정책적인 노력, 사회적 분위기는 성차별 형태의 진화를 불러왔다. 과거 노골적·직접적으로 여성을 폄하하던 고정관념과 편견은 감소한 반면, 오늘날 편견과 차별은 그 성격이 미묘하며 암시적이고 때론 무의식적이다. 보다 은밀하고 교묘하게 새로운 형태의 편견과 차별로 대체되어 표면적으로는 호의적이고 온정적인 듯 하지만 실상은 여성의 역할을 제한한다. 전통적·전근대적 차별이 더 교묘하고 우회적인 형태의 성차별 방식으로 새로운 현대적 가면을 쓰게 된 격이다. 외국에서는 이미 오래전부터 성차별의 양가적 현상에 대한 논의가 활발히 진행되어 왔다.

양가적 성차별이론은 기존의 양성평등, 성차별 관련논의들이 여성에 대한 남성의 적대감에서 비롯된 편견이라는 단일차원의 가정을 넘어서 '적대적 성차별(hostile sexism)'과 '온정적 성차별(benevolent sexism)'의 상반된 두 차원으로 명백히 구분하고 있다(Glick & Fiske, 1996; Lee, Fiske & Glick, 2010). 성에 대한 고정관념과 태도, 차별의식은 남성의 여성에 대한 일방적 적대감이라기보다는 미움과 애정, 질시와 보호, 적대주의와 온정주의가 함께 뒤섞인 이중적인 속성을 가진다는 것이다. 문제는 온정주의도 본질적으로 성차별과 편견의 일부에 해당된다는 점과 은밀하고 정교한 형태의 편견이라는 점에서 오히려 사회구조적 불평등에 대한 여성의 저항을 누그러뜨림으로써 적대적 성차별주의를 보완해준다는 점이다(안상수 외, 2007:19).

이렇게 온정적 성차별은 양성평등 문제에서 새로운 관점이며, 성에 대한 보호, 환대, 친절, 우호주의로 포장되어 있기에 성평등 구현을 위한 장애요소나 문제점으로 의식조차 못해온 부분이었다(Lau, Kay & Spencer, 2008). 결국 양가적 성차별이론의 주장은 우리나라 공직사회의 양성평등과 여성발전의 문제에 대해 중요한 의미를 갖는다(우양호, 2014: 273).

여성에 대한 편견이 지배적인 적대감과 온정적인 태도가 공존하는 양가적 특성을 지닌다는 것을 처음 주장했던 Glick과 Fiske(1996)의 이론에 따르면 양가적 성차별주의는 부성주의(paternalism), 성역할 분화(gender differentiation), 이성애(heterosexuality)라는 공통된 구성요소를 가진다. 먼저 부성주의는 아버지가 자녀를 대하듯 내가 상대방에게 충분히 지배 또는 보호의 자격이 있다고 생각하는 것을 의미한다. 성 분업화는 남성의 역할과 신체적 특성이 여성에 비해 사회적으로 인정받는 지위를 담당하는 것이 보다 적합하다는 논리이며, 이성애는 원초적인 남녀의 사랑 문제로 직장에서 남성이 여성에 느끼는 가장 두드러진 양가적 감정의 근원적 속성이다. 여성에 대한 남성의 이성애는 여성을 심리적으로 가장 밀접하고 친숙한 관계로 여겨지도록 하지만, 남녀관계에서 애증이 교차하듯 양면적 속성을 가진다(Glick & Fiske, 1996; Lee, Fiske & Glick, 2010; 우양호, 2014). 세 가지 구성요소는 적대적인 감정과 온정적 감정을 동시에 내포하는 양가적인 속성을 지니는 것으로 가정하였으며, 양가적 성차별의 구성요소이자 판단기준을 간략히 살펴보면 다음과 같다.

표 1 적대적-온정적 성차별 구성요소

	적대적 성차별	온정적 성차별
부성주의 (paternalism)	여성에 대한 남성의 우월성과 지배 및 종속의 논리에 기초하고 있으며, 가부장적 제도를 정당화(지배적 부성주의)	생물학적으로 강한 남성이 약한 여성을 보호해야 한다는 주관적 신념을 통해 조직과 사회에서의 지위를 정당화(보호적 부성주의)
성 분업화 (gender differentiation)	남성이 여성에 비해 사회적으로 중추적인 역할을 수행하는 데 더 적합하다고 강조(경쟁적 성분업)	여성에 대한 남성의 전통적 의존성에 기반해 여성은 남성을 보완하는 역할을 수행하는 특성을 강조(보완적 성분업)
이성애 (heterosexuality)	여성이 주도권을 갖기 위해 성적 매력을 무기로 사용한다는 반감에 근거(적대적 이성애)	공식적인 조직 내에서 낭만적이고 친밀한 남녀관계는 어울리지 않는다고 규정(친밀한 이성애)

2) 경찰조직의 양성평등 수준 검토

여성에 대한 편견과 고정관념은 개인의 다양성에 대한 고려없이 남녀라는 획일적 이분화를 통하여 그에 걸맞은 성역할에 고정시킨다. 또한 특정 직업이나 직무가 개인의 능력이 아닌 성별로 분리되는 현상도 수반한다. 그 대표적인 직업군이자 군대, 소방 등과 더불어 남성의 비율이 압도적으로 높은 조직이 바로 경찰이다. 전통적으로 가해자를 진압하는 범죄투사모델이 바람직한 경찰상으로 제시되어 왔고, 이는 경찰이 여성에게 부적합한 직업군이라는 사회적 인식을 확산 및 강화시킴으로써 여성경찰관의 조직진입 및 역할구축에 장애요소로 작용하였을 것이다. 경찰은 남성에게 적합하다는 인식은 조직 내부에서도 타당한 것으로 여겨져 왔고, 이는 오랜 기간 성별 분리채용 제도가 유지되어온 근간이었다.

그럼에도 여성경찰의 비율은 꾸준히 증가해왔으며, 전체 11만 명의 경찰관 중에서 10% 남짓한 비율(2018년 12월 말 기준 여성경찰관의 비율은 11%이며, 이 수치에 이르기까지 경찰 창설 이래 70년이 소요)을 갖추게 되었다. 채용확대 및 다양한 업무에의 배치 등 여성경찰관의 조직 내 비중과 중요성이 커졌으며, 향후 남녀 통합 선발방식으로의 전환은 여성경찰의 합격비율 증가와 이로 인해 경찰조직 내 성비의 불균형 해소에도 일정 부분 기여할 것이라는 예상이 가능하다(권혜림, 2021:9). 과거에 비해 여성경찰관의 증원, 역할 확대 및 지위 개선이 이루어진 사실을 부인하는 것은 아니다. 다만 여전히 남성 위주의 보수적인 경찰문화와 조직 분위기 속에서 다양한 차별을 경험하는 여성경찰이 존재하는 사실을 부정하기는 어려워 보인다. 오히려 남성이 지배해왔던 경찰에서 여성의 지위가 점차 개선되기 시작하면서 그간 여성의 미미한 규모로 인해 가시화되지 못했던 여러 가지 문제들이 표면으로 부상하고 있음이 지적되기도 한다. 많은 연구들에서 직무배치와 승진에 있어서의 성차별을 대표적인 문제로 거론하고 있다(김성언, 2006:140).

여성경찰관이 동료 남성에 준하는 능력을 지니고 있으며, 많은 경찰업무 수행에 여성이 더 적합하다는 연구결과가 존재한다. 심지어 육체적 능력이 강하게 요구되는 다양한 업무분야에서도 여성의 대등한 능력을 주장한다. 그러나 이러한 연구결과가 무색할 만큼 현장에서 여성경찰관을 직무수행 중 '한 명 몫을 못하는', '동료가 아닌 장애물로 대하는 남성경찰관들을 수시로 마주한다. 여전히 경찰이 남성의 직업이라고 믿는 남성경찰관들은 조직에 진입하고자 하는 여성에게 부수적인 지위에 한정적으로 수용되기를 기대한다.

조직의 성차별적 분위기와 내면화된 가부장적·남성 중심적인 관습은 여성경찰의 업무배치, 승진기회 등과 같은 구조적 차원의 차별을 낳는다. 대다수의 여성경찰은 조직의 성차별을 알면서도 조직에 진입한다. 실제로 신임 여성경찰 교육생들을 대상으로 성차별에 대한 인식을 조사한 결과에 따르면, 응답자의 약 95%가 경찰조직 내 성차별이 존재한다고 응답한 바 있다(이상열, 신현기, 2009:14-15). 또한 조직구성원이 된 이후, 부서배치에서 성차별을 경험한 여성경찰관이 많았으며(강지현, 2017:20) 보직과 승진에 대한 차별인식이 남성에 비해 높다는 연구결과(공태명, 최응렬, 2014:22) 등은 여성경찰관이 직·간접적으로 발생하는 성차별 상황에 지속적으로 노출되는 현실을 보여준다 할 것이다.

성차별의 유형에는 개인적 차별, 제도적 차별, 구조적 차별로 구분될 수 있다. 우리나라 여성경찰관이 경험하는 차별은 성차별을 지양하고, 직장내 남녀평등을 실현하기 위한 관련 법률(남녀고용평등과 일·가정 양립지원에 관한 법률)이 시행되고 있기에 제도적 차별이 사실상 존재하기 어렵기에 개인적 차별과 구조적 차별로 살펴본 연구결과가 존재한다. 법률이나 제도의 존재가 조직내 성평등을 담보한다고 말하기는 어렵다는 점에서 제도적 차별에 대한 보다 깊이있는 논의가 필요해보이나, 이 연구에서는 여성경찰관에 대한 남성경찰들의 성차별 인식을 인구사회학적·근무환경적 특성에 따라 살펴보았다는 점에서 개인적 차별에 보다 집중한 것이라 할 수 있다.

3. 성차별 수준 진단에 사용된 도구 및 연구방법

이 연구에서는 남성경찰관의 성차별수준을 살펴보기 위하여, 온정적 성차별과 적대적 성차별로 구분되어지는 양가적 성차별주의 실태를 분석해보았다. 조직에서 여성이 남성의 권위나 영역을 침범함에 적대적 감정을 가지는 것에서 시작되는 적대적 성차별은 지배적 부성주의(조직내 남성의 권위와 업무능력이 큰 경우를 안정적이라 인식하는 정도, 여성이 주도권을 갖는 공적 관계의 결과를 부정적으로 인식하는 정도, 공식적·비공식적 리더로 남성을 선호하는 정도), 경쟁적 성분업(조직에서 여성은 대등한 경쟁관계에서 불리해지면 성차별 문제로 몰아간다고 인식하는 정도, 여성은 스스로 남성보다 특별한 대우를 받는 것이 당연하다 인식하는 정도, 여성은 스스로의 권리와 이익에 민감하게 반응한다고 인식하는 정도), 적대적 이성애(조직내 성공을 위해 여성이 미모나 신체적 매력을 이용한다고 인식하는 정도, 여성이 무지나 약한 척을 이용하여 남성의 도움을 받는다고 인식하는 정도, 여성이 친절한 남성동료를 이용하려 한다고 인식하는 정도)의 하위요소를 지닌다. 반면에 보호적 부성주의(조직에서 육체적 부담업무는 남성의 역할이라 인식하는 정도, 위기시 여성이 먼저 구제되어야 한다고 인식하는 정도, 여성에 대한 배려와 관대함이 바람직하다고 인식하는 정도), 보완적 성분업(조직내 여성은 부드러운 면모와 유연한 매력을 가진다고 인식하는 정도, 여성은 풍부한 정서와 감수성을 함양해야 한다고 인식하는 정도, 여성은 순수하고 섬세한 매력을 지니고 있다고 인식하는 정도), 친밀한 이성애(조직에서 여성의 선망과 동경을 얻은 남성이 진정한 남자라고 인식하는 정도, 자신을 이해하는 이성동료가 있는 것을 성공했다고 인식하는 정도, 성공을 이룬 여성도 남성없이는 불완전하다고 인식하는 정도)로 구성된 온정적 성차별은 기본적으로 여성을 연약하며 도덕적이고 순수하다고 전제한다. 따라서 여성에게 친절하고 호의적인 태도를 보이게 된다. 표면적으로 기사도 정신(Chivalrous attitude)과 같은 온정적 성차별은 여성에게 긍정적인 것처럼 보이나, 전통적인 여성상에 근거한 고정관념적인 시각으로 여성을 평가하며 제한된 역할에 그녀들을 가두게 되기에 명백한 차별에 해당된다.

이 연구에서도 성차별수준을 적대적-온정적 수준으로 나누어, 각각 하위요소 수준을 해당문항을 중심으로 살펴보았다. 특히, 여성은 남성에 의해 보호받아야 하는 대상으로 규정짓고, 남성 중심적 체제를 유지하는데 기여하는 온정적 성차별주의 실태에 대해 조명해보았다. 정부의 기존 인사정책이 여성은 소수이며 약자이므로 무조건적으로 인위적 배려를 하는 경향을 보인다면 장기적으로 남성의 역차별, 여성의 저평가 비판에서 자유로울 수 없다(우양호, 2014:26). 경찰조직에서도 여성경찰관을 개인의 능력보다 여성성을 기반으로 한 역할기대에 따른 업무에 편중하여 배치함에 온정적 성차별주의가 영향을 미치게 될 것이다. 또한 여성경찰을 경찰의 주요한 업무가 아닌 그 외의 업무를 수행하는 주변적인 역할로 있게 함으로써, 성차별적 구조를 더욱 견고히 함에 기여할 것이기에 기존의 적대적 성차별 인식과 함께 온정적 성차별주의에 대한 깊이있는 접근이 필요해 보인다.

물론 조직의 성차별적 실태를 정확히 파악하기 위해서는 남녀구성원 모두를 연구대상으로 삼는 것이 바람직할 것이다. 그러나 남성 중심의 경찰조직에서 수적 비율이 현저히 열세인 상황에 놓인 여성경찰은 완전한 조직 구성원으로서의 지위가 아닌 왜곡된 지위와 이에 따른 차별적 효과들을 경험하게 될 가능성이 높다는 점과 성차별이라는 용어가 일반적으로 여성이기에 겪게 되는 독특한 억압을 설명하기 위해 사용된다는 점 등을 감안하여 남성경찰만을 연구대상으로 한정하였다. 성차별은 부성주의, 성분업, 이성애로 구성된 적대적-온정적인 양가적 차원에서 수준을 탐색해보았다. 특히, 남성경찰관의 인구사회학적·근무환경적 특성별 인식의 차이를 중심으로 실태를 파악해보았다.

설문조사는 2015년 11월 15일부터 2016년 12월 10일까지 전국 경찰서를 대상으로 총 560부의 설문지를 배포하였다. 그 중에서 392부가 회수되어 약 70%의 회수율을 보였으며, 무응답이 많은 설문지(23부)와 극단치가 포함된 설문지(5부)는 분석에서 제외시켰다. 결국 총 364부가 최종분석에 활용되었으며, SPSS 18 통계프로그램을 이용하였다. 남성경찰관의 양가적 성차별 인식이 인구사회학적·근무환경적 특성에 따라 일정한 차이가 존재하는가를 살펴보기 위한 연구목적 달성을 위하여 비확률표본추출방법 중 할당표본추출법을 통해 계급, 재직기간, 근무부서, 연령, 결혼여부 등 균형있는 표집이 이루어질 수 있도록 조사대상을 선정하였다.

표 2 조사에 참여한 남성경찰관들의 특성

구 분		빈도	(%)	구 분		빈도	(%)
학력	고졸	95	26.3	근무 부서	생활안전	255	70.8
	전문대	38	10.5		수사/형사	51	14.2
	대학교	216	59.8		경비/교통	36	10.0
	대학원 이상	12	3.3		정보/보안/외사	18	5.0
결혼 여부	미혼	103	28.5	자녀 유무	없음	124	34.4
	기혼	258	71.5		있음	236	65.6
계급	순경	95	26.3	재직 기간	5년 미만	106	29.5
	경장	36	10.0		5~10년 미만	34	9.5
	경사	81	22.4		10~15년 미만	45	12.5
	경위	141	39.1		15년~20년 미만	56	15.6
	경감 이상	8	2.2		20년 이상	118	32.9
연령	30대 이하	160	44.3	근무 기관	경찰청/지방청	44	12.2
	40대	118	32.7		경찰서	92	25.4
	50대 이상	83	23.0		지구대	226	62.4

<표 2>는 조사에 참여한 남성경찰관의 특성을 정리한 결과이다. 먼저 학력을 살펴보면, 고졸 95명(26.3%), 전문대 38명(10.5%), 대학교 216명

(59.8%), 대학원 이상 12명(3.3%)으로 나타났다. 미혼은 103명(28.5%), 기혼은 258명(71.5%)으로 나타났으며, 자녀가 없다고 응답한 경찰관은 124명(34.4%), 있다고 응답한 경찰관은 236명(65.6%)으로 나타났다. 연령을 살펴보면, 30대 이하는 160명(44.3%), 40대는 118명(32.7%), 50대는 83명(23.0%)으로 나타났다. 계급은 순경 95명(26.3%), 경장 36명(10.0%), 경사 81명(22.4%), 경위 141명(39.1%), 경감 이상 8명(2.2%)이었다. 재직기간을 범주화하여 살펴보니 5년 미만은 106명(29.5%), 5~10년 미만은 34명(9.5%), 10~15년 미만은 45명(12.5%), 15~20년 미만은 56명(15.6%), 20년 이상은 118명(32.9%)으로 나타났다. 근무부서를 살펴보면, 생활안전은 255명(70.8%), 수사/형사는 51명(14.2%), 경비/교통은 36명(10.0%), 정보/보안/외사는 18명(5.0%)으로 나타났다.

4. 경찰조직의 성차별 수준 분석결과에 관한 논의

1) 남성경찰관들의 적대적-온정적 성차별 수준

표 3 적대적-온정적 성차별 평균

성차별 차원	구성요소	평균(순위)	전체평균
적대적 성차별	지배적 부성주의	2.90(4)	2.87
	경쟁적 성분업	3.06(3)	
	적대적 이성애	2.66(6)	
온정적 성차별	보호적 부성주의	3.28(2)	3.17
	보완적 성분업	3.33(1)	
	친밀한 이성애	2.90(4)	

분석결과 전체 평균값에서 온정적 성차별(3.17)이 적대적 성차별(2.87)보다 좀 더 높게 나타났다. 이는 각 문화권의 비교연구나 다른 조직을 대상으로 실시한 기존의 선행연구들과도 유사한 결과에 해당된다. 양가

적 성차별 구성요소별 평균 순위를 살펴보면 온정적 성차별의 보완적 성분업(3.33)이 가장 높았다. 그 다음으로 보호적 부성주의(3.28), 적대적 성차별의 경쟁적 성분업(3.06)이었다. 적대적 성차별의 지배적 부성주의와 온정적 성차별의 친밀적 이성애는 평균 2.90으로 같은 수준이었으며, 적대적 성차별의 적대적 이성애(2.66)가 가장 낮은 평균을 보였다.

양가적 성차별을 이루는 구성요소 중에서 보완적 성분업 인식이 가장 높았다라는 결과는 많은 남성경찰관이 여성경찰관을 직장이 아닌 가사역할 또는 범죄와 직접적으로 관련있는 부서나 업무보다는 서비스 관련 업무배치가 더 적합하다는 인식을 지니고 있음을 예상할 수 있다. 적대적 성차별 구성요소 중 평균보다 높았던 경쟁적 성분업은 여성경찰관을 동료가 아닌 하향비교 대상으로 삼음으로써 남성경찰관들만의 자존감을 고양시키는 심리적 효과를 가지며, 결과적으로 조직의 남녀 불평등한 구조를 강화시키게 될 것이다.

2) 남성경찰관들의 인구사회학적·근무특성별 적대적 성차별 수준 차이

적대적 성차별주의는 여성을 남성보다 열등하고 부족한 존재인 타자로 규정하여 배제시키고 노골적인 차별을 가능하게 한다. 여성의 낮은 지위나 역할한정은 능력부족에 따른 결과라고 보기 때문에 기존 남성들의 전유물이던 권력이나 지위를 침범하는 등 전통적 성역할에 도전하는 여성에 대한 부정적인 태도와 차별을 정당화하려 한다(Glick & Fiske, 1996).

사회가 진보하고 교육수준 향상, 정부정책의 변화 등의 영향으로 과거에 비해 남성들의 성평등 의식과 태도에도 많은 개선이 이루어지고 있는 것이 사실이다. 적어도 이전처럼 여성에 대한 편견과 고정관념을 공개적·노골적으로 표현하는 것을 꺼리는 경향들은 오늘날 성평등주의 사회를 향한 기대를 높이고 있다(안상수 외, 2007:3). 그러나 여전히 여성에 대한 노골적이고 비하적인 고정관념과 편견을 드러냄을 주저하지 않는 경우들도 보인다.

〈표 4〉는 남성경찰관이 지닌 적대적 성차별주의의 수준을 특성별로 살펴본 결과이다. 먼저 인구사회학적 특성별로 살펴본 적대적 성차별주의에서는 결혼여부, 자녀유무, 연령별로 유의한 차이를 보였다. 미혼자(2.54)보다는 기혼자(3.01)가 높았으며 자녀가 있는 경우(3.02)가 없는 경우(2.59)에 비해 높았다. 연령별로는 50대 이상(3.12)이 가장 높았으며, 40대(3.04), 20대(2.63) 순으로 조사되었다. 근무환경적 특성에서는 재직기간과 계급에서 유의한 차이를 보였다. 재직기간의 경우를 살펴보면 10~15년 미만(3.20)의 적대적 성차별주의가 가장 높았으며, 그 다음으로 20년 이상(3.13), 15~20년 미만(2.87), 5~10년 미만(2.63), 5년 미만(2.55) 순으로 분석되었다. 계급별로는 경사(3.12)의 적대적 성차별주의가 가장 높았으며, 순경(2.49)이 가장 낮게 조사되었다.

표 4 적대적 성차별주의 차이 검증

구 분		지배적 부성주의	경쟁적 성분업	적대적 이성애	적대적 성차별
		평균(SD)	평균(SD)	평균(SD)	평균(SD)
결혼 여부	미혼	2.77(.568)	2.65(.720)	2.19(.660)	2.54(.567)
	기혼	2.95(.745)	3.22(.829)	2.85(.871)	3.01(.696)
	|T|	2.233*	6.185***	7.843***	6.177***
자녀 유무	없음	2.81(.597)	2.70(.758)	2.27(.700)	2.59(.612)
	있음	2.94(.748)	3.25(.819)	2.86(.879)	3.02(.690)
	|T|	1.731	6.203***	6.893***	5.784***
연령	30대 이하	2.77(.652)	2.80(.769)	2.32(.753)	2.63(.629)
	40대	2.90(.682)	3.30(.734)	2.89(.791)	3.04(.612)
	50대 이상	3.15(.766)	3.21(.969)	2.99(.958)	3.12(.780)
	F	8.204***	14.836***	24.848***	19.735***
재직 기간	5년 미만	2.78(.608)	2.6(.721)	2.23(.672)	2.55(.581)
	5~10년 미만	2.58(.842)	2.99(.643)	2.32(.713)	2.63(.649)
	10~15년 미만	3.08(.648)	3.41(.675)	3.11(.859)	3.20(.642)
	15~20년 미만	2.80(.599)	3.18(.757)	2.63(.760)	2.87(.567)

	20년 이상	3.08(.752)	3.28(.930)	3.01(.901)	3.13(.730)
	F	5.815***	12.883***	18.741***	15.664***
계급	순경	2.79(.541)	2.57(.665)	2.11(.610)	2.49(.530)
	경장	2.70(.955)	2.91(.724)	2.46(.740)	2.69(.733)
	경사	2.93(.622)	3.47(.720)	2.96(.863)	3.12(.629)
	경위	3.02(.754)	3.19(.892)	2.91(.878)	3.05(.713)
	경감이상	2.67(.617)	3.13(.469)	2.75(.707)	2.85(.467)
	F	2.693*	16.523***	18.326***	14.548***

* $p<.05$, ** $p<.01$, *** $p<.001$

3) 남성경찰관들의 인구사회학적·근무특성별 온정적 성차별 수준 차이

표 5 온정적 성차별주의 차이 검증

구 분		보호적 부성주의 평균(SD)	보완적 성분업 평균(SD)	친밀한 이성애 평균(SD)	온정적 성차별 평균(SD)
결혼 여부	미혼	3.28(.784)	3.39(.664)	2.73(.671)	3.14(.424)
	기혼	3.27(.831)	3.31(.638)	2.97(.727)	3.18(.605)
	|T|	.102	1.088	2.948**	.748
자녀 유무	없음	3.22(.798)	3.30(.663)	2.75(.662)	3.10(.440)
	있음	3.31(.828)	3.35(.628)	2.98(.737)	3.21(.609)
	|T|	.948	.643	2.986**	2.061*
연령	30대 이하	3.15(.832)	3.32(.623)	2.70(.696)	3.05(.496)
	40대	3.35(.757)	3.31(.588)	3.04(.622)	3.24(.530)
	50대 이상	3.42(.838)	3.38(.761)	3.12(.789)	3.31(.664)
	F	3.937*	.320	13.257***	7.032**
재직 기간	5년 미만	3.11(.692)	3.25(.624)	2.82(.636)	3.06(.435)
	5~10년 미만	3.40(1.174)	3.60(.619)	2.23(.832)	3.08(.700)
	10~15년 미만	3.27(.724)	3.18(.513)	3.01(.497)	3.15(.441)
	15~20년 미만	3.31(.786)	3.33(.486)	2.99(.561)	3.22(.446)
	20년 이상	3.38(.839)	3.38(.757)	3.10(.778)	3.29(.680)
	F	1.759	2.830*	11.786***	2.644*
계급	순경	3.26(.827)	3.33(.682)	2.78(.712)	3.12(.436)
	경장	2.95(.832)	3.31(.536)	2.37(.742)	2.88(.621)

경사	3.37(.772)	3.33(.484)	3.04(.548)	3.25(.469)
경위	3.32(.825)	3.33(.729)	3.04(.746)	3.23(.641)
경감이상	3.28(.725)	3.34(.681)	3.08(.427)	3.24(.554)
F	1.823	.009	8.488***	3.551**

* $p<.05$, ** $p<.01$, *** $p<.001$

온정적 성차별주의는 육체적으로 무리가 되거나 힘을 써야 하는 일은 당연히 남성의 역할로 본다. 여성은 순수함과 섬세함 등 여성성을 기반으로 한 역할수행에 대한 기대를 받으며, 남성을 보완하는 존재로 인식한다(안상수 외, 2007; Glick & Fiske, 1996, 2001). 여성은 유약하기에 남성에 의해 보호받아야 할 약자로 규정하는 이러한 신념은 여성이 주도적 과업을 수행할 능력이 없으며 특히나 경찰과는 어울리지 않으며, 남성경찰관의 업무부담을 가중시킨다는 식의 주장과 연결되어 궁극적으로 여성경찰에 대한 성차별을 정당화하는 논리로 사용될 우려가 높다. 그럼에도 표면적으로는 여성에게 호의적이고 긍정적인 자세인 것처럼 보이기에 사실상 더 교묘하고 우회적인 성차별임에도 불구하고, 여성에 대한 적대감을 직접적으로 드러내는 적대적 성차별에 비해 여성들의 저항을 약화시키기도 한다(안미영 외, 2005; Glick & Fiske, 2001).

남성경찰관의 인구사회학적 특성별로 온정적 성차별주의를 살펴본 결과 자녀유무, 딸 유무, 연령에서 유의한 차이를 보였다. 자녀가 있는 경우(3.21)가 없는 경우(3.10)에 비해 온정적 성차별이 높았으며, 연령별로는 50대 이상(3.31)이 가장 높았으며, 40대(3.24), 20대(3.05) 순으로 조사되었다. 남성경찰관의 근무환경적 특성에 따라 온정적 성차별 수준에 차이를 보이는가를 살펴본 결과, 재직기간과 계급에서 유의한 것으로 나타났다. 재직기간의 경우를 살펴보면 20년 이상(3.29)이 온정적 성차별주의가 가장 높았으며, 15~20년 미만(3.22), 10~15년 미만(3.15), 5~10년 미만(3.08), 5년 미만(3.06) 순으로 조사되었다. 계급별로는 경사(3.25)의 온정적 성차별주의가 가장 높았으며, 경장(2.88)이 가장 낮게 조사되었다.

5. '여성'경찰이 아닌 여성'경찰'로의 동료인식이 필요

　조직구성원의 90%가 남성으로 이루어진 경우, 남성우위적·가부장적 문화와 분위기는 어쩌면 당연한 결과일 수 있다. 여기에 범죄와의 싸움 최전선에 놓인 경찰역할에 대한 사회적 인식과 요구 역시 성불평등한 구조를 견고화하는 데 힘을 실어주었을 것이다. 여경채용목표제나 여경 승진목표제 등 성평등을 구현하기 위한 정책적 노력에도 불구하고, 여전히 여성경찰관이 처한 불평등한 요소가 본질적으로 개선되지 못한 이유가 여기에 있는지도 모른다. 사회구조적으로 용인되어 오고 있는 남녀차별적인 고정관념과 편견에 깊은 뿌리를 두고, 조직 안팎에서 여성경찰관을 바라보는 시선에 우려를 넘어 비난이 실리기도 한다.

　이 연구에서는 남성경찰관의 적대적 성차별과 온정적 성차별의 정도를 분석해 봄으로써 경찰조직의 성차별주의를 양가적 특성으로 살펴보고자 한다. Glick과 Fiske(1996)는 여성에 대한 편견이 적대적-온정적 태도가 공존하는 양가적 특성을 지닌다고 주장하면서 기존 연구들이 편견을 적대감이라는 단일차원에서 가정해왔던 입장을 최초로 뒤집었다. 결국 양가적 성차별 개념은 성차별 현상이 기존의 적대감(부정적 요소)에만 근거한 것이 아니라 남성의 보호의식이나 친밀감(긍정적 요소)에서도 충분히 파생될 수 있음을 의미한다(Lau, Kay & Spencer, 2008; Lee, Fiske & Glick, 2010).

　분석 결과, 남성경찰관의 성차별은 적대적인 것보다 온정적인 것이 상대적으로 더 높았으며, 이는 문화적으로 발전된 나라에서 많이 보여지는 차별의 특성이다. 선진국에서는 이미 오래전 양성평등교육과 정책변화, 사회분위기의 영향으로 표면적인 차별이 상당부분 사라진 반면, 보다 교묘하고 은밀한 형태로 진화해온 이유일 것이다. 남성경찰관의 온정적 성차별에서 보완적 성분업이 가장 높게 나타났는데, 성 분업화의 온정적 성향은 역시 적대적이지는 않지만, 결정적으로 집단 내에서 강한 동질성과 특정 태도를 공유함으로써 적합하지 않은 기질을 소유한 사람, 즉 여성의 새로운 참여에 대해 사회적으로 배타적인 태도를 갖게 만든다(Christopher & Wojda, 2008). 특히, 남성경찰관의 재직기관과 계급요소별로 성차별을 분석한 결과, 적대적 성차별에서는 지배적 부성주의, 경쟁적 성분업, 적대적 이성애 모든 요소에서 재직기간 10~15년 미만이 경찰관이 가장 높게 나타났다. 계급은 경사계급이 가장 높았다. 그러나 온정적 성차별에서는 재직기간이 20년 이상 오래된 경찰관이 가장 높았으며, 다음으로 재직기간 순으로 낮아짐을 볼 수 있다. 연령이 증가하고 재직기간이 늘어남에 따라 부성주의적 역할이나 남녀관계에서 경험도 증가하게 되어 온정적 성차별의 형태를 지니게 되는 것으로 해석된다.

온정적 성차별은 표면적으로 여성에 대해 긍정적 태도를 지니기에 사회적으로 더 바람직한 것으로 받아들여지기도 하고 잘 드러나지 않는 속성상 차별에 대한 저항을 무력화시켜 사회적 차별구조를 고착화시키는 원인으로 작용하기도 한다. 결국 경찰조직에서 여성을 보살핌의 대상으로 바라보는 주관적 신념을 지닌 남성경찰관의 존재는 여성경찰을 동료가 아닌 여성으로 인식되어지는 경우가 많으며, 그 과정에서 다양한 형태의 성차별이 이루어질 가능성을 내포하고 있다.

조직의 성차별주의 문화는 피차별자의 문제에 국한되는 것이 아니다. 차별을 겪은 여성경찰은 사기저하나 불만누적으로 낮은 직무만족, 조직몰입 등을 경험할 것이며, 남성경찰관 역시 여성경찰과의 불필요한 갈등이나 스트레스를 경험하게 될 수 있다. 이는 조직의 생산성에 영향을 미칠 뿐만 아니라, 성차별적 조직문화 속에서 결정, 집행되는 치안정책의 성평등 구현에도 악영향을 미칠 것이다. 따라서 성에 기반한 고정관념이나 편견이 한 개인의 특성이나 인식차이에서 비롯되거나 그치는 문제가 아니라 조직내 성차별적 통념과 비공식적인 행위규범을 강화시킬 수 있음을 주지하고, 조직적 차원에서 개선방안을 모색해 보아야 할 것이다. 구성원들로 하여금 적대적 성차별과 온정적 성차별을 구분하고, 온정적 성차별

역시 차별의 또 다른 형태임을 인식할 수 있는 교육을 통하여 여성경찰관에 대한 시선이 '여성'인 경찰 아니라 '경찰'인 여성으로 받아들여지고, 함께 동료로 기능할 있는 조직문화 구축을 고민해야 할 것이다.

경찰업무를 수행함에 여성경찰은 체격이나 육체적 강도를 가지지 못했다는 고전적인 논쟁은 여전하며, 이로 인한 남성들의 부정적인 인식과 태도는 여성이 경찰관으로서 제 역할을 수행하는 데 많은 제약으로 작용하고 있기에(권혜림, 주재진, 2018:38), 여성경찰관에 대한 남성경찰관의 양가적 성차별의식에 대한 기초적 진단은 조직문화를 이해하고 경찰조직의 성평등 지향의 현실화를 위해서도 필요한 작업이라 할 것이다. 그러나 이 연구는 경찰조직내 양가적 성차별 가능성 및 수준에 대한 탐색적 연구라는 점에서 성차별 인식의 영향요인에 대한 제한적 탐색 및 양가적 성차별인식이 개인의 근무태도나 조직에 미치는 영향력에 대한 종합적 검토 부족 등의 한계점을 지니고 있으며, 후속연구를 통해 다양하고 적극적인 검토가 진행되기를 바란다.

참고문헌

강지현(2017). "여성경찰관의 직장 내 성차별 경험 유형과 영향요인", *한국경찰연구* 16(3), 3-28.

공태명, 최응렬(2014). "경찰공무원의 유리천장에 관한 인식 연구", *경찰학논총* 9(3), 8-32.

권혜림(2021). "여성경찰의 신뢰성에 대한 남성경찰의 인식과 신뢰의 관계", *한국민간경비학회보* 20(2), 1-22.

_____(2021). "남성경찰관들의 적대적·온정적 성차별 수준 탐색 연구", *문화와융합* 43(10), 581-598.

권혜림, 주재진(2018). "남성경찰관의 여성경찰관 동료신뢰 영향요인 탐색", *한국공안행정학회보* 70, 31-62.

김성언(2006). "경찰활동과 성차 – 경찰 하위문화와 여자경찰관의 지위갈등에 대한 경험적 접근", *형사정책연구* 17(3), 139-208.

안상수, 백영주, 김인순, 김혜숙, 김진실(2007). *한국형 다면성별의식검사개발 및 타당화 연구*, 한국여성정책연구원.

우양호(2014). "우리나라 공직사회의 양성평등 문제에 대한 새로운 접근: 양가적 성차별 이론의 규명", *행정논총* 52(1), 271-301.

이상열, 신현기(2009). "여자경찰관의 위상과 역할제고에 관한 연구: 신임 여경교육생의 설문조사를 중심으로", *치안행정논집* 6(1), 1-24.

Christopher, A. N. & Wojda, M. R.(2008). "Social Dominance Orientation, Right-Wing Authoritarianism, Sexism, and Prejudice Toward Women in the Workforce", *Psychology of Women Quarterly* 32(1), 65-73.

Glick, P. & Fiske, S. T.(2001). "An Ambivalent Alliance: Hostile and Benevolent Sexism as Complementary Justifications for Gender Inequity", *American Psychologist* 56(2), 109-118.

Glick, P. &Fiske, S. T.(1996). "The Ambivalent Sexism Inventory: Differentiating Hostile and Benevolent Sexism", *Journal of Personality and Social Psychology* 70(3), 491-512.

Lau, G. P., Kay, A. C. & Spencer, S. J.(2008). "Loving Those Who Justify. Inequality: The Effects of System Threat on Attraction to Women Who Embody Benevolent. Sexist Ideals", *Psychological Science* 19(1), 20-21.

Lee, T. L., Fiske, S. T., & Glick, P.(2010). "Ambivalent Sexism in Close Relationships: (Hostile) Power and (Benevolent) Romance Shape Relationship Ideals", *Sex Roles* 62(7-8), 583-601.

● 이 장은 문화와융합 학술지 43권 10호에 실린 필자의 논문(권혜림, 2021)을 바탕으로 재구성되었다.

07장

청소년 사이버폭력 목격 척도 개발 및 타당화

1. 사이버폭력이란 무엇인가?

 2년 이상 지속되고 있는 코로나19 팬데믹 상황으로 인하여 전국의 초·중·고등학교에서 비대면 수업이 진행되었다. 이러한 비대면 수업은 초·중·고등학생들의 사이버폭력의 증가에 영향을 미쳤으며, 청소년들의 교육 및 정신건강 측면에도 부정적인 영향을 야기하였다. 지난 5월 교육부는 관계 부처 및 기관과 합동으로 청소년 사이버폭력 예방과 대응 실무협의체를 발족하고 1차 회의를 개최하였다. 교육부(2020)의 '초중고생의 사이버폭력 피해경험율 조사' 결과에 따르면, 2013년 9.1%, 2019년 8.9%로 10% 미만이었던 사이버폭력 피해경험율이 2020년에는 12.3%로 전년대비 3.4% 증가하였다.
 사이버폭력의 정의에 대해서 아직 합의가 완전히 이루어지지는 않았으나 국내외에서 다양하게 연구되어 왔다. 사이버폭력의 정의는 Olweus(1993)가 제시한 기존의 학교폭력의 내용에서 그 폭력의 도구가 휴대폰이나 인터넷과 같은 정보통신기기를 사용했다는 점을 추가하여 만들어졌다. Williard(2007)는 인터넷이나 디지털기술을 사용해서 해로운 자료를 보내거나 인터넷에 올리고 사회적 공격행동에 관여하는 것. 그리고 이보다 더 직접적이고 위협적인 내용을 전하는 것이라고 정의하였다. 최근에는 교육부에서 주도하여 김소아 등(2021)이 진행한 연구에서 사이버폭력을 학생을 대상으로 스마트 기기, PC 등의 정보통신기기를 이용하여 정보통신망에서 명예훼손, 모욕, 공갈, 강요 등 상대방에게 고통 및 불쾌감을 주는 행위 또는 이런 내용물을 전파 및 재생산하는 행위라고 정의하였다.

2. 사이버폭력의 유형에는 어떤 것들이 있는가?

사이버폭력의 유형은 과거에는 사이버 명예훼손이나 사이버 성폭력 등이 주로 보고되었으나 최근에는 사이버언어폭력, 사이버따돌림, 사이버감금, 아이디 도용, 신상정보유출 등 그 다양한 형태로 발생하고 있다. 사이버폭력은 그 유형만큼 가해의 주체가 지인에서부터 전혀 누구인지 모르는 불특정 다수에 이르기까지 폭이 넓다는 것이 주요 특징으로 나타나고 있다. Smith 등(2005)이 제시한 사이버폭력의 유형은 문자메시지, 사진, 비디오 유포, 폭력적 전화통화, 이메일, 채팅방, 웹사이트를 통한 메시지 보내기 등이었다. Mura 등(2011)은 사이버폭력을 온라인상에서 소문내기, 사적인 메시지를 공개하기, 사진을 유포하기, 장난전화하기, 아이디 훔치기, 공격적인 협박 메일이나 문자 보내기, 소셜네트워크에서 나쁜 얘기 전하기, 토론게시판에서 배제시키기로 구분하였으며, Willard(2006)는 사이버폭력을 욕설, 괴롭히기, 명예훼손, 아이디 도용, 폭로, 사기, 배제, 스토킹으로 제시하였다. 김소아 등(2021)의 연구에서는 이를 종합하여 최근 사이버폭력의 유형을 사이버 명예훼손, 모욕, 성폭력, 스토킹, 따돌림, 갈취, 강요로 제시하였다.

3. 사이버폭력의 피해로 인해 나타나는 결과

사이버폭력 피해로 인해 나타나는 대표적 결과로는 대표적으로 우울, 불안(교육부, 2020) 등이 있다. 또, 사이버폭력 피해를 입은 청소년들은 인지적 왜곡도 자주 일으키게 되며 이로 인해 세상 사람들에 대한 불신이 생기고 자기 자신을 비난하게 되는 등 다양한 문제가 생기기도 한다. 정여주(2020)는 사이버폭력 피해를 입은 청소년들 대부분이 피해문제를 내면화하거나, 세상 사람들은 다 겉과 속이 다르므로 신뢰할 수 없다고 생각하고, 이 일로 인해 현실에서의 친구들과도 갈등과 문제가 생길 수밖에 없다고 생각하는 등 인지적 왜곡이 일어나고 있다고 하였다. 한편, 사이버폭력 피해를 입은 학생 중 30%가 상대에게 복수하는 행동을 보이기도 했는데 이 때 전혀 누구인지 모르는 사람에게 가해를 했다고 응답하기도 하여(교육부, 2020), 청소년들의 경우 피해경험을 했을 시 생길 수 있는 복수욕구를 사이버 상에서 어느 누구에게든 향해서 풀 수가 있다는 점에서 각별한 주의가 요구된다. 정여주와 김동일(2012)의 연구에서도 사이버폭력의 피해를 입은 청소년들이 분노, 우울, 짜증 등의 감정을 느꼈으며, 상대방에게 똑같은 방법으로 복수했다고 응답한 경우가 36.7%, 다른 사람에게 나도 사이버폭력을 했다고 응답한 경우가 24.5%로 나타나 사이버폭력 피해 청소년들이 또 다서 사이버폭력을 행하고 있다는 사실을 확인할 수 있다. 즉, 사이버폭력 피해자가 다시 가해자가 되기도 하며 이에 대해서 적절한 개입이 없이는 피해자와 가해자가 되는 악순환이 반복될 가능성이 높다.

4. 기 개발된 사이버폭력 척도들

사이버폭력 척도개발은 국외에서 먼저 이루어졌는데, Ybarra와

Mitchell(2004)이 사이버폭력을 온라인공격이라는 용어를 사용하여 정의하면서 피해와 가해로 나누어 측정한 척도가 초기에 개발되었다. 그 외에도 사이버폭력 가해와 피해를 나누어 측정하면서 사이버폭력의 정서, 행동적 영향을 함께 살펴본 척도(Beran & Li, 2005), 채팅의 피해에만 초점을 두고 가해와 피해를 살펴본 척도(Katzer et al., 2009), 사이버 스토킹에 초점을 맞춰 측정한 척도(Paullet, 2010), 휴대폰 공격과 피해, 그리고 규범적 신념을 함께 측정하는 척도(Nicol & Fleming, 2010), 폭력의 피해와 가해를 학교폭력과 사이버폭력으로 나누어 네 가지 하위요인을 살펴본 척도(Thomas et al., 2019) 등이 존재했다.

국내에서는 사이버폭력 피해와 가해를 하위변인으로 나누어 측정한 척도와 사이버폭력 피해경험과 빈도, 경로를 나누어 측정한 척도 등이 있었다. 정여주(2021)는 사이버폭력 문제와 상담에 관한 저서에서 사이버폭력 피해를 당한 후 일어나는 행동적 반응을 측정하는 척도, 사이버폭력으로 인해 일어난 인지적 변화를 측정하는 척도 등을 소개하고 있다. 또, 정여주 등(2016)이 사이버폭력 피해경험을 언어폭력, 명예훼손, 플레이밍, 음란물, 따돌림의 하위변인으로 나누어 측정한 척도와 정여주와 신윤정(2020)이 사이버폭력 가해경험을 언어폭력, 명예훼손, 소외, 플레이밍, 성폭력의 하위변인으로 나누어 측정한 척도가 여러 연구에서 사용되고 있다.

이러한 척도들을 종합해서 살펴보면, 사이버폭력의 유형별로 피해와 가해를 살펴본 척도가 대다수이나 사이버폭력의 목격을 측정할 수 있는 척도는 아니었다. Li(2005)가 개발한 사이버폭력의 가해와 피해 그리고 목격 및 대처전략을 함께 측정하는 척도가 목격 척도로는 유일했으나, 이 척도에서는 가해, 피해, 목격을 하위요인으로 하며 목격 척도 안에서 다양한 사이버폭력의 유형을 측정하고 있지는 않았으며, 캐나다에서 개발된 척도 문항이어서 국내의 현황에 맞지 않는 문항들도 존재했다. 이에, 본 원고의 저자들은 사이버폭력의 유형별로 목격한 학생들의 경험을 국내의 현황에 맞게 측정할 수 있는 척도를 개발하고 이를 타당화하는 연구를 수행하였다.

5. 사이버폭력 목격척도 개발 과정

청소년 사이버폭력 목격척도에 포함될 문항들을 개발하기 위한 첫 번째 단계로, 사이버폭력 유형별로 사이버폭력 피해와 가해를 측정하기 위해 기존에 개발된 청소년 사이버폭력 피해척도(정여주 등, 2016)와 청소년 사이버폭력 가해척도(정여주, 신윤정, 2020)의 문항들을 수집하고, 이 문항들을 목격한 적이 있는지를 묻는 문항으로 수정하였다. 연구진들의 회의를 거쳐 기존 피해와 가해 문항들이 목격 문항으로 수정하였을 때 적절한지를 평가한 후 예비조사 문항을 확정하였다. 이렇게 만들어진 21개의 예비문항과 인구통계학적 질문을 포함한 오프라인 설문지를 활용하여 실시되었다. 예비조사 참여자는 전국의 중·고등학생 398명으로, 성별은 남학생 219명(55%), 여학생 178명(44.7%)이었으며, 학교급은 중학교 126명(31.7%), 고등학교 272명(68.3%)이었다. 이후, 설문을 코딩한 후 SPSS 21.0을 활용하여 탐색적 요인분석을 실시하였다. 요인분석 결과를 토대로 본조사 문항을 선정하고 이에 대해 전문가 평정을 받아 내용타당도를 확보하였다.

이후 본조사는 온라인 패널을 확보하고 있는 설문회사에 의뢰하여 전국의 중·고등학생 458명의 자료를 수집하여 진행되었다. 본조사 참여자의 성별은 남학생 186명(40.6%), 여학생 272명(59.4%)이며, 학교급은 중학교 216명(47.2%), 고등학교 242명(52.8%)이었다.

본조사 때는 개발된 척도가 측정하고자 하는 개념을 잘 측정하는지 확인하기 위하여 사이버폭력 피해 척도(정여주 등, 2016)와 사이버폭력 가해 척도(정여주, 신윤정, 2020)를 함께 추가하여 자료를 수집하였다.

구체적으로, 사이버폭력 목격을 많이 한 학생들은 인터넷 속 노출이 많은 학생들이며 이들은 사이버폭력 피해도 함께 입는 경우가 많다는 것을 근거로 하여 사이버폭력 피해 척도를 준거타당도를 살펴볼 척도로 선정하였다. 정여주 등(2016)이 개발한 사이버폭력 피해 척도는 총 18개 문항의 5점 리커트 척도(1점 전혀 그렇지 않다~5점 매우 그렇다)로 구성되어 있고, 하위요인은 언어폭력, 명예훼손, 플레이밍, 음란물, 따돌림으로 구성되어 있다. 정여주 등(2016)의 연구에서 나타난 신뢰도(Cronbach's α)는 .931이며, 본 연구의 신뢰도는 .945였다.

준거타당도를 살펴보기 위해 추가로 함께 살펴본 척도는 사이버폭력 가해 척도(정여주, 신윤정, 2020)로서, 사이버폭력 목격수준과 사이버폭력 가해 수준이 유의한 수준의 연관성이 있다는 한국지능정보사회진흥원의 실태조사 결과를 근거로 선정하였다. 이 척도는 총 15개 문항의 5점 리커트 척도(1점 전혀 그렇지 않다~5점 매우 그렇다)로 구성되어 있으며, 하위요인은 언어폭력, 명예훼손, 소외, 플레이밍, 성폭력이며, 정여주와 신윤정(2020)의 연구에서 나타난 신뢰도(Cronbach's α)는 .929이며, 본 연구의 신뢰도는 .937이었다. 이렇게 추가된 피·가해 척도와 새로 개발한 사이버폭력 목격 척도와의 상관관계 분석을 통해 준거타당도를 확인했다. 마지막으로, 본조사 결과를 AMOS 22.0을 활용하여 확인적 요인분석을 실시한 후, 구인타당도와 교차타당도를 분석하였다.

6. 사이버폭력 목격척도 개발 결과

1) 선정된 예비문항 특성과 예비조사 결과

청소년 사이버폭력 목격 척도 예비조사 문항은 총 21문항이었으며, 언어폭력, 명예훼손, 소외, 플레이밍, 성폭력으로 구성되었다. 예비조사에 활용된 설문 문항은 기존의 사이버폭력 가해척도 및 사이버폭력 피해척도에서 구성한 하위유형인 5개 요인별로 문항을 작성하였으며, 전체 21문항에 5점 리커트 척도('전혀 그렇지 않다' 1점에서 '매우 그렇다' 5점)로 구성되었다.

예비조사 문항 21개를 398명에게 실시한 결과를 바탕으로 기술통계 분석과 탐색적 요인분석을 실시하였다. 기술통계 분석 결과, 문항의 평균은 1.408에서 2.283 사이였으며, 첨도는 -1.531~3.648, 왜도는 -.075~1.615로 모든 문항이 정규분포 가정을 위배하지 않음을 확인하였다. 다음으로, 최대우도법과 직접 오블리민(oblimin) 방식으로 탐색적 요인분석을 실시한 결과, 4개 요인이 추출되었다. 언어폭력과 명예훼손이 1요인으로 함께 묶여서 추출이 되어 이 부분에 대해 연구진 회의를 거친 결과, 1요인 안에서도 언어폭력 5문항(C1, C2, C3, C4, C5)과 명예훼손 4문항(C6, C7, C8, C9)은 구분할 수 있었으며, 기존 피해 및 가해 척도 리뷰와 전문가의 의견 수렴을 통해 언어폭력과 명예훼손을 구분하여 5개 요인을 유지하기로 결정하였다. 예비조사 분석 결과 요인별로 선택한 문항들은 〈표 1〉에 표시하였으며, 언어폭력 4문항, 명예훼손 3문항, 성폭력 4문항, 소외 3문항, 플레이밍 3문항이었다. 이렇게 1차 선정된 문항에 대해 전문가 3인에게 자문을 얻었으며, 각각의 문항과 하위척도의 타당성을 1점(매우 부적절)에서 5점(매우 적절)으로 확인한 결과, 언어폭력의 4문항은 평균 4.67~5.00점, 명예훼손 3문항은 평균 4.00~4.67점, 성폭력 4문항은 평균 4.67~5.00점, 소외 3문항은 평균 4.00~4.67점, 플레이밍 3문항은 평균 5.00점을 받아 모든 문항에 대한 내용타당도를 확보하였다.

표 1 사이버폭력 목격 척도 예비조사 탐색적요인분석 결과(n=398)

요인번호 문항번호	1	2	3	4
C2	.971	.451	.478	.651
C3	.966	.453	.494	.657
C4	.965	.426	.480	.675
C1	.950	.440	.476	.657
C5	.936	.418	.463	.650
C8	.865	.469	.528	.680
C6	.862	.444	.480	.657
C7	.841	.421	.471	.592
C9	.711	.578	.676	.657
C20	.408	.950	.712	.703
C21	.382	.931	.669	.676
C19	.443	.912	.666	.740
C18	.413	.905	.718	.668
C17	.452	.836	.729	.740
C11	.476	.696	.952	.678
C10	.473	.707	.901	.699
C12	.447	.737	.876	.677
C16	.607	.721	.679	.923
C15	.613	.699	.651	.917
C14	.637	.634	.607	.874
C13	.531	.665	.688	.810
합계	13.332	3.141	.797	.746
%분산	63.488	14.958	3.796	3.554
%누적	63.488	78.446	82.242	85.796

2) 본조사 수행 결과

최종 선정된 사이버폭력 목격 척도의 문항별 기술통계 값과 하위요인별 신뢰도 결과는 문항내적합치도(Cronbach's α) 계수를 산출한 결과, 전체 척도의 신뢰도는 .945였으며, 하위척도별로는 언어폭력 .949, 명예훼손 .856, 소외 .877, 플레이밍 .905, 성폭력 .899로 양호한 수준이었다.
청소년 사이버폭력 목격 척도 하위척도와 문항의 구인 타당도를 검증하기 위해 확인적 요인분석을 실시한 결과는 〈표 2〉와 〈그림 1〉과 같았다. 모형의 적합도 검증 결과 GFI, AGFI, TLI, CFI 값은 각각 .943, .920, .976, .981로 매우 좋은 수준이었으며, SRMR 값 또한 .036으로 적합하다고 판단가능하며, RMSEA 값은 .051로 나타나 청소년 사이버폭력 목격 척도 문항과 하위척도는 매우 적합한 모형으로 판명되었다. 또한, 각 문항에 대한 요인부하량은 .708에서 .930이며 C.R 지수 또한 모두 통계적으로 유의한 수준이었다(p〈.001).

표 2 확인적요인분석 모형 적합도 지수

χ^2	df	SRMR	GFI	AGFI	TLI	CFI	RMSEA
237.732	109	.036	.943	.920	.976	.981	.051

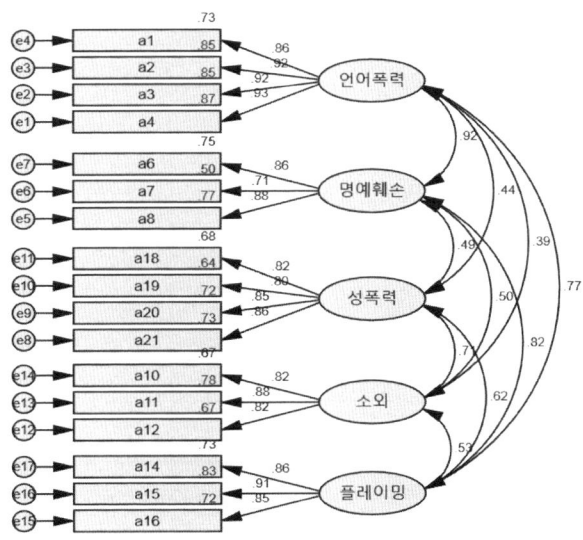

그림 1 확인적 요인분석 모형

준거타당도 분석을 위해 사이버폭력 피·가해 척도와의 상관을 분석한 결과를 〈표 3〉에 제시하였다. 사이버폭력 피해 척도(정여주 등, 2016)와의 상관을 확인한 결과, 두 검사 총점 간의 상관계수는 .614(p<.01)로 유의한 정적 상관을 보였다. 사이버폭력 목격 척도의 하위요인과 피해 척도의 총점 간에 .402~.614(p<.01), 사이버폭력 목격 척도의 총점과 피해 척도의 하위요인 간에 .420~.614(p<.01) 사이의 통계적으로 유의한 상관을 보였다.

다음으로, 사이버폭력 가해척도(정여주, 신윤정, 2020)와의 상관을 확인한 결과, 두 검사의 총점 간 상관계수는 .366(p<.01)의 유의한 정적 상관을 보였다. 사이버폭력 목격 척도의 하위요인과 가해 척도의 총점 간 .218~.366(p<.01), 사이버폭력 목격 척도의 총점과 성폭력 요인을 제외한 나머지 가해 척도의 하위요인 간에는 .179~.417(p<.01) 사이의 통계적으로 유의한 상관을 나타냈다.

표 3 청소년 사이버폭력 목격 척도 준거타당도 분석 결과(n=458)

		사이버폭력 목격 척도					
		전체	언어폭력	명예훼손	성폭력	소외	플레이밍
사이버폭력 피해척도	전체	.614**	.402**	.466**	.487**	.604**	.597**
	언어폭력	.587**	.481**	.560**	.526**	.446**	.424**
	명예훼손	.477**	.280**	.354**	.369**	.488**	.515**
	음란물	.435**	.245**	.249**	.314**	.546**	.426**
	따돌림	.420**	.191**	.230**	.297**	.496**	.559**
	플레이밍	.520**	.299**	.341**	.373**	.562**	.593**
사이버폭력 가해척도	전체	.366**	.218**	.262**	.306**	.394**	.353**
	언어폭력	.417**	.331**	.378**	.402**	.336**	.263**
	명예훼손	.380**	.292**	.331**	.338**	.324**	.292**
	성폭력	0.085	-0.084	-0.054	0.015	.253**	.288**
	소외	.179**	0.030	0.058	0.079	.296**	.335**
	플레이밍	.334**	.184**	.212**	.279**	.400**	.316**

**p<.01

마지막으로, 사이버폭력 목격척도의 교차타당도를 분석하기 위하여 전체 데이터를 무작위 두 집단으로 할당하여 집단 1(n=229)과 집단 2(n=229)로 명명하고, 두 집단 사이에 나타나는 척도의 구조 동일성을 확인하였다. 분석 결과, 두 집단 간 요인부하량이 같은 것으로 제약한 측정 동일성 모형에서 CMIN=5.513(p〉.05)으로 나타나 통계적으로 유의한 차이가 없는 것을 확인하였다. 따라서 두 집단 간 요인구조와 요인부하량이 같은 것으로 볼 수 있었다. 또한, 집단을 학교급별로 중학생(n=216)과 고등학생(n=242)의 두 집단으로 구분하여 집단 간에 나타나는 척도의 구조 동일성을 분석한 결과, 두 집단 간에 요인부하량이 같은 것으로 제약한 측정 동일성 모형에서 CMIN=14.718 (p〉.05)로 나타나 통계적으로 유의한 차이가 없음을 확인하였다. 따라서 본 연구에서 개발한 사이버폭력 목격 척도는 무작위로 나눈 두 집단뿐만 아니라, 중·고등학생 모두에게 사용할 수 있는 척도라고 할 수 있다.

7. 개발된 사이버폭력 목격 척도의 특징

본 연구에서는 청소년 사이버폭력 목격 척도를 개발하기 위해, 기존에 개발되었던 청소년 사이버 폭력의 가해 척도(정여주 등, 2016)와 청소년 사이버폭력 피해척도(정여주, 신윤정, 2020)에서 공통적으로 제안한 5가지 사이버폭력의 세부 유형에 기반하여 언어폭력, 명예훼손, 소외, 플레이밍, 성폭력을 하위유형으로 하는 전체 21개의 예비조사 문항을 설정하였다. 이후, 예비조사 대상 398명에게 설문을 실시한 후 탐색적 요인분석을 진행하여, 언어폭력 4문항, 명예훼손 3문항, 성폭력 4문항, 소외 3문항, 플레이밍 3문항으로 구성된 총 17문항을 최종문항으로 선정하였다. 이어서 최종 17문항과 더불어 준거 타당도 확인을 위해 사이버폭력 피·가해 척도 설문 문항들을 458명 대상에게 실시한 결과 총 5가지 요인으로 구성한 모형이 타당함이 확인되었으며, 청소년 사이버폭력 피해척도, 청소년 사이버폭력 가해척도와 상관분석을 실시한 결과, 모두 유의미한 정적 상관이 나와 준거 타당도 또한 입증되었다. 또, 무작위 두집단 및 중학생과 고등학생 두집단 간의 모형 구조 차이가 없는 것으로 나타나 교차 타당도가 입증되었다. 이렇게 개발한 사이버폭력 목격 척도는 다음과 같은 특징을 지닌다.

1) 하위 구인에 최근 경향의 반영

청소년 사이버폭력 목격 척도의 하위구인으로 나타난 언어폭력, 명예훼손, 소외, 플레이밍, 성폭력의 5가지 요인과 그 하위요인별 핵심 특징은 다음과 같다. 사이버 언어폭력은 특정인에 대한 욕설이나 인신공격성 발언을 하는 행위, 명예훼손은 사실여부와 상관없이 허위사실이나 주로 성적으로 왜곡된 사진 혹은 동영상 등을 유포하는 행위이며, 이 경우 사이버 언어폭력보다 더 공개적인 장소에서 일어나는 행위를 포괄한다(정여주 등, 2016; 정여주, 신윤정, 2020). 사이버 소외는 인터넷 대화방이나 스마트폰, 혹은 인스턴트 메시지 등세서 상대방을 따돌리는 행위로서 떼카(다굴이라고도 하며, 단체 대화방에서 한 사람을 단체로 욕하며 괴롭히는 행위), 카톡감옥(초대해서 괴롭히고 나가면 다시 초대를 반복), 멤놀(멤버놀이 줄임말로, 역할놀이를 제대로 하지 못하는 한 명을 몰아서 비방하고 따돌리는 행위) 등이 이에 해당한다(김소아 등, 2021). 사이버 성폭력은 특정인을 대상으로 불법촬영, 불법촬영물 유포, 디지털 그루밍, 몸캠과 같은 성적 불쾌감을 느낄 수 있는 내용을 인터넷이나 휴대폰을 통해 퍼트리는 행위이며, 사이버 플레이밍은 온라인 공간의 익명성과 개방성을 이용하여 상대방에게 적대적이고 공격적인 반응을 하여 상처를 주는 행위를 말한다(김소아 등, 2021; 정여주 등, 2016). 이에 본 연구를 통해 개발된 청소년용 사이버 폭력 목격 척도는 휴대전화 등 전자매체를 이용하여 온라인 상에서 활동할 때 이러한 다섯가지 사이버 폭력이 일어난 경우를 목격하거나 발견한 경험을 측정하고자 하였다.

국내외 선행연구에서는 아직까지 청소년 사이버폭력 목격 척도를 개발한 경우가 없어 기존 목격 척도의 하위구인과 비교할 수는 없으나, 피해 및 가해 경험을 살펴본 선행연구들과 비교를 해보면 이러한 하위구인이 매우 타당하다는 것을 알 수 있다. 국내외 선행 연구자들은 사이버폭력의 주요 하위요인을 언어폭력, 명예훼손, 소외, 플레이밍, 성폭력 등으로 구분하고 있다. 또한 본 연구에서 준거타당도를 확인하기 위해 사용한 청소년 사이버 폭력의 가해 척도(정여주, 신윤정, 2020)에서도 언어폭력, 명예훼손, 성폭력, 소외, 플레이밍의 동일한 5개 하위척도를 두고 있으며, 청소년 사이버폭력 피해척도(정여주 등, 2016)에서도 언어폭력, 명예훼손, 플레이밍, 음란물, 따돌림의 5개 하위척도를 두고 있어 본 척도에서 설정한 하위변인과 상당히 유사하다는 것을 확인할 수 있다.

2) 사이버폭력 목격 측정의 용이성

기존의 사이버폭력 관련 해외척도들을 살펴보면 사이버폭력 자체를 피해와 가해라는 하위변인으로만 나누어 경험을 살펴보고 있으며(정여주 등, 2016; Ybarra & Mitchell, 2004), 사이버폭력 목격을 측정한 경우는 없었다. 또, 사이버폭력 피해와 가해 경험 내에서도 세부적인 하위유형별 경험을 측정한 경우는 거의 없었다. 반면, 본 연구에서는 사이버폭력을 직접적으로 당하거나 가한 피해와 가해 경험만이 아니라 사이버폭력이 발생한 상황 속에서 간접적으로 목격만 한 청소년들을 그 하위 유형별로 살펴볼 수 있는 척도가 구성되었다. 이는 앞으로 사이버폭력을 목격한 청소년들이 목격한 내용이 무엇인지에 따라 받는 영향이 달라질 수 있다는 부분을 확인하는 후속 연구들을 위해 구체적으로 적용될 수 있는 부분이라고 볼 수 있다.

3) 사이버성폭력 경험 측정

본 연구에서 개발한 척도에서는 사이버폭력 중 성폭력을 목격한 학생들이 경험하는 내용을 구체적으로 확인할 수 있도록 성폭력 부분을 5개 하위 요인 중 하나로 넣었다는 데에 큰 의미가 있다. 사이버 성폭력은 실제로 당한 청소년들 뿐만 아니라 이를 옆에서 지켜본 청소년들에게도 매우 큰 부정적 영향을 미칠 수 있다. 최근 n번방 사건 관련 뉴스에 노출된 성인들이 높은 수준의 간접외상을 겪었으며 세상에 대한 신념이 바뀌었다는 것을 밝힌 김차영과 박혜경(2021)의 연구를 살펴볼 때, 사이버 성폭력을 목격한 청소년들을 잘 판별하여 부정적 영향에 대한 개입을 해나갈 필요가 있다. 따라서 본 연구에서 개발한 목격 척도의 사이버 성폭력 목격을 측정하는 하위변인은 이러한 개입의 초석을 마련할 수 있다.

4) 높은 수준의 신뢰도

본 연구에서 개발한 척도는 17개의 최종 문항 신뢰도가 .945였으며, 하위요인별 신뢰도가 언어폭력 .949, 명예훼손 .856, 소외 .877, 플레이밍 .905, 성폭력 .899로 나타나 높은 수준의 신뢰도를 확보하고 있다. 이는 최근 발표된 청소년 사이버 폭력의 가해 척도(정여주, 신윤정, 2020)에서 전체 신뢰도가 .929, 언어폭력 .949, 명예훼손 .845, 소외 .859, 플레이밍 .713, 성폭력 .939로 나타난 것과 비교해 볼 때, 전체 신뢰도 및 명예훼손, 소외, 플레이밍에 있어서 더 높은 신뢰도를 보이고 있어 의미가 있다. 그 외에도 해외에서 개발된 사이버폭력 가해 척도의 신뢰도가 Ybarra와 Mitchell(2004)의 연구에서 .79, Menesini 등(2011)의 연구에서 .72로 나타났었고, 사이버폭력 피해 척도의 신뢰도도 Ybarra와 Mitchell(2004)의 연구에서 .79, Huang과 Chou(2010)의 연구에서 .90, Menesini 등(2011)의 연구에서 .72로 나타난 것과 비교할 때에도 매우 높은 수준의 신뢰도임을 확인할 수 있다.

5) 높은 수준의 타당도

다섯째, 본 연구에서 개발한 척도의 5개 하위 구인에 대한 구인타당도는 TLI, CFI, SRMR, RMSEA가 각각 .976, .981, .036, .051로 나타났다. 관련 전문가들이 GFI, NFI, CFI, TLI가 .90이상이고, RMSEA는 .08이하, SRMR이 .05이하이면 좋은 모형인 것으로 제안한 기준을 토대로 볼 때, 본 연구에서 개발한 척도의 하위구인 모형은 좋은 모형인 것으로 확인할 수 있으며, 최근 개발된 가해 척도(정여주, 신윤정, 2020)의 구인타당도 NFI, IFI, TLI, CFI, RMSEA가 .979, .983, .975, .983, .052로 나타난 것과 비교할 때에도 목격 척도의 구인타당도가 괜찮은 수준임을 알 수 있다.

8. 앞으로의 척도 사용과 연구 방향

본 연구의 의의는 다음과 같다. 먼저, 본 연구는 중학생과 고등학생이 사이버폭력을 목격한 경험이 얼마나 되는지, 또 이러한 목격 경험이 어떤 영향을 미치는지를 연구하는 데 사용할 수 있는 청소년 사이버폭력 목격 척도를 국내에서 처음으로 개발했다는 데에 가장 큰 의의가 있다. 특히, 사이버 폭력 목격 경험을 사이버폭력 가·피해 경험과 함께 동일선상에서 비교하면서 살펴볼 수 있도록, 이미 개발된 사이버 폭력 가해와 피해 척도들과 하위구인을 동일하게 구성한 사이버폭력 목격 경험 척도라는 점에서 주요 의의가 있다. 다음으로, 사이버폭력 목격 청소년들이 겪는 어려움을 이해하고 그들에게 적절한 상담 및 교육적 개입을 제공을 위한 근거자료로서 유용하게 사용될 수 있는 척도라는 점에서 의미가 있다. 사이버폭력은 피해 및 가해를 직접적으로 경험한 사람들 뿐만 아니라 목격하는 것

자체만으로도 트라우마가 생길 수 있으며, 전통적인 학교폭력에 비해 목격한 청소년들이 어떻게 대응하고 행동해야 하는지를 잘 몰라 더 혼란스러워하기에 이에 대한 개입이 시급하다고 볼 수 있다. 본 연구에서 개발된 목격 척도는 이러한 개입을 더 선제적으로 할 수 있도록 도와준다는 점에서 의미가 있다.

구체적으로 사이버폭력 목격척도를 통해 알게 된 목격 행동의 특징을 바탕으로 제안될 수 있는 대처 방안들은 다음과 같다. 첫째, 사이버폭력 목격을 하였을 경우, 무관심이나 무대처는 단순한 방관 행위가 아닌 넓은 의미에서 가해행동이 될 수 있음을 강조할 필요가 있다(김소아 등, 2021). 사실 사이버 폭력은 온라인상의 활동으로 많은 시간을 보내는 학생들이 일상적으로 손쉽게 목격할 가능성이 높으며, 이에 대수롭게 생각하지 않게 생각하거나 그냥 외면하고 지낼 가능성이 높다. 따라서, 사이버 폭력을 목격하였을 때, 익명성에 기대어 가해 행동에 동조하거나, 자료를 캡처하여 자신의 SNS에 공유하는 등 전파에 동참하거나, 가해 행위를 부추기는 행동은 물론이고 가만히 지켜보는 행위도 모두가 넓은 의미의 가해행동임을 인식시킬 필요가 있다.

둘째, 피해학생이 눈앞에 있지 않기 때문에 비인간화를 하여 공감을 덜 할 가능성이 높으므로, 이들에 대한 공감역량을 강화하는 노력을 기울일 필요가 있다(김소아 등, 2021). 인터넷 상에서 대수롭지 않게 여긴 사이버폭력 행위가 피해 학생에게는 학교생활을 비롯 일상생활을 영위하기 어려울만큼의 대인기피행동과 정신건강상의 어려움을 야기하며, 극단적인 경우 자살이나 타살 등 생명을 위협하는 행위까지 이어질 수 있음을 강조하며, 내 마음만큼 타인의 마음을 돌보고 타인의 입장에서 생각해보는 공감 혹은 연민 능력 향상을 위한 교육을 제공할 필요가 있다.

마지막으로, 학생이 스스로 안전하다고 느껴지는 범위 내에서 적극적인 피해자 옹호 행동을 취할 필요가 있으며 그 방법을 알려줄 필요가 있다. 일예로, 익명성이 보장되는 대부분의 포털 SNS에 있는 신고 기능을 활용하여 신고하고, 가해 행위에 대한 비동의를 적극적으로 표현하거나, 가해 행동이 법적 처벌을 받을 수 있는 행위라는 사실을 공유하는 등의 행동 중 하나를 선택할 수 있다(김소아 등, 2021). 단, 이 중 신고나 비동의 의사를 밝히거나, 적극적으로 가해자에게 대항하는 행동을 한 이후 이들 또한 사이버 폭력의 또다른 피해자가 될 수 있기 때문에, 부모, 교사 등 보호자에게 이 사실을 알리고 보호자들은 최대한 이들의 신상이 드러나지 않도록 보호하는 절차와 행동을 취할 필요가 있다.

한편, 본 연구의 제한점 및 후속 연구를 위한 제언은 다음과 같다. 전통적인 학교폭력의 주변인을 구분할 때는 적극적인 방어자, 방관자 등의 주요 특징별로 구분하고 있으며, 사이버폭력의 목격자 유형을 동의표현형, 전파형, 동조행동형, 비동의표현형, 신고형, 방어행동형으로 구분할 수 있다(정여주, 2021)는 의견이 존재한다. 그러나 본 연구에서 개발한 청소년 사이버폭력 목격 척도는 이러한 목격자의 행동 유형을 고려하지는 않고 어떤 내용을 목격했는가에 초점을 맞춰 구성된 척도이다. 따라서 후속 연구에서는 목격한 내용 중심이 아닌 목격한 후 보인 행동에 초점을 맞춰 측정할 수 있는 척도 또한 개발되어 목격행동 유형을 구분하여 목격행동을 일으키는 원인이 무엇인지를 살펴보는 연구가 진행될 필요가 있다. 또, 본 연구에서 진행된 예비조사 결과 분석에서 언어폭력과 명예훼손이 통계적으로는 하나의 요인으로 묶여서 나타났으나, 김소아 등(2021)의 연구에서 이를 분리시키지 않고 있으며, 지금까지 사이버폭력의 유형을 정의한 많은 학자들이 이를 구분하고 있고, 기존의 가해와 피해 척도에서도 언어폭력과 명예훼손을 구분하여 제시하고 있다는 점에서 연구자들은 이 두 개의 하위척도를 분리하기로 결정하였다. 앞으로의 연구에서는 명예훼손의 요소와 언어폭력의 요소가 피해, 가해, 목격에서 모두 제대로 구분할 수 있는 요인인지, 청소년들이 이를 구분해서 경험하고 있는지를 면밀히 살펴보고 청소년 사이버폭력의 유형을 좀 더 정교화할 필요가 있다.

참고문헌

교육부(2020). 2020년 학교폭력 실태조사 결과 발표 보도자료. http://moe.go.kr/boardCnts/view.do?boardID=294&boardSeq=83315&lev=0&searchType=null&statusYN=W&page=1&s=moe&m=020402&opType=N.

김소아, 전인식, 이선호, 손요한, 정여주, 신태섭, 구찬동(2021). *청소년 사이버폭력 가이드라인 연구*. 한국교육개발원.

김차영, 박혜경(2021). n번방 사건에 관한 뉴스 노출과 세상에 대한 신념의 관계: 간접 외상의 매개 효과를 중심으로. *한국심리학회지: 문화 및 사회문제* 27(3), 237-258.

정여주(2021). *청소년 사이버폭력 문제와 상담*. 서울: 학지사.

정여주, 김동일(2012). 청소년 사이버폭력 피해 경험과 정서조절. *상담학연구* 13(2), 645-663.

정여주, 김한별, 전아영(2016). 청소년 사이버폭력 피해 척도개발 및 타당화. *열린교육연구* 24(3), 95-116.

정여주, 두경희(2015). 사이버폭력 가해자의 공감능력이 인터넷 댓글쓰기로 나타난 공격성 수준에 미치는 영향. *상담학연구* 16(1), 31-50.

정여주, 신윤정(2020). 청소년 사이버폭력 가해척도 개발 및 타당화. *학습자중심교과교육연구* 20(23), 1453-1473.

정여주, 신윤정, 이도연(2022). 청소년 사이버폭력 목격 척도 개발 및 타당화. *문화와융합* 44(1), 509-534.

Olweus, D.(1993). *Bullying at School: What we know and what we can do*. Malden, MA: Blackwell.

Willard, N.(2006). *Cyberbullying and cyberthreats: Responding to the challenge of online social cruelty, threats, and distress*. Eugene, OR: Center for Safe and Responsible Internet Use.

Ybarra, M. L., & Mitchell, K. J.(2004). Youth engaging in online harassment: Associations with caregiver-child relationships, internet use, and personal characteristics. *Journal of Adolescence* 27, 319-336.

● 이 장은 문화와융합 학술지 44권 1호에 실린 필자의 논문(신윤정, 정여주, 이도연, 2022)을 바탕으로 재구성되었다.

08장

공동주택에서의 이웃 간 층간소음 해결책은 무엇인가?

1. 공동주택 주거문화, 함께 살아가는 해법

현대사회는 과거 단독주택이 주요 형태인 시기와 달리 아파트와 같은 공동주택이 늘어나면서 둘 이상의 세대가 벽이나 천장을 공유하고 살아간다. 2018년 인구주택 총조사에 따르면 2000년 이후 공동주택의 비율이 단독주택 비율을 앞서기 시작했으며, 현재 전국 주택 중 아파트와 연립/다세대를 합한 공동주택의 비율은 약 76%로 조사됐다. 대한민국은 좁은 국토면적과 높은 인구밀도로 공동주택 위주의 주거문화가 크게 발달해 있고, 이로 인해 층간소음 문제가 다른 국가들에 비해 문제화 될 수밖에 없는 형태를 지니고 있다. 멀리 살고 있는 친인척보다 가까이에서 자주 보는 사람이 더 친근한 이웃을 두고 이웃사촌이라 하는데 요즈음 이러한 이웃사촌이 층간 소음문제로 서로 심각한 분쟁으로 갈등을 빚고 심한 경우 살인까지 저지르는 상황에 이르게 되어 심각한 사회적 문제가 되고 있다. 공동체 안에서의 이웃 간의 갈등은 어디서나 존재하지만 이를 공동체 의식에 대한 이해로서 사회문제를 줄일 수 있다. 층간소음 문제는 단순히 이웃 간의 사소한 다툼을 넘어 법적 분쟁으로까지 확대되고 있는 추세

이며(신형석, 2014), 층간소음으로 인한 분쟁발생은 폭력적인 형태로 빈번하게 발생되고 있다. 더 나아가 우발적인 살인과 같은 충동적 강력범죄를 유발하는 등 더불어 살아가야 할 공동주택에서 발생하는 층간소음 문제는 시급히 해결해야 할 사회문제로 대두되고 있다.

최근 코로나 19로 가정에서 머무는 시간이 늘어나고 있고 재택근무나 온라인수업으로 일상의 변화를 맞게 됨에 따라 공동주택의 문제는 더 심각해지고 있다. 정부 기관의 주체인 이웃사이 센터 자료에 따르면 2020년 5월 층간소음 분쟁건수는 2,250건으로 2019년 5월(1,067건)보다 2배가량 늘었다. 더욱이 이들 중 54%는 층간소음 때문에 이웃과 다툰 경험이 있다고 하였다. 설문조사 결과, 층간소음이 스트레스로만 끝나는 것이 아니라 이후에는 폭력, 살인, 방화로 이어지는 범죄의 원인이 될 여지는 충분하고, 실제 이러한 심각한 범죄가 상당히 일어나고 있다(국가소음센터, 2017).

우리사회에서 층간소음이란 사회문제에 대해 단순히 공동주택의 건축기술적 측면을 넘어, 공동체 사회에서 살아가는 구성원의 일상생활 측면에서 바라볼 필요가 있다. 지금까지 전통적으로 문제해결을 위해 추진해 왔던 기술적, 제도적 접근의 해결방안의 폭을 넓혀 사회의 다양한 현상들을 보다 근본적인 방안으로써 교육과 태도의 측면까지 확장시킬 필요가 있다.

이와 같이 본 연구는 우리 사회의 관계성 회복과 이해의 변화를 구축함으로써 주거환경의 질을 향상시키는 노력의 일환으로 추진되었다. 우리 사회가 요구하는 공동체적 삶의 주체인 각각의 거주민이 사회의 구성원으로서의 층간소음에 대하는 태도와 방법에 대해 집중함으로써, 층간소음이라는 사회문제를 어떻게 해결해 갈 수 있을까?

이에 대한 해법을 찾기 위해 공동주택에 거주민을 대상으로 층간소음의 피해에 대해 주관적 경험을 있는 그대로 기술하고자 한다. 층간소음 경험이 있는 참여자를 대상으로 그들의 경험에 대해 개별 면담을 통해서 그들의 살아있는 경험의 본질과 의미를 밝히는 데 초점을 두고 있다.

공동주택 층간소음을 경험한 9명을 참여자의 일반적인 특성은 다음과 같다.

표 1 참여자의 일반적인 특성

연구 참여자	성별	연령/ 결혼형태	거주 기간	가족관계	직업	피해 유형
참여자1	여	43/기혼	13년	남편, 딸11세, 딸 9세	사회복지사	피해↔ 가해
참여자2	여	46/기혼	9년	남편, 딸 20, 아들 18	사회복지사	가해↔ 피해
참여자3	남M 여W	48/주말부부	10년	남편, 아들 20세, 아들 17세	자영업	가해
참여자4	남	40/기혼	3년	아내, 딸 10세, 아들 7세	근로자	피해↔ 가해
참여자5	남	40/미혼	2년	본인	근로자	피해
참여자6	여	42/기혼	5년	남편, 딸 14세, 아들 12세	학습지 교사	가해
참여자7	여	45/기혼	10년	시아버지, 남편, 아들 10세, 딸 8세	전업주부	피해↔ 가해
참여자8	남	45/기혼	7년	아내, 딸 11세	2교대 근무	피해
참여자9	남	40/주말부부	3년	아내, 딸 9세, 아들 8세	소방관	피해

* 참여자 3의 경우 부부가 참여하여 남편은 참여자 3M, 아내는 참여자 3W로 함.

연구 참여자들에 대한 면담에 활용한 질문은 다음과 같다. 층간소음의 경험은 어떠한가?

2. 층간소음을 경험한 참여자들의 개별적 이야기

1) 연구 참여자 1의 개별적 경험

참여자 1은 40세(여) 사회복지사로 4인 가족이다. 공동주택에 거주하게 되면서 피해와 가해의 경험을 반복한다. 결혼 전에는 단독주택에 거주했는데 그 당시는 소음에 대해 인식하지 못하고 살아왔다. 하지만 결혼하고 나서 출산한 후 아이를 재우는데 위층의 소리로 인해 잠을 깨는 경우가 많아 위층에 여러 번 올라가 항의하게 된다. 그 뒤 위층과 데면데면한 사이가 되고 위층은 이사를 가게 되었다. 이웃과 관계를 개선시키기 위해 첫 아이가 돌이 지나 걸을 때 우선 아래층에 먹을 것을 사가지고 내려가 참여자 1의 가정에 대한 상황을 이해시키고 양해를 구한다. 이웃에게 먼저 인사도 하고 이웃에게 관심을 보이려고 노력한다. 둘째를 출산하고 난 뒤 아래층과 누수문제가 발생되는데 아래층에서 항의하지 않고 조용히 설명해주시며 해결한 적을 떠올리며 그 때를 생각하면 존중받고 배려받은 느낌이라고 한다.

2) 연구 참여자 2의 개별적 경험

참여자 2는 46세(여)의 전업주부로 4인 가족이다. 공동주택에 거주하게 되면서 가해와 피해의 경험을 반복한다. 아이가 걸어 다닐 무렵 아래층에서 아이의 걸음 소리가 울린다면서 자꾸 올라와 인터폰을 눌렀을 때 극심한 스트레스를 경험하게 된다. 돌이 막 지난 아이의 걸음걸이가 그렇게 울릴까 생각했다. 참여자 2는 하루가 멀다 하고 올라오는 아래층 세대주 때문에 둘째를 낳고 바로 이사를 간다. 이사 가서 가장 먼저 한 일은 이웃에게 떡을 돌리며 인사를 하고 가정에 대한 상황을 알려주었다. 그리고 집에 매트리스를 두껍게 깔고 아이에게 소음에 대한 주의를 교육하고 놀 때는 놀이터에서 놀 수 있게 하였다. 아래층에서는 다행히 아이가 어려 뛸 수 있음을 이해해주셔서 편하게 아이를 키울 수 있었다고 한다. 참여자 2는 자녀들에게 위층에서 나는 소리에 대해 너희가 어릴 땐 더 심했다고 말해주며 이해시키려고 한다.

3) 연구 참여자 3M 과 참여자 3W의 개별적 경험

참여자 3M(48세, 남)과 참여자 3W48세(여)는 자영업에 종사하고 부부가 면담에 함께 참여했다. 공동주택에 거주하면서 피해 가해경험의 반복이다. 참여자 3W가 어린아이를 재우려고 할 때 소음으로 인해 아이가 잠에서 깼다. 참여자 3M은 위층으로 올라가 인터폰을 눌렀다. 위층 세대주는 화가 난 참여자 3M에게 차 한 잔 하자며 집으로 초대했는데 그 집을 보니 매트가 깔려 있었고 아이에게 주의를 주는데도 맘대로 안 된다고 말씀하시는 이야기를 들었다. 그래서 참여자 3M의 화가 난 마음이 조금 나아졌다. 그 뒤 아래층에서 올라오면 우리 집 사정을 이야기 해주려고 노력했다. 참여자 3W는 안방과 거실 그리고 아이들 방에 매트를 두껍게 깔고 소리가 나지 않도록 아이들에게 주의를 주기도 한다.

4) 연구 참여자 4의 개별적 경험

참여자 4는 40세(남) 근로자이며 4인 가족이다. 공동주택에 거주하면서 피해경험을 가지고 있다. 참여자 4는 주야간 근무로 인해 집에 돌아와 휴식을 취하려고 하면 위층에 어른의 발 망치 소리로 인해 수면에 방해를 받은 적이 많아 서로 조심 좀 해달라고 부탁을 했지만 나아진 것이 없다. 위층에 인터폰을 해도 안 받고 경비실도 소용없어서 경찰에 신고를 하게 된다. 그럼에도 불구하고 변화되지 않아 이웃과의 관계는 몸싸움으로 이어지고 결국 위층의 이기적인 태도에 실망과 좌절을 경험한다. 참여자

4는 이웃과 마주치지 않으려고 위층 세대주가 근무하는 집 앞 마트도 가지 않고 멀리 있는 마트를 이용한다. 그럼에도 불구하고 마지막으로 용기를 내서 이웃에게 실내 매트나 실내화를 신어달라고 부탁해보지만 받아들여지지 않고, 결국 이사를 선택하게 된다.

5) 연구 참여자 5의 개별적 경험

참여자 5는 40세(남) 근로자이며 1인 가족으로 미혼이다. 공동주택에 거주하면서 위층으로부터 피해경험을 가지고 있다. 하루는 위층에서 자정 가까운 시간에 들리는 소음에 참을 수 없어 위층으로 올라갔다. 평소 소심하고 말이 없다고 주위에서는 참여자 5를 겁쟁이라고 부른다. 참여자 5는 화가 난 상태로 위층에 올라가서 인터폰을 눌렀을 때 할머니가 들어와 차 한 잔 하라고 하였다. 화가 난 상태였지만 차 한 잔 하면서 이야기를 하니 올라왔던 화가 다소 진정이 되었다. 차 한 잔 하면서 위층에 가구 구조를 보게 되었고 소음의 정체가 조금 이해가 된다. 단지 위층뿐 아니라 소음이 위층 옆집에서도 발생된다는 사실을 알게 된다. 참여자 5는 이웃이 더 이상 변화 의지가 없는 것을 알고 이사를 하게 된다.

6) 연구 참여자 6의 개별적 경험

참여자 6은 42세(여) 학습지 교사이며 4인 가족이고 결혼 후 지금까지 주말부부로 살고 있다. 공동주택에 거주하면서 아래층으로부터 스트레스를 강하게 경험하고 있다. 참여자 6의 경우 일과 자녀양육을 동시에 해야 하므로 저녁 늦은 시간에 청소를 하게 되는데 이웃에게 미치는 소리의 영향에 대해 생각하지 못할 만큼 일상생활을 힘들게 살고 있다. 아래층에서 자정이 넘는 시간 올라와 조용히 하라고 말하지만 나름대로 아이들에게 주의를 주고 있는데 항의를 하니 기분이 나쁘고 상처로 남는다. 주말에 남편이 오자 그간의 사건을 이야기 해주어 남편이 아래층으로 내려가 심한 다툼이 있었고 112에 신고하게 되었다. 이후 아래층과 이웃관계는 욕과 반말을 하는 사이가 되었다. 참여자 6은 결국 이사를 갔다.

7) 연구 참여자 7의 개별적 경험

참여자 7은 45세(여) 전업주부로 5인 가족이다. 공동주택에 거주하면서 피해와 가해경험을 가지고 있다. 참여자 7은 층간소음 때문에 남편은 위층으로 올라가서 이야기를 했지만 되돌아오는 것은 보복성의 소리로 돌아왔다. 이렇게 이웃과 관계가 불편해지기 시작해서 몸에서 사리가 나올 정도로 참고 참으며 살아갔다. 참여자 7은 동네 주민으로부터 위층의 사정을 알게 되었고 위층에서 나는 소리도 수용이 되기 시작했다. 하지만 또 다른 국면을 마주하게 되는데 자녀를 출산하여 아이가 걸음마 할 때 아래층에서 올라와 항의를 했는데 그렇게 크게 울릴까 의문이 갈 정도이다. 아래층은 같이 친하게 지냈는데 소리에 대한 이해를 해주지 않는 이웃에 대해 몸서리 칠 정도로 싫은 감정을 경험한 후 이사를 간다. 지금도 그 때 일은 트라우마로 남는다.

8) 연구 참여자 8의 개별적 경험

참여자 8은 45세(남) 근로자로 3인 가족이다. 공동주택에서 거주민으로 피해경험을 가지고 있다. 자녀가 어릴 때는 잠을 잘 자지 못하고, 저녁 10시 이후에 겨우 잠이 드는 시간인데 위층에서 뛰는 소리가 들려 아이가 잠을 깨고 너무 화가 나서 참다가 올라갔다. 위층에 올라가 초인종을 눌러 정중하게 인사를 드리고 사정을 이야기한 후 양해를 부탁드렸다. 그런데 위층에 반응은 우리 집인데 무슨 상관이냐며 기분 나쁘다는 반응으로 대했다. 이후 이웃관계는 서로 불쾌한 감정이 쌓인 상태로 서로와의 관계를 더 멀게 만들었다. 결국 이사를 가게 되었고 이사를 간 후에는 아래층을 제일 먼저 찾아갔고 시골에서 가져온 음식(감자, 배추, 고구마 등)을 나누어 먹으려고 인사하러 갔는데 아래층은 자기네도 있다면서 거절했다. 그리고 아래층과의 왕래는 단절된다.

9) 연구 참여자 9의 개별적 경험

참여자 9는 40세(남) 공무원으로 4인 가족이다. 공동주택에서 거주민으로 피해경험을 가지고 있다. 아내는 자주 참여자 9의 성격을 불같다고 표현한다. 위층에서 쿵쿵 어른의 발 망치소리를 참고 참다가 여러 번 올라가 주의를 주고 내려왔다. 그 때마다 위층의 반응은 기분이 나쁘다는 반응을 보이며 일부러 발 망치 소리를 더 크게 냈고 이에 격분한 참여자 9는 결국 몸싸움을 하게 되었고 112에 신고까지 하게 된다. 신고로 인해 이웃과 관계가 자칫 보복이나 살인까지 이어질 수 있음을 생각하고 먼저 사과를 하는 경험이다. 평소 이웃이 어디에서 장사를 하고 있는지 알았다가 찾아가게 되었고 진심으로 사과하면서 이웃의 사정을 알게 되었다. 이후 늦은 시간 소리에 대한 이해가 되기 시작했고 위층 또한 서로 배려하며 살게 된다.

3. 참여자의 공통적 경험에 대한 이야기

1) 공동체 의식 부족의 갈등요인

최근 층간 소음으로 생긴 사건 사고는 공동주택 거주민들의 공동체의 어두운 측면이다. 아래층은 직접적 피해자로서 휴식을 방해하고 수면장애와 스트레스 등에 시달리고 있다. 위층 역시 원치 않은 가해자가 되어 아래층에서의 항의를 받아 활동이 위축되고 정신적 스트레스를 겪게 된다. 공동주택에서 위 아래층에 살고 있는 사람들은 가장 가까운 이웃이다. 가까운 이웃이지만 위 아래층에 누가 사는지 그 집 사정은 알지 못한다. 이웃과의 왕래가 없어 사정을 모르기 때문에 갈등이 촉발되기도 한다. 공동주택 안에서 공동체 형성에 서로 이해하고 소통하기 위해 노력하는 성숙한 공동체 의식 회복이 필요하다. 이를테면 층간소음이 가장 많이 발생하는 시간인 심야 시간과 저녁 그리고 이른 새벽에 활동을 자제하면서 살펴야 하지만 '내 집에서 내가 하는데'라는 개인주의의 사고로서는 갈등은 지속될 수밖에 없다. 이웃 간 소통은 타인에게 상처를 주지 않는 것을 넘어 배려하고 존중하는 것을 의미한다. 우리에게 지금 필요한 것은 이웃 간의 배려와 존중을 통한 소통이다.

> 애기가 뛰어 놀 수 있는 시간까지는 저희도 참고 신경을 안 쓰는데 10시 11시 12시가 넘어가면 민감해지기 시작하더라고요. 평상시에 밤에 10시가 넘어지면 조금 시끄럽기는 하나 생각하기는 하죠. 그 말을 듣고 나니 더 신경이 예민해지고 신경이 써지더라고요(참여자 2).

> 애를 재웠는데, 아기가 자꾸 일어나 울고 그래서 잠옷에 겉옷만 걸쳐 입고 쫓아갔어요. 11시 30분에서 12시 사이였던 것 같아요. 그랬는데 대문이 열어져 있었어요. 그래서 사람이 웅성웅성 나와 있었고 그래서 제가 엘리베이터를 한 층을 타고 올라갔더니 사람들이 다 '흠칫' 하는 거예요. 제가 잠옷에 겉옷만 카디건만 걸치고 이제 '터벅터벅' 갔어요. 사람들이 다 쳐다보시더라고요(참여자 1).

> 아이가 2살이잖아요. 저녁까지 놀고 9시 10시까지 놀고 잠을 재운단 말이에요. 잠을 재우는데 10시 11시에 위에서 '쿵! 쿵! 쿵! 쿵!' 하면서 계속 그러는 거예요. 하루 이틀 저희 같은 경우 바로 가서 하기에는 예의

상 그런 거 같고 인사 정도만 하고 지냈거든요. 그냥 올라가면서 안녕하세요? 이렇게 했는데 그게 계속 심하더라고요. 그렇게 하더라고요. 조금씩 화가 나가지고 한번은 어느 날 그날은 12시 다 되었을 거예요. 또 그러더라고요. 아이하고 안사람은 자고 저 혼자 있는데 안 되겠다 싶어서 올라갔죠 (참여자 9).

2) 일상생활의 갈등요인

일상에서 우리가 무심코 한 행동들이 공동주택의 이웃에게는 큰 소음과 스트레스로 느껴질 수 있다. 가장 흔하게 발생하는 층간소음의 유형은 '발 망치'로 불리는 아이들 뛰는 소리가 층간소음의 가장 큰 문제로 갈등의 요인이 되고 있다. 아이들이 뛰는 소리에 버금가는 어른이 뛰는 소리는 이웃에게는 큰 피해를 줄 수 있다. 왜냐하면 어른은 주의를 기울이면 충분히 소리를 내지 않을 것이라는 생각 때문이다. 또한 심야 시간에 세탁기와 청소기를 사용하거나 악기(피아노)를 연주하는 행위도 이웃에게는 소음이 되어 갈등 요인이 될 수 있다. 게다가 최근에는 야간에 반복적인 소음을 주는 안마기나 러닝머신을 사용하는 경우까지 더해져 불편을 호소하는 분들은 더욱 많아지고 있다. 이외에도 망치질 소리와 가구, 가전 등을 옮기면서 발생하는 소리 등도 장시간 지속되면 이웃들의 편안한 휴식을 방해하는 소음이 될 수 있어 이로 인해 스트레스를 받고 있다.

아이 한 명 소리보다는 실질적으로 어른에 발소리가 더 큰 것 같더라구요. 어른의 발소리가 더 크게 느껴지고 좀 더 좀 더 기분이 나쁜 건 어른은 조심하면 되는데 어른이 같이 뛰는 것 같은 느낌 같이 놀아주고 뭘 하는지 모르는데 그리고 짐 옮길 때 소리 이런 거 어른의 부주의로 인한 소리가

> 더 많이 신경이 쓰이더라고요(참여자 2).
>
> 어르신 '쿵!쿵!쿵!쿵!'거리는 소리는 거슬려요. 왜냐하면 제 심리 속에는 애들은 그걸 모르니까 그냥 뛰잖아요. 그런데 어른들은 이 층간소음이라는 것을 알면서도 '쿵!쿵!쿵!쿵!'거리니까 제가 더 화가 나는 거예요. 이게 분명히 어른이라 제어 가능한데 조심할 수 있는데 조심안하고 '쿵!쿵!쿵!쿵!'하니까 거기에서 화가 확 올라오는 것 같아요(참여자 7).
>
> 이상하게 새벽 6시 조금 지나면 그 문 닫히는 소리가 꽝 소리가 여러 번 나요. 그 때 작년에는 고 3수험생도 있었고 했기 때문에 서로 조금 예민했을 수도 있는데 바람에 문 닫는 소리가 많이 났고 아침시간에 많이 났고 저녁시간에도 늦게 까지도 뛰었는데 아침 새벽시간에 근데 둘째가 중3에서 고1 올라가는 과정에서 공부를 독서실에서 할 때도 있지만 안 될 때도 그거는 공부한다고 집에서도 할 때가 있는데 애기가 많이 뛰니까(참여자 5).

3) 스트레스를 유발하는 갈등요인

스트레스는 심리적 안정과 밀접한 연관이 있다. 연구 참여자들은 개인의 생활환경이 건강에 취약한 상태에서 스트레스를 유발하게 되어 이웃 간의 갈등을 야기하는 요인에 대해 말한다. 암과 스트레스를 말하는 참여자 5번, 건강이 좋지 않을 때 소음은 스트레스를 가중하는 요인이라고 말하는 참여자 5번의 경험은 모두 심리적 신체적 건강과의 연관성을 이야기하고 있다. 개인마다 스트레스를 받는 소음의 크기가 다를 수 있지만, 보통 50~60dB의 소음에 노출되면 스트레스 호르몬이 나오고 혈압을 비롯해 혈중지질농도나 심장 박출량, 심혈관 수축을 유발해 질환으로 발전할 수 있다고 이관용 서울성모병원 순환기내과 교수는 말한다. 더욱이 개인의 건강 상태에 따라 스트레스 양이 달라지고 그로 인한 갈등 요인들은 다양하게 나타나고 있다.

> 아버님이 치매가 걸려서 한 번씩 말썽을 부려 놓아요. 저 같은 경우에는 아버님을 잘 모셔야 된다는 생각을 해요. 하지만 현실에서는 미운 짓을 하니까 잘 모시지 못할 상황이 되고 계속 부딪히잖아요. 제 안에서도…… 되게 예민해요. 제가 지금 갱년기기 때문에 체력도 안 좋고 몸이 안 좋고 평상시에는 예전보다 예민하거든요(참여자 7).
>
> 암 치료 받고 스트레스 받았는지 아니면 병간호 하시면서 할머니 스트레스를 받았는지 모르겠지만 그 스트레스 해소 방안으로 하나로 소음으로 꼽았고 위에서 오고 가는 것이 본인들의 해소 나름으로만 생각했다고만 드는 거죠(참여자 5).
>
> 그 윗집 엄마가 자꾸 이불을 털고 막 문을 못 열어놓게 되는 상황이고? 막 이런 상황들? 그래서 남편이 첫 집에는 한두 번? 올라갔고 그 다음 이사 온 그 집은 고성방가에 제사에 대소사가 많은 집이었는데 그때는 제가 출산을 했었기 때문에 더 예민했었던 것 같고 그리고 그 집은 그렇게 갔었죠(참여자 1번).

4) 협상으로 층간소음 문제해결 시도

공동주택은 이웃에 대한 배려와 이해가 기본적으로 필요한 곳이다. 우선 공동주택 거주민이 잊지 않아야 할 것은 이웃과 함께 살고 있다는 것이다. 내 집이라는 의식이 확고하게 굳어져 생활할 때 이웃 간의 갈등은 줄어들지 않을 것이다. 역지사지(易地思之)하는 입장에서 이웃끼리 소통하고 배려하는 공동체의식을 갖는 것이 층간소음 문제해결의 실마리가 된다.

어느 매스컴에서 한 석좌교수의 일화를 소개한 내용이 기억난다. 층간소음으로 시달리던 그는 어느 날 우연히 놀이터에서 윗집 아이를 만나게 되었고, 어떻게 하다 이런저런 얘기를 나눈 적이 있었다고 한다. 그 후로 그분은 아이가 뛰어다녀도 소음을 인식하기보다 먼저 아이 얼굴이 생각나서 웃음 짓게 되었다는 것이다. 일면식 없던 이웃이 아는 사람이 되면서 생긴 변화라는 것이다(『조선일보』, 2020).

> 큰애가 6개월 1년이 안 되었을 때여요. 저희가 6층에 살았고, 7층에 소음이 너무 심한 거예요. 애기를 재워야 하는데 제가 한 번 따지러 올라간 적이 있어요. 거기도 애기가 어려서 7살 8살 계셨던 애기엄마가 차 한 잔 마시라는 거예요. 저는 지금 좀 화가 났는데…… "아니 애 좀 조용히 좀 시켜주세요." 라고 말했더니 잠깐만 앉아서 차 한 잔 드셔보시라고 했어요(참여자 5).
>
> 자기네들 사정을 이야기하고 애가 나이도 어리기도 하고 자기도 신경을 쓰긴 했다. 그래서 카페트도 설치를 했다. 애기를 했는데 카페트는 충격을 흡수할 수 없는 거긴 했고 애들이 놀아야 되는 거 알고 있고 오늘 올라왔을 때도 그 카페트 충격 흡수 카페트 있잖아요. 그 매트를 저도 돈을 부담할 의향이 있으니까 같이 해서 설치해보는 것은 어떠냐(참여자 7)?
>
> 서로 말 안하고 오해하고 있는 거 보다 서로 대화를 하는 게 확실히 제가 대화로 풀어봤잖아요. 대화가 대화도 화를 낼게 아니라 네 이야기 내이야기 들어보면서 서로 이야기를 조율해가면서 서로 좋은 방향으로 나가야지 서로 네가 잘못이네 내가 잘못이네 서로 싸우면 해결방법은 끝

> 이 없고 이사 가는 방법밖에 없는데 그러지 않을 것 같으면 서로 좋은 방법으로 풀어 나가는 게 서로 대화로 풀면서 거기에 따른 행동을 해야죠 (참여자 1).

5) 서로 이해하는 이웃관계 형성

층간 소음으로 인한 분쟁을 줄이기 위해 환경부 산하 중앙행정분쟁조정위원회에서는 당사자들의 화해를 권고하고 있지만 근본적인 대책이 되지는 못하고 있다. 처벌 근거가 명확하지 않고 이웃 간 사소한 소음 문제를 형사 처벌할 수 없기 때문이다. 규제도 필요하지만 그보다 우리에게 필요한 것은 이웃 간 배려와 소통이다. 참여자 6의 경우 자신이 야간에 일을 하는 일상에 대해 자세히 설명하고 신호를 보내며 이웃의 이해를 구했다. 흔히 일상에서 오는 오해와 불신은 서로 간 소통의 부재에서 온다. 소통의 부재를 이겨낼 수 있는 것은 이웃과 서로 인사도 하고 얼굴을 익히며 대화를 하면 이해와 배려를 할 수 있는 통로가 된다. 이웃들은 서로에 대한 배려, 존중을 통해 서로 돈독한 이웃 관계가 형성되어 가고 있다.

> 그 분께 양해를 구했어요. "제가 야간에 일을 하고 오면 잠도 자고 해야 하니까 하신 일 하셔도 되요. 좀 소리가 크다고 생각되면 신호를 보낼게요. 지금 야간이다. 조용히 해 주세요." 알았다고 하셨고 그 뒤로 신호를 주면 안하셔요. 이야기가 된 거죠. 통한 거죠. 서로 이해해 주셨어요(참여자 6).
>
> 우리아들 3살 유치원부터 시작해서 초등학교 가기 전까지는 집에서 거

> 의 많이 놀고 놀이터에 가지 않는 이상은 거의 애들이랑 그 실내에서 타는 붕붕이 자동차 굴러다니는 거 타고 그러니까 내가 이렇게 배려를 받았으니까…… 나도 위층에서 이런 소리가 나면 나도 안 올라가야지 나도 그렇게 해줘야겠다(참여자 2).
>
> 그렇게 어느 정도 타협 아닌 타협을 하다보니까 위에 집 어느 정도 소리도 이해가 되고 한 번 싸워봤으니까 다시 또 그 악몽 되풀이하기 싫으니까 어지간한 소리 같은 건 참고 그러는데 확실히 그렇게 화해를 하니까 위에 집도 좀 조심하는 것 같고 그래 가지고 지금은 많이 좋아졌어요. 지금은 그런 식으로 해서 돌파구를 찾았죠(참여자 4).

6) 공동체의식 발현

층간소음 갈등의 해법은 이웃끼리 최대한 배려하고 서로 조금씩 양보하는 공동체 의식에서 시작되어야 한다. 각자의 주거공간에서는 이웃과 함께 살고 있음을 인식하고 거실에 매트를 깔고 슬리퍼를 신거나, 심야시간이나 이른 아침에 청소기를 돌리거나 세탁을 삼가는 등 공동주택 생활의 기본예절만 잘 지켜도 이웃 간 갈등요인을 줄여갈 수 있다. 무심코 주방에서 요리를 할 때 돌리는 믹서기 또한 이웃과 함께 살고 있음을 늘 인식하여야 함을 잊어서는 안 된다. 연구참여자들은 층간소음 예방교육 등 공동체 내에서 지켜야 할 질서와 배려에 대해 지속적으로 자녀를 교육하며 세뇌를 시키는 경험을 한다. 무엇보다 함께 사는 세상이라는 의식과 열린 마음을 가지고 연구참여자들은 층간소음을 예방하기 위해 노력하고 있다.

밑에서 '쿵!쿵!쿵!' 하면 밑에서도 스트레스 받는 거야. 그래서 너희들도 조심해야 해! 애들이 "아~ 그렇구나." 부부가 같이 아이들에게 뛰지 말라고 교육하죠. 들은 게 있으니까 같이 해요. 와이프가 먼저 해요. 계속 설명을 해요(참여자 6).

그 때 한두 번 정도 첫 번째 올라올 때는 몰랐는데 두 번째 올라 올 때는 '아 이게 문제가 있는 건가 보구나.' 그 때부터 심각성을 인지를 하고 이제 최대한 애들을 조심 시키는 거죠. 딱 뛰려고 하면 "뛰지 마! 뛰지 마! 안 돼!" 그때부터 애들이 세뇌 교육이 된 거예요(참여자 8).

저는 바쁠 때는 세게 닫지만 천천히 닫아요. 딴사람에게 피해가 될까봐 에티켓이기 때문에 서로에 대한 배려죠. 옆집에 철문을 세게 닫는 사람은 타인을 배려하는 게 조금 부족하지 않았나 물리적인 원인이 아니라 타인에 대한 그 사람이 그걸 인지하지 못했다면 물리적인 이유가 되겠지만 그 사람이 알면서도 문을 세게 닫았다면 배려가 부족한 것이겠죠(참여자 4).

7) 슬기로운 공동체 생활

이사 후 이웃집에 떡 하나 돌리는데도 이웃이 어떻게 생각할지 몰라 주저하게 되는 것이 현실이다. 시골에서 가져온 농산물을 함께 나누기도 하고 명절이 되면 이웃과 과일도 주고 받고 김장철 김치를 나누다 보면 이런 저런 인사도 오고 가면서 이야기 소재가 생겨 더 친근감이 생기게 된다. 또 엘리베이터에서 가벼운 인사라도 나누고, 필요할 때 열림 버튼이라도 눌러 기다려주는 성의와 그 작은 배려가 이웃과 소통을 알리는 일이 된다. 작은 배려의 시작은 가정으로 이어져 층간소음을 예방하기 위해 슬리퍼도 신고 의자 다리에 쿠션도 달아보는 노력을 주민들이 하게 된다면 크고 작은 소음은 무뎌지고 공동주택의 슬기로운 공동체가 시작된다.

> 처음 저희 집이 이사 가고 나서 아래층부터 찾아갔어요. 저희가 아들도 있고, 저희가 4층이었는데 3층을 찾아가서 저희가 애들을 키우고 있어가지고 애들이 뛰니까 조금 혹시 봐달라고 떡을 돌렸던 거 같아요. 그랬더니 낮에는 아무도 없다. 그러니까 편하게 뛰고 밤에 가게정리하고 오면 9시 10시 되니까 그 시간만 지키면 된다고 하더라고요(참여자 2).
>
> 명절 때 되면 이렇게 과일도 드리고 김장했을 때도 김치 가져다드리고 또 그렇게 드리면 그분들도 그냥 또 안 있으세요. 또 답례하세요. 그래서 진짜 그런 마음들이 너무 감사하더라고요 이래저래 우리 손주들 내려오니까 좀 부탁 양해주세요. 뭐 먹을 것 갖다 주셨다고 하더라고요 그 뒤로는 요즘에는 좀 괜찮아요(참여자 4).
>
> 하루는 저희 아이가 뛰는 것 같으니까 미안하니까 내려갔어요. 아래층에 감자를 가지고 갔어요. 시골집에서 장인 장모 어르신이 농사를 지어 가져와서 저희 먹으라고 주신 건데 갖다 주시면서 사이좋게 지내자(참여자 9).

4. 배려와 소통으로 하나되는 공동체

공동체의식이란, 단순히 공동체의 존재 인식을 뛰어넘어 한 공동체에 소속된 자신의 사회적 관계를 바탕으로 공동체와 관련된 문제를 자신의 문제로 여기며 협력을 통한 해결방안을 중요하게 여기는 것을 의미한다(Mcmillan, Chavis, 1986; Cicognani et al., 2008). 하지만 최근 공동주택 내 공동체의식의 의미는 사라진 지 오래다. 실제 옆집에 누가 살고 있는지도 모르는 경우가 많고, 가벼운 인사조차 나누지 않는 모습도 쉽게 볼 수 있다. 무관심을 넘어 이웃과의 분쟁과 갈등으로 다양한 사회적 사건이나, 끔찍한 범죄로까지 이어지고 있어 사회의 불안요소가 되기도 한다. 이웃이 그저 잘 모르는 낯선 사람들로 인식되고 있다. 그러다 보니 함께 사는 이웃에 대한 배려보다는 개인의 생활공간에서 누릴 수 있는 시간을 사용한다. 또한 사적인 집에서 맘껏 즐기는 행위를 하게 되는 것이다.

공동주택 거주자는 거주공간의 사용에 있어 이웃을 배려하고 기본적 원칙과 질서를 지켜야 한다. 그러나 일부 거주민은 남을 배려하지 못하고 자기 멋대로 생활하거나 거주 공간 내 지켜야 할 기본적인 이웃에 대한 배려를 무시한 행위를 한다. 이로 인해 일상생활의 갈등요인이 원인이 되기도 한다. 이러한 관점에서 보면 우리사회에 보편적인 주거생활의 터전으로 자리 잡은 아파트 단지는 더욱 더 공동체적 인식과 활동이 중요함을 시사하고 있다.

소음은 스트레스를 넘어 신체적 정신적으로 영향을 주고 있다. 공동주택 내 거주민들의 가족구성원이 건강이 좋지 않은 상태에서 들리는 소음에 대해 스트레스가 상당히 높아지고 심리적으로 불안한 상태에서 들리는 소음의 강도는 평소보다 더 큰 자극을 가져오고 있다. 소음은 스트레스 유발하는 갈등요인이 되고, 스트레스 호르몬을 증가시키며 자율신경계인 교감신경을 항진시킨다. 교감신경의 항진이 지속되면 혈압과 혈당 증가, 혈중 지질 농도 증가, 심박출량에 악영향을 미쳐 동맥경화증·협심증·심근경색 등 심혈관질환을 유발할 수 있다. 소음은 또한 수면장애를 일으켜 신체 리듬을 깨뜨려 심장·혈관에 부담을 준다. 2015년 유럽환경청(EEA)은 소음 노출로 인한 심장 문제로 매년 최소 1만 명이 조기 사망하는 것으로 추정했다. 따라서 이웃과의 유대를 통해 그 집 사정을 이해하고 소통하면서 배려하는 생활을 위한 공동체 의식을 높일 필요가 있다.

공동주택 거주민들은 생활공간에서의 다양한 갈등요인으로 인한 문제들을 해결하기 위한 시도를 하게 되는데 가장 먼저가 부적절한 소통의 하나인 항의로 시작한다. 소음의 근원지라 여기는 이웃을 찾아가 문을 두드리고 따지려 하지만 이웃의 오히려 소통할 수 있는 차 한 잔을 하며 이웃의 환경과 가족구성원의 관찰을 통해 이해를 갖게 되며 대화로써 해결하려고 교류를 시작한다. 이는 이웃과의 유대의 중요성을 강조하며 협상으로 층간소음 문제해결을 시도하는 데 갈등 해결방안의 중요한 지점이기도 하다. 이로써 서로 이해하는 이웃관계가 형성되기 시작하고 이웃 간 서로 이해하고 배려하는 시도를 하고 있다. 슬기로운 공동체 생활의 시작은 이웃을 위해 소음이 크게 들리는 시간대를 피하고 자신의 상황을 이웃에게 알리는 소통이 시작된다. 아이들이 있는 가정에서는 층간소음이 아래층에 전달되는 것에 대한 주의를 주고 늦은 시간에 청소기, 세탁기, 운동기구, 안마기 등의 사용은 자제하고, 소음이 발생하는 경우라면 이웃에게 사전에 양해를 구하고, 저녁 시간은 피해 갈등을 줄일 수 있는 다양한 방법을 하게 된다.

거주민들은 공동주택에서 살아간다는 것에 대한 어려움의 스스로 느끼고 있으며 이로 인한 다양한 측면에서 발생 되는 갈등에 대한 도전과 갈등해소 노력을 하고 있다. 그러나 이웃과의 갈등은 한계에 부딪히게 되고 여전히 갈등은 존재한다. 그럼에도 불구하고 그들은 거주민 스스로 해결방안에 대해 고민하고 실천하려는 노력을 보인다. 이러한 결과는 공동주택에 거주하는 사람들이 이웃과 다양한 원인으로 갈등을 경험할 때, 생활의 불편함뿐 아니라 심리적 안정을 방해하는 피해를 주고받고 있음이 확인되었다. 연구에서 밝히는 연구참여자들은 결국 갈등요인에 따른 해결방안을 포기하지 않고 노력하고 있는데 이는 이웃과의 관계회복을 원한다고 해석할 수 있다.

공동주택 거주자들 간의 갈등요인과 해결방안에 대한 경험을 연구참여자의 관점에서 기술하였다. 이를 바탕으로 본 연구 결과의 이론적 함의를 제시하면 다음과 같다. 공동주택 거주민들이 경험하는 갈등의 양상은 다양하나 갈등을 해결하기 위한 방법들이 공통적인 과정으로 진행되는 특징을 확인하였다. 현상학 방법으로 분석한 결과, 공동주택 거주민들의 갈등 요인과 그 해결방안은 다양한 갈등요인으로 공동체 의식이 부족하여 일상생활에서 일어나는 스트레스를 자극하는 요인과 이를 협상으로 대화를 시도하는 해결방안으로 공동체 의식에 대한 발현을 기술하고 있다. 공동주택 거주민들이 갈등을 경험할 때 지역공동체의식이 높은 경우, 갈등해결에 대한 의지가 높아질 수 있음을 확인하였다. 특히 자신의 입장이 가해자일 경우나 피해자 겸 가해자일 경우에도 상대방에게 피해를 주는 것에 대한 미안한 마음 때문에 화해와 협상을 통해 갈등을 해결하고자 노력했다. 이러한 결과는 지역공동체의식이 높으면 지역의 협력적 갈등해결형태의 정도가 높아진다고 밝힌(김대건, 2011) 선행연구 결과와도 그 맥을 같이 한다. 따라서 층간소음은 누구라도 피해자가 될 수 있는 동시에 가해자가 될 수도 있기 때문에 이웃과의 소통과 배려를 통해 공동체 의식을 높여 슬기로운 코로나19 시대를 함께 살아가야 할 것이다.

참고문헌

김대건(2011). "지역공동체의식이 협력적 갈등해결행태에 미치는 영향", *분쟁해결연구* 9(1), 67-93.

박현구, 이선화(2021). "층간소음 피해경험에 관한 현상학적 연구", *문화와융합* 43(4), 567-599.

신형석(2014). "공동주택 층간소음분쟁의 효과적 해결을 위한 법적 소고: 분쟁해결수단 검토를 중심으로", *아주법학* 8(2), 255-295.

이선화, 박현구(2022). "공동주택 거주자의 층간소음에 대한 사회적 갈등 요인 분석 및 문제해결 방안 연구", *문화와융합* 44(2), 673-706.

Cicognani, E., Pirini, C., Keyes, C., Joshanloo, M., Rostami, R., & Nosratababi, M.(2008). "Social participation, sense of community and social well being: A study on American, Italian and Iranian university students", *Social Indicators Reserarch* 89(1): 97-112.

McMillan, D. W., and Chavis, D. M.(1986). "Sense of community: A definition and theory",

Journal of Community Psychology 14(1), 6-23.

국가소음센터 http://www.noiseinfo.or.kr

국토교통부 http://www.molit.go.kr

층간소음이웃사이센터, http://www.noiseinfo.or.kr

한국소음진동공학회 http://www.ksnve.or.kr

환경부 http://www.me.go.kr

● 이 장은 문화와융합 학술지 44권 2호에 실린 필자의 논문(이선화, 박현구, 2022)을 바탕으로 재구성되었다.

3부
지역자치 사회

09장
광화문 공간의 재구축에서 '전통과 현대'의 갈등과 봉합 | **염복규**

10장
'세종형' 커뮤니티케어 도시재생뉴딜 | **김갑년**

11장
지자체의 노인지원정책이 노후준비에 미치는 영향 | **권 혁**

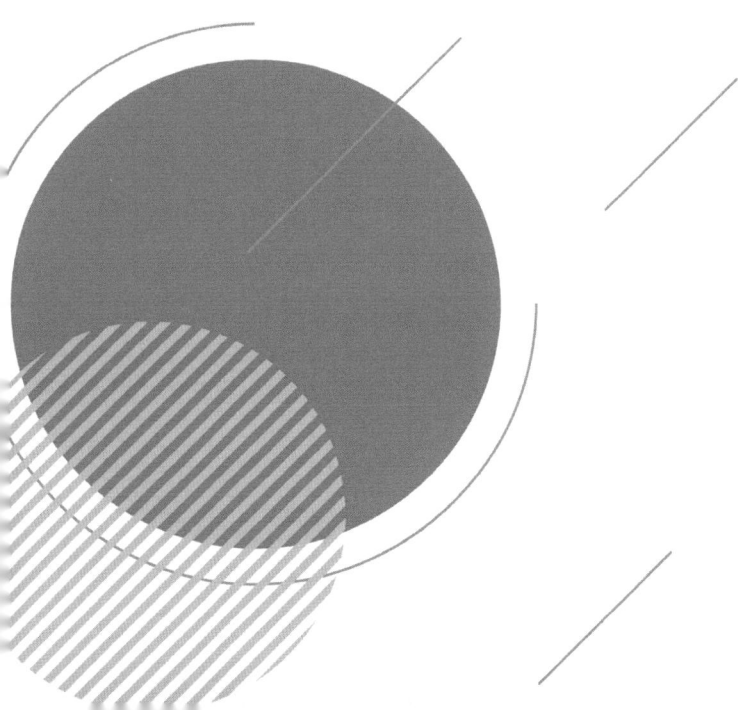

09장

광화문 공간의 재구축에서 '전통과 현대'의 갈등과 봉합

1. 역사적 형성물로서 광화문 공간 다시 보기

최근 서울시는 2020년 11월 개시한 광화문광장 재구조화 공사를 올해 6월까지 마무리하고 새로운 광장을 전면 개장한다고 발표했다. 광화문 앞 '역사광장'의 월대와 해치상 복원은 문화재청과 협의하여 2023년까지 마친다고 한다. 그간 서울시장 보궐선거 등 정치적 변수가 있었음에도 불구하고 광화문광장의 재구조화는 중단 없이 추진된 셈이다(연합뉴스 2022.1.25.).

그러나 이 과정이 순탄했던 것만은 아니다. 사업 개시 단계까지 시민단체와 일부 주민의 반대가 계속 된 것도 잘 알려진 사실이다. 그런가 하면 광화문광장은 언제부터인가 대규모 군중집회 장소의 표상이 되었다. 멀리 갈 것도 없이 2016년 겨울 촛불 시위를 떠올릴 수 있으며, 그와는 반대의 의미를 갖는 이른바 태극기 집회를 떠올릴 수도 있다.

이렇게 여러 측면에서 현재 광화문 일대는 사회적 갈등과 봉합이 내재되어 있는 장소라고 할 수 있다. 그런데 본래 '광화문'이라고 불리는 공간은 어떤 의미를 가지는 공간이었을까? 광화문은 처음부터 광장이었을까?

지금 광화문에는 '광장'이 있고, 앞으로도 계속 있을 것이지만, '광화문 공간'이 광장이 된 것은 2000년대 이후, 정확하게는 2009년이다. 그렇다면 광화문 공간은 원래 어떤 공간이었을까? 이 연구는 이런 질문에 답하기 위해 광화문 공간이 어떤 역사적 상징성을 띠고 있었으며, 그것이 어떻게 변화하여 오늘에 이르렀는지 살펴본다.

광화문 공간이 처음 조성된 것은 물론 조선 건국기 경복궁을 창건하면서부터이지만, 이 연구의 초점은 1960년대부터이다. 광화문 공간에 어떤 특정한 역사적 상징성을 부여하고자 의식적 실천을 하기 시작한 것이 박정희 정부부터이기 때문이다. 1960년대 이래 현재까지 광화문 공간의 변화는 말하자면 박정희 정부 시기 '만들어진' 광화문 공간의 역사적 상징성을 해체하거나 혹은 변형하려고 시도한 과정이었다고 할 수 있다.

이 연구에서는 1960~70년대 광화문 공간의 변화를 '전통의 동원과 현대의 건설'이라는 관점에서 살펴보고, 1980~2000년대 광화문 공간의 변화를 '전통과 현대의 균열 및 봉합의 시도'라는 관점에서 살펴본다. 그리하여 앞으로 광화문 공간을 어떻게 바라보아야 할 것인지에 대한 시사점을 얻어보고자 하는 것이 연구의 최종 목표이다.

2. 광화문 공간에서 전통의 동원과 현대의 건설

1) 광화문 공간의 '귀환'과 전통의 동원

광복후 새로운 가로명 제정에서 일제하 경복궁 총독부 청사에서 광화문 네거리에 이르는 광화문통 대로의 명칭은 세종로가 되었다(김영상, 1966:31). 그러나 길의 명칭이 바뀌고 총독부 청사가 중앙청으로 바뀌었을 뿐 본질적으로 달라진 점은 없었다. 6.25전쟁으로 중앙청이 크게 파괴되었으나 1950년대에는 복구를 하지 못한 채 방치되었다. 이에 따라 광화문 공간은 조선시대 혹은 일제하와 연속되면서도 오히려 그 역할을 하지 못하는 상태였다고 할 수 있다.

광화문 공간의 모호한 위상은 1961년 5.16군사쿠데타로 박정희 정권이 등장하면서 급속한 변화를 겪게 된다. 박정희 정부는 대표적인 통치 슬로건인 '조국 근대화와 민족 중흥'이라는 이념을 건축과 조각이라는 두 가지 시각화의 수단으로 각인하여 통치 정당성을 생산하고자 했다. 이것이 표출된 대표적 공간이 광화문 공간이었다. 1960년대 광화문 공간에서는 지속적으로 '현대화' 프로젝트가 진행되는 한편 쉴새 없이 전통이 동원되었다(하상복, 2010:223). 그 시발점으로 살펴보아야 할 것은 그간 방치되어 있던 중앙청의 복구이다. 이는 광화문 공간이 다시 명실상부한 국가 중심 가로로 복귀함을 알리는 신호탄 같은 것이었다.

광복 직후 미군정에 접수되었다가 정부 수립과 더불어 한국 측에 인계된 중앙청은 명확한 처리 방향이 결정되지 않은 상태에서 6.25전쟁 초기 크게 파손되었다(문화체육부, 국립중앙박물관, 1997). 그리고 1950년대 내내 이 건물의 본격적인 수리·보수는 이루어지지 않았다. 당시 한국 정부에 실질적인 수리·보수의 여력이 없기도 했거니와 대통령 이승만이 기본적으로 이 건물의 철거를 주장했기 때문이다.

강력한 반일 정책을 전면에 내건 대통령 이승만은 1949년 연설, 1952년 서울 재건식 석상에서 거듭 이 건물의 철거를 주장했다(공보처, 1953:273). 그러나 이는 불가능했다. 파손된 상태에서도 이용하는 공간이 있었거니와 미국측도 건물 철거에 부정적이었기 때문이다. 이렇게 1950년대 내내 충분한 수리·보수도, 전격적인 철거나 대체도 이루어지지 않은 상태에서 부분적으로 사용하던 중앙청은 4.19 이후 신속하게 온전한 복구가 결정되었다. 그러나 실제 복구는 5.16군정기인 1961년 10월에 시작되어 이듬해 준공되었다(경기도, 1962).

한편 중앙청 복구가 진행중이던 1962년 4~6월 경복궁에서는 '군사혁명 1주년 산업박람회'가 개최되었다. 마치 1915년 일제의 조선물산공진회 개최를 연상케 하는 이 행사는 5.16군정이 가장 내세운 정책적 실천의 하나인 제1차 경제개발5개년계획의 1차 연도에 맞춘 이벤트였다. 그런데 원래 1950년대까지 일반적인 행사장이었던 창경원으로 예정되어 있던 박람회 장소가 경복궁으로 변경된 것은 중앙청 복구 공사의 진척과 더불어 광복후 단절되었던 광화문 공간의 '귀환'을 알리는 상징적 선언이 되었다(강난형, 2018:18).

중앙청의 복구는 물리적으로도 광화문 공간 변화의 신호탄이 되었다. 중앙청이 다시 뚜렷한 존재감을 보이게 됨에 따라 수년후 중앙청의 돔은 세종로를 확장하는 중심축이 되었으며, 콘크리트조로 중건할 광화문의 위치와 방위를 결정하는 근거가 되었다(강난형, 송인호, 2015:11).

한편 1960년대 중반 광화문 공간은 역사적 위인을 현창하는 장소가 되었다. 박정희 정부는 이른바 민족의 저력을 증명해주는 역사적 전통과 유산을 담론의 공간에서 끄집어내어 일상의 영역에 배치하고자 했다(전재호, 1998). 1964년 5.16군사쿠데타 3주년을 기념하여 정부는 중앙청에서 숭례문에 이르는 구간의 녹지대에 위인 석고상 37점을 세웠다. 그런데 석고상은 재질의 특성상 오래 갈 수 없어 제작 2년여가 지난 1966년에는 이미 10여기가 파손되었으며, 곧 모두 철거되었다.

이런 상황에서 1966년 5.16민족상 수상자인 풍전산업 사장 이한상이 상금 50만 원을 서울신문사가 기탁한 것이 계기가 되어 새로운 동상 건립을 위한 애국선열조상건립위원회가 조직되었다. 위원회는 1970년대 초까지 활동하며 15명의 '애국선열' 동상 건립을 추진했다. 광화문 네거리에 건립된 이순신동상은 이 여러 동상 중 하나이다.

그러나 이순신동상은 단지 여러 동상 중 하나 이상의 의미를 갖는다. 이순신은 대통령 박정희가 각별한 애정을 보인 인물이다. 박정희는 재임 기간 중 거의 매해 아산 현충사에서 이순신 탄신 기념일 행사에 직접 참석했다. 동상 건립 기금도 박정희의 이름으로 헌납했으며, 친필로 〈충무공 이순신장군상(忠武公 李舜臣將軍像)〉을 새겼다. 이순신은 당시 박정희 정부가 추진하던 '조국 근대화'의 화신으로 광화문 공간에 소환되었다.

또 1960년대 중반 박정희 정부가 민족문화 중흥 정책에 의해 추진한 핵심 사업 중 하나가 광화문 중건이다. 이것은 일제가 철거·이축한 광화문의 '복원'이라는 이름으로 출발했지만 새로운 '중건'으로 결말이 났다. 광화문을 원래 자리에 복원한다는 대원칙이 결정되면서 문화재관리국과 서울시는 목조와 콘크리트조의 서로 다른 복원 계획을 내놓았다. 처음에는 두 안 중 어느 하나로 명확하게 결정되지 않은 것으로 보인다. 그 설계를 담당한 국보건설단의 강봉진이 목조와 콘크리트조 설계를 동시에 진행한 점이 이를 말해준다(강난형, 송인호, 2015:14). 광화문 중건에서는 그 축선의 기준을 어디에 둘 것인가가 또 하나의 문제였다. 주지하듯이 중앙청(옛 총독부청사)의 축선과 경복궁의 축선이 달랐기 때문이다.

결론적으로 광화문은 중앙청의 축선에 맞추어 콘크리트조로 중건하는 것으로 결정되었다. 이런 결정이 알려지자 반발이 작지 않았다. 예컨대 시인 서정주는 "콘크리트라면 굳이 광화문을 복원한다는 의미는 무엇인가? 그건 웃음거리가 아닌가?"라고 했다. 그런데 중건 추진위원 중 한 사람인 건축가 정인국의 해석이 흥미롭다. 정인국도 콘크리트조 중건이 복원이 아니라고 인정하면서 "결국 문화재 복원은 아닌 셈이고 그저 광화문을 본뜬 하나의 콘크리트 모뉴먼트로 봐져야할 것"이라고 했다. 1968년 12월 11일 거행된 광화문 준공식의 공식 초청장은 이렇게 시작한다.

> 겨레의 비운과 더불어 한쪽에 버려졌던 "광화문"이 이제 소슬히 제자리에 그 우람한 원모습을 나타내게 되었습니다. 이는 민족중흥의 역사적 사명을 띠고, 조상의 빛난 얼과 슬기를 되살려 번영하는 자주국가로서의 자세를 굳건히 하려는 우리의 표상인 것입니다(문화재관리국, 1968:1).

"제자리에 그 우람한 원모습을 나타내게 되었"다는 언급이 중건 광화문이 아무 근거 없는 창작품이 아니라 역사적 구조물이라는 일종의 알리바이라면 "민족중흥의 역사적 사명을 띠고, 조상의 빛난 얼과 슬기를 되살려 번영하는 자주국가로서의 자세를 굳건히 하려는 우리의 표상"이라는 언급이야말로 중건 광화문이 정말로 무엇을 의미하는지 알려준다. 요컨대 광화문 중건은 문화재 복원이 아니라 문화재를 본뜬 '새로운 기념비'(콘크리트 모뉴먼트)의 건립이었던 것이다(강난형, 송인호, 2015:15). 이에 대해 당시 서울시 부시장으로서 시장 김현옥의 개발 행정을 뒷받침했던 차일석의 설명은 이렇다.

고도와 문화재를 보존하고 후세에 전하는 법에는 두 가지가 있다. 하나의 과거의 형태를 그대로 고스란히 미래에 전해주는 방법이고, 또 하나는 가령 1960년대라는 시점에서 개발을 통하여 그 형적을 보태어 전하는 방법이다. 우리는 후자를 선택하기로 하였다. 그리하여 뒷날 선조들이 어떻게 손질했는가를 말해주자는 것이다. 결국 우리는 건설을 통하여 문화재를 시민과 더욱 접근시키자는 것이다(차일석, 2005:116).

당시의 산업화와 경제발전을 표상하는 최신의 재료와 기술력을 발휘한 콘크리트조 광화문의 중건은 "개발을 통하여 그 형적을 보태어 전하는 방법"이었던 것이다. 중건 광화문이 상징하는 바는 1960년대 개시된 박정희 정부에 의한 서울, 그리고 나아가 한국의 현대화 프로젝트였다. 이렇게 본다면 중건 광화문의 현판이 박정희의 친필 한글 '광화문'이 된 맥락도 이해할 수 있다. 한글 현판 역시 역사적 복원으로부터 단절된 새로운 시대의 정치적 상징물이었다(하상복, 2010:236).

이렇게 광화문은 일제하~6.25전쟁기를 통해 파괴된 서울 도심부의 유적 중 선택되어 새로운 시대의 기념비로 거듭났다. 광화문이 선택된 이유는 그것이 원래 경복궁의 정문이었기 때문이다. 그러나 광화문은 원래의 축선이 아니라 복구한 중앙청의 축선에 따라 세워졌다. 이로써 중앙청-광화문-이순신동상을 연결하는 '만들어진 전통'의 축선이 완성되었다.

2) 발전국가의 출발과 현대의 건설

1966년 정부는 제2차 경제개발 5개년 계획의 개시, 그리고 이듬해 대통령 선거를 앞두고 도시 개발의 가시적 성과를 내고자 했다. 그리하여 개발 정책 추진에 소극적이었던 윤치영 시장을 경질하고 5.16 '혁명 주체'의 한 사람인 부산시장 김현옥을 서울시장에 임명했다. 김현옥은 부임과 함께 서울의 교통난을 완화하겠다는 목표를 밝히고 이를 노면 전차 폐지와 자동차 교통의 원활한 흐름을 위한 지하차(보)도, 고가도로, 육교, 입체교차로 등의 건설로 실현하고자 했다. 훗날 '불도저'라고 불린 김현옥 시정의 신호탄은 바로 광화문지하도 건설이었다(『동아일보』, 1969.4.4.).

광화문지하도는 새로운 시장이 부임하고 불과 3주가 못되어 기공했다. '교통난 완화 = 자동차 교통의 원활한 흐름'이라는 정책 목표를 세운 이상 서울의 얼굴에 해당하는 광화문 네거리의 혼잡은 제일착으로 해결해야 할 과제였다. 김현옥은 광화문 지하도의 준공기를 그 해 '국군의 날'로 잡았다. 그리하여 공사는 무리하게 추진되었다. 시공사는 연인원 7만여 명을 동원하여 주간 500명, 야간 350명의 인부가 24시간 작업을 했으며, 공기를 단축하기 위해 네거리의 교통을 동시에 통제하고 사방에서 굴착하는 시공법을 채택했다. 그리하여 광화문지하도는 기공 164일 만인 1966년 9월 30일 준공되었다(『경향신문』, 1966.9.24.).

그러나 이런 무리한 공사의 후과는 작지 않았다. 불과 준공 6일 만에 천정에서 물이 새는 사고가 일어나기도 했으며 이후에도 보수 공사가 거의 매일 같이 이어져 시민을 불안하게 했다. 이에 1976년에는 바닥을 시멘트에서 화강석으로 교체하는 등의 전면적인 보수 공사가 실시되기도 했다. 광화문 지하도의 보수 공사가 "연례행사"라는 표현은 이런 현실을 잘 보여준다(『동아일보』, 1985.12.12.). 그러나 여러 문제점에서도 불구하고 광화문지하도는 보이지 않는 지하에 보행자 전용 시설을 만든 점에서 역설적으로 '자동차 교통 중심의 광화문 공간'의 시대를 열어준 시설이라는 점에서 중요한 의미가 있다.

또 하나 1960년대 광화문 공간에서 일어난 큰 변화 중 하나는 세종로의 확장이다. 세종로의 확장은 단지 도로폭의 확장이었을 뿐 아니라 양쪽 노변의 새로운 고층 건축물의 등장 등과 맞물려 광화문 공간을 진정 과거와 단절된 '현대화'된 공간으로 탈바꿈시켰다.

서울시는 원래 6.25전쟁 휴전 직후 세종로를 폭 100m로 확장할 계획을 세웠는데 이를 실행하지는 못했다(『동아일보』, 1958.4.1.). 세종로의 도로폭을 100m로 확장하는 것은 폭격으로 도심부가 완전히 폐허가 되는 것을 전제로 한 계획으로서 실제 그렇게 되지 않은 이상 비현실적인 계획이었다. 그런데 5.16군정기인 1962년 12월 8일 건설부는 다시 한 번 "중앙청정문-세종로광장, 폭원 100m"를 결정 고시했다(서울특별시, 1977:308). 그리고 4년후 이 고시는 드디어 실현되었다.

1966년 7월 11일 서울시는 8월 15일까지 중앙청앞에서 광화문 네거리 도로폭을 100m로 넓히겠다, 이에 따라 현재의 시설물은 모두 철거하며, 남대문-효자동 노선의 전차선로도 철거하겠다고 밝혔다(『동아일보』, 1966.7.11.). 공사는 광화문 네거리-태평로 구간으로 확대되어 1968년 5월 덕수궁 대한문을 16m 뒤로 물리게 되었다(『조선일보』, 1968.2.1.). 그런데 1960년대 후반의 공사는 서울시의 목표에는 미치지 못하여 도로 서쪽의 30m 확장에 그쳤다. 그 결과 세종로는 서쪽 7차로, 동쪽 4차로의 기형적 구조가 되었다.

세종로 확장은 1971년 제7대 대통령 취임식을 앞둔 시점에서 비로소 '완성'되었다. 세종로 확장의 완성은 크게 두 가지 의미를 가진다. 먼저 이것으로 조선시대 이래 육조거리의 도로조직이 적어도 표면적으로는 완전히 소거되었다. 다음으로 세종로-태평로 구간이 중앙청을 기준으로 크게 확장됨에 따라 중앙청에서 출발하는 축선의 상징성은 더욱 강화되었다(이순우, 2012:244).

세종로 확장으로 비로소 광화문 공간은 그것이 처음 조성된 조선시대로부터 완전히 '단절'되었다. 세종로 확장이 완료된 후 광화문 네거리에 등장한 "매일 매일의 수출 실적이 표시되는" 시계탑은 이 공간이 이제 무엇을 의미하게 되었는지 잘 보여준다(『경향신문』, 1973.2.20.). 광화문 공간은 이제 전통을 연상하는 공간이 아니라 새로운 현대의 건설과 발전을 상징하는 공간이 된 것이었다.

3. 광화문 공간에서 전통과 현대의 균열 및 봉합의 시도

1) 민주화 이행기 전통의 복원과 갈등

중앙청의 기능은 제5공화국이 수립되면서 바뀌었다. 1980년대 들어 86아시안게임, 88올림픽을 맞아 기존 국립중앙박물관(현 국립민속박물관)의 공간의 협소, 각종 시설 부족 문제가 제기되었다. 이와 함께 1970년대 후반 착공한 정부과천청사가 준공하면서(1982) 중앙청으로 박물관 이전이 결정되었던 것이다(한국박물관100년사 편찬위원회, 2009:298). 주목할만한 점은 건물의 기능이 공식적으로 한국의 역사와 문화를 대표하는 박물관으로 바뀌면서 중앙청 시기 크게 부상하지 않았던 구 조선총독부 건물로서 이 건물의 태생적 한계가 다시 한 번 불거진 사실이다.

특히 중앙청을 헐지 않기로 한 것은 철거비용이 막대하게 소요된다는 점도 있지만 일제 식민통치의 본산을 민족박물관으로 사용토록 함으로써 민족자긍심과 주체성을 일깨워주는 산교육도장으로 삼으려는 전(全)대통령의 깊은 뜻이 반영된 것이다. 그것은 중앙청이 치욕의 역사를 상징하는 건물이긴 하지만 역사적 사실을 은폐하거나 외면하지 않고 유물로 활용, 모욕의 과거를 되돌아보고 그 속에서 교훈을 얻음으로써 위대한 민족사를 재창조하겠다는 결의를 다질 수 있기 때문이다(『경향신문』, 1982.3.16.).

위 기사는 '구 조선총독부 건물'과 '국립중앙박물관'이라는 어떤 점에서는 전혀 어울리지 않는 두 개의 표상을 결합시키는 논리를 잘 보여준다. 다른 한편 이 건물을 철거하지 않고 보존해야 하는 당위성의 제공해 주기도 한다. 여하튼 정부 행정청사에서 역사·문화시설인 박물관으로의 기능 전환은 구 조선총독부 건물의 '역사적 의미'를 환기시키는 역할을 했다. 달리 말하면 언젠가 재개될지도 모를 이 건물의 철거·보존 논란을 예고해 주는 것이었다.

한편 88올림픽에 대비하여 1980년대 전반 서울 도심부 역사문화유적을 정비하는 움직임이 시작되었다. 이런 사업의 정점은 경복궁 복원이었다. 1984년 5월 문화재관리국은 "조선왕궁의 복원정화 및 관리개선의 기본방침" 대통령 보고를 하여 재가를 받았다. 이어서 경복궁 복원정비 세부계획을 보고한 것은 올림픽이 끝난 1990년 1월이었다. 1991년부터 본격적인 복원 사업에 착수하여 1995년까지는 침전 지역인 강녕전, 교태전을 비롯한 여러 전각을 복원하고 1997년까지 동궁 지역의 자선당, 비현각 등을 복원하며 "구 조선총독부청사를 철거하는대로" 홍례문과 주위 회랑, 태원전, 광화문을 복원할 계획이었다(문화재관리국, 1994:12-15). 구 조선총독부 건물을 철거하지 않고 경복궁을 '온전하게' 복원하는 것은 불가능하기 때문이다.

1990년 6월 문화부 업무보고에서 대통령 노태우는 경복궁 복원사업과 구 조선총독부 건물의 이전 방안을 검토할 것을 지시했다(김경은, 한승주, 장석준, 박윤희, 2020:57). 이에 문화부는 1991년 연초 업무보고에서 "구 조선총독부 건물을 철거, 일제의 의해 파괴된 경복궁·창덕궁 등 조선시대왕궁의 원형을 복원하겠다고 밝혔다."(『조선일보』, 1991.1.31.) 공식적으로 구 조선총독부 건물 철거 의제가 등장하자 이를 둘러싼 찬반 논란이 일어났다.

그러나 제6공화국 시기 철거는 진척을 보지 못했다. 정권 후반기 대통령의 정국 장악력이 급속히 약화되었기 때문이다. 구 조선총독부 건물의 철거 의제는 1993년 문민정부가 출범하면서 현실 문제로 다시 급부상했다. 문민정부는 핵심 정책 아젠다의 하나로 '역사 바로 세우기'를 제시했으며, 그 일환으로 이 문제를 제기했다. 대통령 김영삼은 1993년 8월 건물 철거를 전격적으로 지시했다. 이에 건물 철거·보존을 둘러싼 찬반 논란도 거세게 일어났다. 이난영 전 국립경주박물관장 등을 중심으로 한 철거 반대 모임은 '건물 훼손 및 철거 금지 가처분 신청'을 내기까지 했다.

반대론은 역사의 장소로서 구 조선총독부 건물의 중요성과 현실적인 수장 문화재의 보호 문제를 제기했다(문화체육부, 국립중앙박물관, 1997: 367-368). 그러나 문민정부는 신한국 이념을 가시화하기 위해 역사 복원의 담론과 상징을 적극적으로 끌어들였다. 구 조선총독부 건물 해체 의례를 통해 구시대와 단절, 새로운 신한국과 통일조국을 향한 도약을 극적으로 연출하는 국민적 무대를 마련하고자 했다. 이렇게 문민정부 초기 개혁적 흐름 속에서 최고 권력자의 의지가 확고하니만큼 건물 철거는 그대로 기정사실화되었다(하상복, 2010:255). 1995년 8월 15일 광복 50주년을 기하여 전통 의례로 치러진 첨탑 제거 행사의 고유문은 정치적 퍼포먼스로서 구 조선총독부 건물 철거의 의미를 잘 보여준다.

> 우리 민족의 언어와 역사를 말살하고 / 겨레의 생존까지도 박탈했던 식민정책의 본산 / 조선총독부 건물을 철거하여 / 암울했던 과거를 청산하고 민족의 정기를 바로 세워 / 통일과 밝은 미래를 지향하는 / 정궁 복원작업과 새 문화거리 건설을 / 오늘부터 시작함을 엄숙히 고합니다 (문화체육부, 국립중앙박물관, 1997:354).

경복궁 복원 제1차 사업의 대미는 광화문의 복원이었다. 1968년 중건한 광화문은 어디까지나 '경복궁의 정문'이 아니라 '중앙청의 정문'이었기 때문이다. 따라서 구 조선총독부 건물을 철거하고 경복궁을 복원하는 이상 이전의 광화문을 그대로 둘 수는 없었다. 광화문 복원 사업은 참여정부가 수립된 2005년부터 시작되었다(문화재청, 2005).

그런데 광화문의 복원에 앞서 논란이 된 것은 현판 교체 문제였다. 2005년 1월 문화재위원회는 박정희의 친필인 광화문 현판의 글씨를 정조의 글씨를 집자하여 교체하기로 결정했다. 이에 당시 야당은 이것이 "참여정부의 박정희 유산 청산 운동의 일환"이 아닌가 의구심을 표했다. 이에 대해 문화재청은 "광화문은 경복궁의 얼굴"임을 강조했다. 이 논란은 광화문을 '서울의 중심 대로 중앙의 랜드마크'로 보는 관점과 '경복궁의 얼굴'로 보는 관점의 차이라고도 할 수 있다. 논란은 실제 광화문 복원 공사가 끝나는 2009년 새로운 현판으로 교체하기로 함에 따라 잦아들었다.

2006년 12월 4일 경복궁 흥례문 앞에서 '광화문 제 모습 찾기 선포식'을 개최하면서 복원 공사가 시작되었다. 이 때 눈여겨볼만한 것은 기존 콘크리트 광화문 용마루의 취두 2개를 크레인으로 철거하여 지면에 내리는 상징적 이벤트이다. 마치 1995년 구 조선총독부 건물의 돔을 절단하는 이벤트를 연상하게 한다.

목조 복원 광화문은 2009년 11월 27일 1865년 고종이 광화문을 중건하고 상량한 날에 맞춰 상량식을 거행했다. 그리고 이듬해 8월 15일 제65년 광복절에 맞춰 최종 준공 행사를 거행했다(문화재청, 2011:120-127). 2010년 완료된 광화문 복원은 1990년대 이래 진행된 이전 시대 개발의 기억을 소거하는 작업의 결정판이었다고 평가할 수 있다(강난형, 2018:14).

이 작업은 때로는 지연된 탈식민의 이름으로, 때로는 독재의 흔적 지우기의 이름으로 실천되었다. 그런데 명분이 무엇이 되었든 그 과정의 가시적인 목표점은 경복궁의 역사적 원형 회복이었다. 그런데 이런 작업의 진척과 동시에 광화문 공간에서는 또 다른 '현대화'가 진행되었다. 광화문광장이 조성된 것이다. 이로써 광화문 공간은 '분절'되었다(하상복, 2010:289).

2) 새로운 현대의 표상, 광장의 탄생

현재 광화문광장은 2000년대, 구체적으로는 2006년 오세훈 시장이 당선되면서 처음 추진한 것으로 알려져 있지만 실제 그 '기원'은 1990년대 경복궁 복원 계획과 함께 그 앞을 '서울 상징거리'로 조성하려는 구상으로 거슬러 올라간다. 1995년 당시 계획의 대강은 다음과 같다.

> 차량의 전유물로만 여겨져 온 서울의 광화문 앞 도로에 시민광장을 만드는 방안이 검토되고 있다. 서울시 관계자는 9일 '광화문 앞을 가로지르는 경복궁역-동십자각 사이 도로 2백여m와 세종로 일부 지하구간에 삼각형 입체지하도로를 만들고, 지상 부분을 시민통행과 휴식을 위한 광장으로 조성하는 방안을 검토 중'이라고 밝혔다. 이 시안을 보면, 광화문 앞을 지나는 지하철 3호선 지하터널 바로 위와 세종로 일부 구간에 T자형 지하차도를 만들고, 지상 부분은 시민에게 개방하는 것으로 돼 있다. 따라서 이 시안이 실현되면 중국 북경의 천안문 광장과 비슷한 분위기를 풍기게 될 것으로 보인다(『조선일보』, 1995.2.10.).

이 계획은 경복궁 앞을 차량 통행이 불가능한 온전한 광장으로 만든다는 것으로서 현실성이 의심스럽다. 그러나 현실성 여부를 차치한다면 이 계획의 핵심은 경복궁 복원 사업을 시발점으로 광화문 공간을 국가 상징성을 담은 광장으로 조성하겠다는 것이다. 그러나 이 때 국가를 상징한다는 것이 무슨 의미인지에 대한 논의는 거의 없었다. 막연하게 경복궁 = 조선왕조의 법궁 = 그 앞은 국가의 공간이라는 이미지를 차용한 것에 불과했다(전우용, 2020:145).

1995년의 계획은 참여정부 시기 역사성을 강조한 방향으로 다시 나타났다. 2003년 문화재청이 주관한 '경복궁 광화문 권역 복원 정비를 위한 공청회'에서는 서울시와 문화재청이 협력하여 조선시대 육조거리의 의미를 살리면서 시민이 자유롭게 보행할 수 있는 공간을 조성한다는 내용을 논의했다(하상복, 2010:291-292). 그 연장선에 있는 2005년 문화재청의 '광화문 역사광장 조성 기본방향'에는 "경복궁, 광화문, 육조거리의 위치, 방향 및 장소성을 복원하여 서울을 대표할 수 있는 역사광장을 조성"한다는 내용이 담겼다. 또 전면의 역사광장과 시민광장을 구분하며 광화문 월대를 복원하고 그에 따른 교통문제를 우회도로를 개설하여 해결한다는 내용도 담겼다(서울특별시, 2018:62).

　이상과 같은 광화문광장 조성 논의는 오세훈 시장 시기 실현되었다. 2006년 7월 취임한 오세훈 시정의 핵심 키워드는 '디자인 서울'이었다. 서울시는 이를 모토로 2007년 도심재창조 종합계획을 수립했다. 그에 따르면 "도심부 전체의 활성화를 도모하기 위해 도심을 4개의 축으로 구분하여 중점추진사업을 도출"하는데 그 중 "도심1축: 역사문화축, 경복궁-서울광장-숭례문-서울역-남산"의 "핵심가로인 세종로 일대의 역사적 상징성을 회복하고, 시민 중심의 보행광장을 조성하여 품격있는 도심문화공간 창출을 위해 광화문광장 조성을 중점사업으로 추진"한다고 했다(서울특별시, 2018:63).

　기실 이 내용은 이전과 크게 다른 점을 찾을 수 없다. 광화문광장 조성은 이미 이전부터 검토해온 사안의 실천이었던 것이다. 2007년 12월 설계안을 확정한 광화문광장 조성 사업은 빠르게 추진되어 2009년 8월 1일 개장했으며, 10월 9일에는 한글날에 맞춰 세종대왕동상을 제막하는 이벤트도 개최했다(하상복, 2010:294-297). 이 시기 광화문광장 조성은 "지역에 뿌리를 둔 전통과 역사를 판촉하고 그 독특성을 강조하기 위한 장소신화를 만들어냄으로써 도시를 재창조하거나 새롭게 이미지를 만드는" 이른바 장소 마케팅 전략으로서 분명 서울시 도심 재창조 프로젝트의 일환으로 추진된 것이다. 그렇기 때문에 이것은 분명 '역사적 복원'이라기보다 '(재)창조' 사업이라고 보아야 할 것이다(이무용, 2006).

그럼에도 불구하고 실현된 광화문광장의 상징은 경복궁-광화문-세종대왕 동상-이순신 동상으로 이어지는 조선시대적 상상에서 벗어나지 못했다. 그러면서 결국 교통문제를 해결하지 못하여 광장은 사방이 차도에 갇힌 섬의 형태가 되고 말았다. 이런 문제점은 서울시 지방권력의 교체와 더불어 지속적으로 '광화문광장 재구조화' 논의가 나오는 빌미가 되었다고 할 수 있다.

광화문광장 재구조화 논의는 대략 2016년 시작되었다. "보행중심 인문도시 조성"을 모토로 이른바 "역사도심의 보행화를 위하여 2개의 남북 핵심공간축을 보행으로 활성화시키고, 4개의 동서 보행축을 강화하도록" 하며 경복궁 월대 복원, 측면광장 조성, 지하공간 개발 등을 한다는 것이 계획의 골자이다(서울특별시, 2018:65).

서울시는 이 계획의 실현을 위해 2016년 9월부터 광화문포럼을 구성 운영하고, 2017년 5월에는 시민 대토론회를 개최했다. 이를 토대로 같은 해 8월 광화문광장 개선 기본계획에 착수하여 2018년 4월 새로운 광화문광장 조성 기본계획를 발표했다. 그리고 같은 해 10월 국제설계 공모를 진행했다. 이 때 서울시가 내세운 새로운 광장의 콘셉트는 광화문에서 숭례문에 이르는 공간을 보행중심으로 개편, 한양도성의 중심인 경복궁 주변의 역사문화자원 회복, 다양한 활동을 향유하고 화합하는 시민중심 소통공간 조성 등 세 가지였다(서울특별시 광화문광장추진단, 2018).

2018년의 개선 계획도 이전 계획과 크게 달라보이지는 않는다. 다만 하나 주목할 것은 이 계획에는 '2016년 촛불 시위'의 경험이 반영되어 있는 점이다. 2018년 7월 '광화문광장 개선 종합기본계획'에서는 "시민민주주의 실현의 장, 소통과 통합의 장으로서 광화문광장의 위상 강화"라는 소항목을 두고 "4.19혁명, 6월 민주항쟁 등 자유민주주의를 향한 염원의 공간이었던 광화문일대는 2016년 1,700만 촛불에 의해 소통과 화합의 일상적 민주공간으로서 자리매김"했다고 적시했다(서울특별시, 2018). 이런 과정을 거쳐 새로운 광화문광장의 국제현상공모 당선작이 2019년 1월 발표되었다. 당선작 'Deef Surface (과거와 미래를 깨우다)'의 작품 개요는 다음과 같다.

> 광화문광장은 단일한 표면이 아니다. 역사의 깊은 시간적 지층이 있고, 서로 충돌하며 보완하는 의미가 담겨 있으며, 일상과 비일상을 연결하는 삶의 장이 존재한다. 이제 광화문광장의 표면은 깨어나 상실되었던 깊이를 회복해야 한다. 무감각했던 경직된 시간에 깨어나 역사의 깊은 내면을 드러내고, 기능에 종속된 도로의 표피에서 벗어나 진정한 시민의 장소로서 다시 태어나야 한다. 사람을 위한 다양성의 시간과 장소를 만들기 위해 깊은 표면의 전략을 통하여 세 가지 목표를 구현하고자 한다. 1. 대한민국의 대표 상징축으로서 '주작대로의 계승' 2. 일상과 비일상이 공존하며 시민이 주인인 다층적 기억의 공간을 형성할 '수직도시와 지하도시의 연결' 3. 자연과 도시를 아우르며 과거와 미래를 잇는 '한국적 경관의 재구성'(서울특별시, 2019)

그런데 설계안까지 나왔음에도 불구하고 광화문광장 재구조화 사업은 순조롭게 진행되지 못했다. 2021년 5월 준공을 못박은 일정은 현재 서울시장의 대선을 의식한 과속 행보라는 비판이 있었으며, 지하공간의 개발과 월대 복원 등 세부적인 사안에 대해서도 논란이 끊이지 않았다. 이에 박원순 시장은 2019년 9월 "광장의 주인인 시민과 소통을 강화하고 의견 수렴 과정을 더 가질 것"이라고 밝혔다. 그리하여 서너달에 걸쳐 14회의 전문가·시민 토론회가 개최되기도 했다.

이 가운데 역사적 상징이라는 측면에서 생각해볼만한 것은 월대 복원이다. 궁궐 문앞의 월대는 "평지보다 높게 기단을 쌓으면서 그 기단을 전면으로 넓게 조성한 시설물"로서 "건물의 공간적 레벨을 높이고, 더 나아가 위상을 높이는 기능을 갖는다." 따라서 "광화문의 모습을 온전히 되살리려면, 광화문 앞길의 역사성을 살리고, 그 앞 공간을 다시 꾸미려고 한다면 광화문 월대를 되살리는 것은 필수 불가결한 일"이다. 그러나 문제는 "월대를 온전히 되살리면 광화문 앞 사직로의 대부분을 가로막게 된다. 교통에 큰 영향을 미치게 된다."(홍순민, 2020:41) 이런 점에서 월대 복원은 결국 현실의 불편을 대가로 광화문 공간을 조선시대의 기념공간화하는 것 아니냐는 비판을 받게 되는 것이다. 그런데 이에 대한 한 전문가의 견해가 흥미롭다.

> 이번 광화문광장 재구조화 안의 핵심도 '역사광장'과 '시민광장'의 분리에 있다. 이 구상에서 광화문 월대는 '역사와 현실', '전통과 현대', '왕도정치와 시민주권'을 구분하고 연결하는 아이콘이다. 이것은 우리가 민주주의를 발전시켜가면서도 전통을 배려하고 역사의 연속성을 존중하겠다는 의지의 표현물이다(전우용, 2020:155).

위 견해는 월대 복원을 전제로 그것을 광화문 광장의 두 가지 의미, 역사와 현재를 연결하는 아이콘으로 위치지움으로써 경복궁 복원 사업에서 발원한 광화문 공간의 역사성 문제와 촛불 시위로 대표되는 광화문 공간의 현재성 문제를 통합하고자 시도한다. 그러나 문제는 이런 논리가 사실상 이미 정해져 있는 사업의 내용을 합리화하는 수단이라는 점이다. 이런 가운데 지난 2020년 9월 서울시는 몇 가지 민감한 사안(월대 복원, 사직로 선형 변형, 지하공간 개발)을 제외하고 광화문광장 재구조화 사업을 추진하겠다는 계획을 전격 발표했다. 그리고 두 달 뒤 개시된 사업은 머리말에서 언급한 바와 같이 이제 완성 단계에 이르렀다.

4. 시민이 만들어가야 할 광화문광장의 미래

새로운 광화문광장은 이제 머지 않아 우리 앞에 모습을 드러낼 것이다. 따라서 그에 대한 평가를 이 자리에서 할 수는 없으며 이 연구의 목적도 거기에 있지 않다. 다만 이 연구는 오늘날 광장의 조성에 이른 광화문 공간의 다양한 변형 시도는 1960년대 이래 전통의 복원과 현대의 질주라는 상반된 욕망이 다양하게 뒤얽힌 것이었음을 드러내 보고자 했다.

본론에서 살펴본 바와 같이 그 과정은 크게 두 단계로 나뉜다. 1960~70년대 박정희 정부의 발전국가는 광화문 공간을 전통의 동원과 현대의 건설이라는 두 축으로 전개된 상징정치의 전시장으로 만들었다. 이는 1980~2000년대 민주화 이행과 선진국 진입의 국면에서 전통과 현대의 균열 및 봉합의 시도로 이어졌다. 현재 "국가중추공간, 역사를 만들어온 현장, 시민중심공간"으로 조성된 광화문광장은 이런 복잡한 역사적 과정의 산물인 것이다(서울특별시 광화문광장 홈페이지, 2022).

따라서 광화문 공간의 상호 모순된 여러 모습은 그 자체로 '역사의 흔적'이다. "조선왕조의 중심이었다는 역사성과 대한민국 정치·행정·외교의 중심이라는 정치적 상징성, 그리고 시민의 문화 활동과 집단적 의사 표현이 이루어지는 군중집회 현장이라는 공공성이 혼재되어" 있는 "복합적이고 중층적인 성격을 지닌 역사 공간"이라는 의미이다(대한민국역사박물관 특별전시 공간으로 보는 한국현대사, 광화문 전시 설명, 2022).

이제 새롭게 모습을 드러낼 광화문광장의 미래가 어떻게 되더라도 그것은 이런 역사의 흔적을 미래로 전하는 매개체로 기능해야 할 것이다. 그리고 그 책임은 광장이라는 물리적 구조물이 아니라 그것을 이용하는 시민의 의식으로 돌아간다. 새로운 광화문광장의 주인은 결국 그것을 이용하는 시민이며, 그로부터 광장의 의미도 새롭게 만들어질 것이기 때문이다.

참고문헌

강난형(2018). *경복궁의 모던 프로젝트*, 스페이스타임.
김경은, 한승주, 장석준, 박윤희(2020). *조선총독부 건물 철거결정은 어떻게 이루어졌나*, 한중연출판부.
문화재관리국(1994). *景福宮復元整備計劃報告書*, 문화재관리국.
문화재청(2005). *경복궁 광화문 원위치 복원 및 주변정비 기본계획*, 문화재청.
_____(2011). *景福宮光化門圈域重建報告書*, 문화재청.
문화체육부, 국립중앙박물관(1997). *舊 朝鮮總督府 建物 實測 및 撤去 報告書*, 문화체육부·국립중앙박물관.
서울특별시 광화문광장추진단(2018). *새로운 광화문광장 조성 설계공모 현장설명회 자료집*, 서울특별시 광화문광장추진단.
서울특별시 광화문광장추진단(2020). *광화문광장 다시 보기 다시 만들기*, 서울특별시 광화문광장추진단, 118-162.
서울특별시(2018). *광화문광장 개선 종합기본계획 종합보고서*, 서울특별시.
_____(2019). *새로운 광화문광장 조성 설계공모 관리용역 최종보고서*, 서울특별시.
염복규(2022). "1960-2000년대 광화문 공간의 재구축에서 '전통과 현대'", *문화와융합* 44(3), 911-925.
전재호(1998). "동원된 민족주의와 전통문화정책", *박정희를 넘어서*, 푸른숲, 236-266.
정희선(2017). "해방 이후 조선총독부청사의 변천과 그 의미", 숙명여자대학교 석사논문.
하상복(2010). *광화문과 정치권력*, 서강대학교출판부.
한국박물관100년사 편찬위원회(2009). *한국박물관100년사*, 국립중앙박물관·(사)한국박물관협회.

● 이 장은 문화와융합 학술지 44권 3호에 실린 필자의 논문(염복규, 2022)을 바탕으로 재구성되었다.

10장
'세종형' 커뮤니티케어 도시재생뉴딜

1. 초고령 사회의 가족

　우리 사회가 변하고 있다. 우리나라는 2025년이면 노인인구가 20%를 넘는 초고령 사회로 진입하며, 1인 가구의 증가와 전통적 가족 형태가 해체되고 있다. 우리는 이러한 사회 및 인구 통계학적 발전에 새로운 거주 모델로 대응해야 한다. 그렇지만 현실은 그렇지 못하다. 가족이 해체된 후기 산업사회에서 누가 나를 돌봐줄 것인가. 이제 이 문제는 우리가 처한 심각한 문제이자 사회적 문제이다. 노인인구의 증가로 연령대에 적합한 거주공간의 수요가 증가하지만 물리적 공간으로서 잘 수리된 새집 만 제공하면 우리가 원하는 삶의 공간이 되는 것이 아니기 때문에 미래 사회의 거주형태에 대한 논의가 필요하다.

　노년의 문제는 개인의 문제일 뿐만 아니라, 사회적 문제인 복합적 특징을 나타낸다. 이 연구로 노년의 삶을 관통하는 보건의료 및 사회적 문제에 대한 실증적이고 창의적 방안을 시도하고자 한다. 노인들이 보호와 돌봄의 대상일 뿐만 아니라 사회적 지원과 세대의 동참으로 자기주도적 삶을 살 수 있는 주체가 되는 것이다. 이를 위해 '세종형' 커뮤니티케어 (Community Care) 도시재생뉴딜을 제안하며, 이는 첫째, 노년의 성공적인 노화를 위함이고, 둘째, 초고령화 시대에 해체된 가족을 대체하는 대안 공동체를 제안하는 것이며, 셋째, 쇠퇴한 지역의 활성화를 위해 청년층의 유입을 꾀하고자 함이다.

이에 본 연구는 세심한 도시재생의 일환으로 세종시 조치원읍 신안리 대학로 섭골과 평리 폐정수장을 도시재생 사업으로 정비한 문화정원 지역에 주민과 대학생 청년 공동 거주 형태를 통한 세종형 커뮤니티케어 도시재생뉴딜 사업의 가능성을 고찰하고자 한다. 세종특별자치시 도시재생 전략계획(2019:150)에 따르면 2018년 신안리의 인구수는 가장 많았던 때(2005년)와 비교하여 52.0%가 감소하였으며, 사업체수와 노후건축물은 도시재생활성화지역 기준에도 부합하지 못하는 쇠퇴지역이다. 평리 역시 인구수는 2015년부터 지속적으로 감소하였으며, 사업체수는 2013년부터 2015년까지 지속적으로 감소하였고, 노후건축물은 전체의 92.7%에 해당한다(세종특별자치시 도시재생 전략계획(2019:152). 이는 도시재생의 합리적인 추진을 위하여 커뮤니티케어와 도시재생 활용 가능성을 모색하는 것이다.

2. 새로운 공동체 구상

1) 도시재생과 도시재생뉴딜

도시재생은 어떤 지역이 도시로서의 기능을 지속 가능하게 만드는 기존 도시 구조에 대한 공공의 도시계획적 개입을 말한다. 원칙적으로 공공의 이익을 위해 공공이 참여하여 해당 지역의 도시를 조정하는 하는 것이며, 목표는 장기적으로 해당 지역이 도시로서의 기능을 하는 것이다. 법적 근거는 2013년에 제정된 '도시재생 활성화 및 지원에 관한 특별법'이며, 2020년 도시재생 활성화 및 지원에 관한 특별법(약칭: 도시재생법, 법률

제17814호) 제2조(정의) 1항에 따르면 "도시재생"이란 인구의 감소, 산업구조의 변화, 도시의 무분별한 확장, 주거환경의 노후화 등으로 쇠퇴하는 도시를 지역역량의 강화, 새로운 기능의 도입·창출 및 지역자원의 활용을 통하여 경제적·사회적·물리적·환경적으로 활성화시키는 것을 말한다(국토교통부, 2020:1).

도시재생의 조건은 해당 지역이 유지 보수를 넘어서는 공공의 개입이 필요할 때이다. 그 필요성을 판단하는 것은 공공의 몫이지만, 도시재생법 제1조 목적에서 볼 수 있듯이 해당 지역의 경제적·사회적·문화적 활력 회복을 위하여 공공의 역할과 지원을 강화함으로써 도시의 자생적 성장기반을 확충하고 도시의 경쟁력을 제고하며 지역 공동체를 회복하는 등 국민의 삶의 질 향상에 이바지함을 목적으로 해야 한다(국토교통부, 2020:1).

도시재생을 추진하게 되는 배경은 해당 지역이 쇠락하여 거주환경이 낡고 방치되거나 도시개발 등 여러 요인으로 인해 거주지로서의 선호도를 상실하는 것이다. 이러한 예는 서울의 경우에는 도심 지역이 낙후 된 주변 지역으로 전락하는 경우이다. 지방의 중소도시 경우에는 인구 유출 및 고령화 등으로 도시의 발전이 정체되거나 쇠퇴하여 도시로서의 가치가 감소한 결과로 나타난다. 이렇게 도시재생 추진의 이유는 대개 해당 지역의 낙후된 생활환경이다. 따라서 도시재생의 전제 조건은 해당 지역의 도시로서의 기능을 다 하지 못하는 결함이 존재해야 하는 것이다. 도시재생법 2조 8항에 "긴급하고 효과적으로 실시하여야 할 필요가 있고 주변지역에 대한 파급효과가 큰 지역으로, 국가와 지방자치단체의 시책을 중점 시행함으로써 도시재생 활성화를 도모하는 지역"에 도시재생이 필요하다(국토교통부, 2020:5).

도시재생의 유형으로는 도시재생법 2조 6항에 에 따르면 가. 도시경제기반형 활성화계획: 산업단지, 항만, 공항, 철도, 일반국도, 하천 등 국가의 핵심적인 기능을 담당하는 도시·군계획시설의 정비 및 개발과 연계하여 도시에 새로운 기능을 부여하고 고용기반을 창출하기 위한 도시재생활성화계획과 나. 근린재생형 활성화계획: 생활권 단위의 생활환경 개선, 기초생활인프라 확충, 공동체 활성화, 골목경제 살리기 등을 위한 도시재생활성화계획이 있다(국토교통부, 2020:2).

도시재생은 외국에서는 이미 수세기 전부터 진행되었다. 특히 고도의 성장 시기나 사회적 변혁기에 시대에 뒤떨어진 그리고 더 이상 효율적이지 않은 도시구조는 문제가 되었다. 이러한 공공의 개입은 사유재산에 대한 침해 없이는 시행될 수 없는 도로나 또는 기타 기반 시설의 확장과 관련이 있다. 예를 들어 19세기 유럽의 도시에서는 철도 연결 혹은 산업 도시화와 관련하여 도심에서 집중적인 도시 재개발 조치와 도로가 건설되었다. 20세기 초에도 이러한 경향은 지속되었으며, 그러한 조치는 종종 사회적으로 취약계층의 거주 지역을 근본적으로 개조하는 시도가 되었다. 이런 도시 지역의 재개발로 지역 주민들이 살던 곳에서 쫓겨나는 희생이 빈번하게 발생하였다.

이렇게 대부분의 도시재생 사업은 물리적 환경 개선을 가장 큰 목표로 하고 있는 만큼 주민의 사회경제적 특성을 고려하지 못한 채 진행되어 지역의 사회문화·복지 문제 해결에 어려움이 발생하기도 하였다(홍선이, 이성화, 2020:46). 그래서 지역 특성에 맞는 맞춤형 도시재생을 위해 "물리적 주거환경 개선에 그치지 않고 소규모 생활밀착형 사업방식"과 "지역 주민이 주도적으로 사업을 이끌어" 나가는 도시재생뉴딜 사업이 추진되고 있다(홍선이, 이성화, 2020:47). 도시재생과 도시재생뉴딜의 차이는 주거 복지정책이 지역사회 활성화를 위한 근린재개발에 적용되었다는 점이다. 도시혁신사업인 도시재생뉴딜의 4대 목표는 사회통합, 주거복지 실현, 일자리 창출, 도시경쟁력 실현이다. 특히 주거복지 부문은 주거환경이 열악한 지역의 주거 인프라를 개선하고, 공공, 민간, 공공+민간 등 다양한 기관이 주도하는 주택재생 사업을 추진하는 것을 목표로 하고 있다(홍선이, 이성화, 2020:47).

우리나라도 도시재생법 3조 ②항에서 "국가와 지방자치단체는 도시재생사업을 추진할 때 주민의 삶의 질 향상을 우선적으로 고려하여야 한다."라는 조항을 신설하였다(국토교통부, 2020:6). 보건복지부(2019:40)에 의하면 우리나라도 2017년부터 시작된 도시재생 뉴딜사업으로 주거복지와 삶의 질 향상을 추구하며, 도시활력 회복, 일자리 창출, 공동체 회복 및 사회통합의 목표에 따라 5대 추진과제를 추진하고 있다. 따라서 도시재생 뉴딜 사업은 해당 지역의 활력을 회복하고 주거복지와 삶의 질을 향상시키고, 사회통합, 일자리 창출, 도시경쟁력을 목표로 사업을 추진한다. 지역을 기반으로 소규모 사업으로 추진되며, 주로 노인복지서비스, 노인일

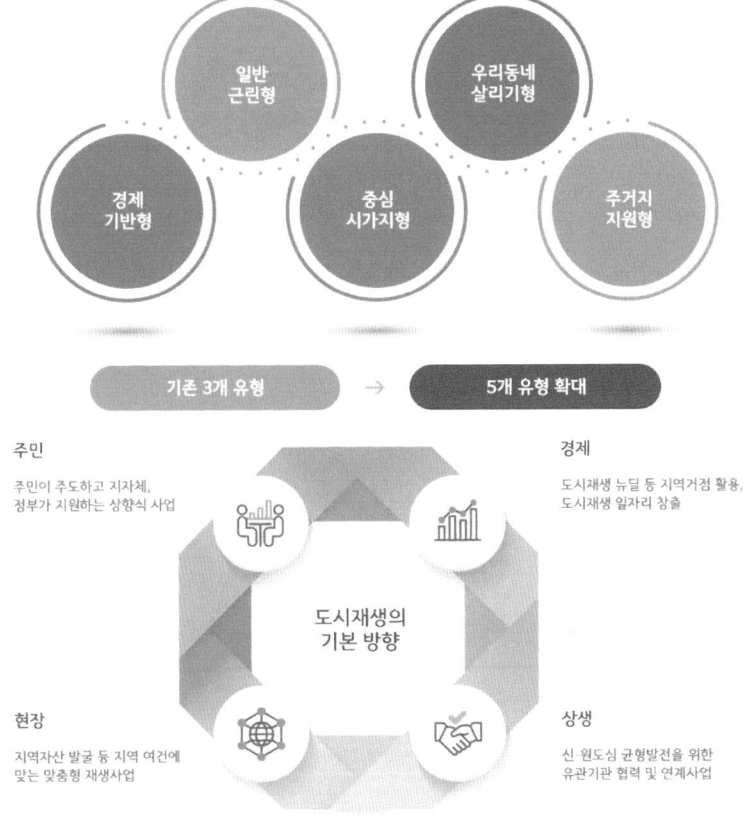

그림 1 도시재생 사업 유형 (출처: 세종시도시재생지원센터)

자리 창출, 노인회관, 공동주택 등 고령자의 사회성 유지 혹은 회복을 위한 프로그램과 네트워크 중심으로 우리동네살리기 성격이 강하다. 고령자의 주거 환경을 개선하고 이를 기반으로 경제활동 공간 창출과 비즈니스 모델 개발을 목표로 하는 도시재생 경제 활성화라고 할 수 있다. 세종형 커뮤니티케어 도시재생은 도시재생뉴딜 사업 다섯 유형 중 우리동네살리기형, 주거지지원형 그리고 경제기반형의 성격을 가지고 있다고 할 수 있다.

물리적 환경개선 중심이었던 초기의 도시재생과는 달리 변화된 사회적 요구에 따른 도시재생 뉴딜 정책의 기본이 되는 원칙은 통합적 도시재생이다.

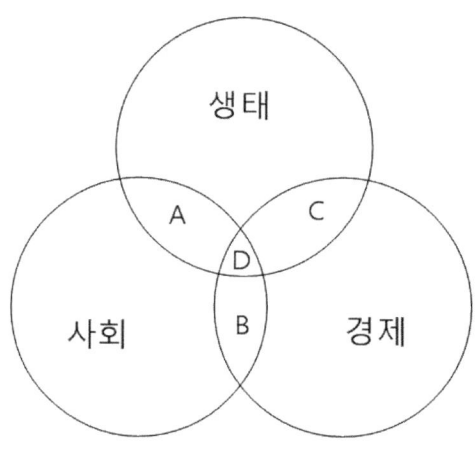

그림 2 통합적 도시재생을 위한 3원칙
(출처: 김상원, 이문기, 김경 2016: 232f.)

2) 커뮤니티케어

커뮤니티케어란 주민들이 살던 곳에서 거주하면서 개개인의 욕구에 맞는 서비스를 누리고 지역사회와 함께 어울려 살아갈 수 있도록 주거,

보건의료, 요양, 돌봄, 독립생활의 지원이 통합적으로 확보되는 지역 주도형 사회서비스 정책이다. 여기서 '케어'의 의미는 주거, 보건의료, 요양, 돌봄, 독립생활 지원 등을 포함한다.

커뮤니티케어가 등장한 이유는 케어 욕구를 충족시키지 못하는 재가서비스 때문이다. 병원이나 시설에서의 돌봄서비스는 당사자의 인권과 삶의 질을 저하시키는 요인이다. 돌봄이 필요한 주민이 살던 곳에서 개인의 욕구에 적합한 서비스를 누리고 지역사회 내에서 지속적으로 거주가 가능하도록 주거·보건의료·요양·돌봄·독립생활 지원이 통합적으로 확보되는 지역주도형 사회서비스 정책을 의미한다. 돌봄이란 커뮤니티케어 정책을 통해 제공되는 서비스로 의료적 치료 및 관리를 비롯하여 요양, 일상생활 지원, 욕구에 적합한 주거와 여가문화 및 사회참여까지를 통합한 의미이다. 돌봄이 필요한 주민이란 커뮤니티케어의 수요자로, 대표적인 대상자는 노인, 장애인, 아동, 정신질환자, 노숙자 등이며, 지역사회란 거주하던 지역에서 멀리 떨어진 곳에 위치한 시설이 아니라 오랫동안 거주하던 주택이나 지역 내 공동 홈이 위치한 공간 범위를 의미한다(보건복지부, 2019:23-24).

커뮤니티케어는 그 용어의 모호성으로 인해 목표가 다른 다양한 의미를 포함하고 있다. 커뮤니티케어는 일반적으로 지역사회 통합으로 이해되며 그 추구하는 목표를 반영하지만, 이때 커뮤니티케어에서 주로 함께 사는 구성원에 의해 제공되도록 의도된 도움에 대한 책임 측면은 간과되는 경향이 있다. 커뮤니티케어라는 용어의 모호성은 '커뮤니티'와 '케어'라는 개념을 별도로 분석하면 분명해진다.

커뮤니티 역시 다의적 용어이다. 커뮤니티(지역사회)는 지역 행정 단위이거나 종교 공동체뿐만 아니라 사회문화적, 사회경제적, 생태학적인 포괄적인 용어로 볼 수 있다. 커뮤니티케어 개념은 바로 이 포괄적인 측면에서 남다른 의미가 있는 것 같다.

Care는 우리말로 '돌봄'이라는 용어로 번역될 수 있으며, 관심, 걱정 또는 책임을 의미한다. 다른 사람에 대해 걱정하고 책임을 공유하는 것이 공동체의 기본 관점이다. 커뮤니티케어의 원칙은 공동체 구성원인 우리 일반인들이 도움이 필요한 사람들을 책임진다는 것이다. 서로가 서로를 돌보는, 그래서 서로가 도움을 받는 커뮤니티케어는 사랑(가족), 경제적 이유(간호 서비스 같은 직업), '우리'라는 연대감에 의해 구현 가능해진다. 커뮤니티케어에서 가장 중요한 것은 세 번째 측면인 것 같다. 문제는 '연대'를 어떻게 구현하는 가이다.

'커뮤니티케어'는 공동체 구성원 서로가 서로를 돌보고 그 구성원들 스스로 자신들의 삶의 방식을 선택할 수 있는 특별히 지정된 지리적 공간영역내에서 구성성원들 서로가 동등하고 서로 도우며 살아가면서 사회적 활동에 제약 없이 참여하는 사회 운동이다. 소수의 구성원들 사이에서 생겨날 수 있는 친밀함을 위해 대략 3000~5000명의 주민이 있는 공동체 내에서 가장 잘 구현될 수 있다고 한다. 반면에 규모가 어느 정도 되어야 필요한 인프라가 마련되기에 이상적인 거주자 수를 약 20,000명으로 추정하기도 한다.

이런 사회적 운동은 무엇보다도 '풀뿌리 운동'에서 유래 한다. 공동체 안에서 상호의존적 삶을 특징으로 하며 역사적으로 정상화 원칙(Normalisierungsprinzip)과 사회정신의학(Sozialpsychiatrie) 및 커뮤니티연구(Gemeinwesenarbeit), 그리고 1990년대에 유행한 공동체주의(Kommunitarismus)에서 찾을 수 있다.

그 중 정상화 원칙은 성격 개발 및 자기 결정, 사회 통합 및 참여 촉진에 가치를 둔다. 장애인의 삶은 가능한 한 정상적으로 설계되어야 한다고 가정하며, 이는 장애인이 가능한 한 정상적으로 일상생활을 영위해야 한다는 것을 의미한다. 커뮤니티케어와 정상화 원칙의 근본적인 차이점은 도움을 주는 사람이 전문 인력에서 함께 거주하는 이웃으로 바뀌었다는 것이다. 정상화 원칙은 스스로를 전문적으로 제어되는 구현 모델로 간주한다. 여기서 전문가는 어려움이 발생한 경우 즉시 지원을 제공할 수 있도록 도움을 받는 사람 가까이 있어야 한다. 반면에 커뮤니티케어의 경우 전문 인력이 가장 바깥쪽 원을 형성하므로 존재감이 훨씬 덜하다. 커뮤니티케어에서는 우선적으로 1차 네트워크(가족, 친구) 또는 불특정 지원그룹이 도움을 주어야 한다.

우리나라 커뮤니티케어의 비전은 돌봄의 대상자가 살던 곳에서 건강한 노후를 보낼 수 있는 포용국가를 만드는 것이다. 목표는 2025년까지 지역사회 통합 돌봄(커뮤니티케어) 제공기반을 구축하는 것이며, 4대 핵심요소는 주거지원 인프라 확충, 방문건강 및 방문의료, 재가 돌봄 및 장기요양, 서비스연계를 위한 지역 자율형 전달체계 구축이다.

우리나라 커뮤니티케어 정책은 1단계(2018~2022): 선도사업 실시와 핵심 인프라 확충, 2단계(2023~2025): 지역사회 통합 돌봄(커뮤니티케어) 제공기반 구축, 3단계(2026년 이후): 지역사회 통합 돌봄(커뮤니티케어) 보편화 단계로 되어있다(대한민국 정책브리핑 - 지역사회 통합 돌봄(커뮤니티케어) 3장).

2022년 현재까지의 정책추진 성과는 선도사업 추진기반 구축, 대상자 발굴과 서비스 연계, 선도사업 프로그램 운영, 빅데이터를 활용한 선도사업 대상자 발굴·건강관리모형이며, 앞으로도 법적·제도적 기반 마련과 함께 다양한 방문형 서비스와 제공 인프라 확충을 통해 지역이 지역 주민의 요구와 특성에 맞는 통합돌봄 서비스를 제공해 나갈 수 있도록 지원해 갈 계획이라고 한다.

사실 커뮤니티케어는 앞에서도 살펴보았듯이 새로운 정책이 아니다. 고령자 혹은 보호대상자의 복지정책의 학술적 개념이다. 어떻게 하면 이들을 좀 더 인간적인 환경에서 지원을 해줄 수 있나 하는 정책적 고심의 결과이다. 그래서 서구 여러 나라, 특히 복지를 중시하는 유럽 국가들은 커뮤니티케어를 정책적으로 구현하고 있다. 우리나라도 2018년 11월 '지역사회 통합돌봄 기본계획 (1단계: 노인 커뮤니티케어)'를 발표하여 통합돌봄 제공 기반을 구축하기 위한 추진 로드맵과 4대 중점과제(주거, 건강·의료, 요양·돌봄, 서비스 통합 제공)를 제시했다. 2019년 6월부터 2년간 16개 시군구에서 지역 자율형 통합돌봄 모형을 만들기 위해 선도사업을 추진하고 있다. 이는 초고령사회에 맞춰서 사회보장제도의 전반을 커뮤니티케어를 통해서 손질하는 것이다. 핵심은 복지대상자의 문제를 지역사회 안에서 해결하자는 것이며, 우리나라는 지금까지 이러한 정책이 부족한 편이다. 지방자치가 발전한 미국이나 유럽 국가들은 이 정책을 이미 1970년대부터 구현하고 있으며 많은 성과를 거두고 있다.

우리가 커뮤니티케어를 적극적으로 도입해야 하는 이유는 여러 가지이다. 우선 우리나라는 현재 급속한 고령화로 인해 인구구조가 세계에서 유례를 찾아볼 수 없는 사례가 되었다. 하지만 현재 고령자에 대한 복지정책은 가족의 부담으로 마지막까지 지탱하다 결국은 요양시설로 보낼 수밖에 없는 상황이다. 다음으로는 대상자가 충분하고 인간적인 서비스를 받으면서 행복한가의 문제이다. 서비스가 부족하기도 하고 이 서비스 부족은 서비스의 질 악화라는 파생효과를 발생시킨다. 2017년 노인실태조사 결과, 고령자 57.6%가 거동이 불편해도 살던 곳에서 여생을 마치고 싶다고 답했다. 그러나 실상은 병원·시설에서 지내야 하는 상황이 많고, 불충분한 재가 서비스로 인해 가족에게 돌봄은 큰 부담이 되고 있다.

커뮤니티케어는 초고령사회를 앞둔 시점에서 광범위한 돌봄 불안을 해소하고 국민의 삶의 질을 높이기 위해 어르신들이 살던 곳에서 건강한 노후를 보낼 수 있도록 주거·의료·요양·돌봄서비스를 획기적으로 개선하는 정책이다(대한민국 정책브리핑 - 지역사회 통합돌봄(커뮤니티케어) 1. 지역사회 통합돌봄(커뮤니티케어)란?).

3) 다세대 하우스와 다세대 거주

2006년에 독일연방가족·노인·여성·청소년부(BMFSFJ)가 다세대 하우스 프로그램을 시작했다. 이 다세대 하우스는 부모·자녀·센터, 가족·이웃·센터, 노인회관 등 기존 시설을 기반으로 개발된 것이 많았다. 그 이후로 다세대 하우스 네트워크가 독일 전역에서 생겨났으며, 모두 9,000개 이상의 프로그램과 서비스를 제공하고 필요에 따라 새로운 프로그램도 개발한다. 사실 다세대 하우스는 공동거주가 아니라 만남의 장소이다. 독일 연방가족부는 다세대 하우스를 세대의 공존이 활발하게 이루어지는 만남의 장소이며, 공동 활동을 위한 공간이고, 지역 사회에서 서로를 위한 이웃 관계를 장소라고 정의한다. 이곳의 프로그램은 점심 제공에서부터 돌봄이 필요한 사람들을 위한 돌봄 및 지원, 유아 돌보기 및 취학 연령 아동을 위한 숙제 지원, 재취업을 위한 추가 교육 과정 및 이민자를 위한 어학 코스 등으로 매우 다양하다. 이러한 다세대 하우스는 우리의 삶을 이웃과 함께 지속 가능하고 세대를 넘어서 풍요롭게 하는 목표를 가지고 있다. 독일 전역에서 거의 20,000명의 자원 봉사자가 이 '세대 간 화합'을 위해 봉사하고 있다. 2021년 1월 1일에 연방가족부는 연방 프로그램 '다세대 하우스. 함께-서로를 위해'라는 정책을 시작하였으며, 향후 8년간 전국적으로 약 530세대의 다세대 주택이 조성될 예정이다.

독일의 모든 다세대 하우스는 지역의 특성을 반영하여 설계되었고, 공동의 목표는 사회에서 세대의 결속력을 강화한다는 것이다. 이를 위해 지역의 필요에 따라 지원, 조언 및 광범위한 자원 봉사 기회를 제공한다.

다세대 하우스에서 중요한 영역 중 하나가 노년을 위한 프로그램이다. 나이가 들어 노년이 되었지만 다시 일을 시작하고, 사회활동에 참여하며, 자신의 능력과 경험을 제공하는 것이 다세대 하우스에서 가능하다. 그러나 노인이 도움이 필요한 경우에도 지원과 다양한 서비스를 받을 수 있다. 다세대 하우스는 일상생활에서 노인과 보살핌이 필요한 사람들과 그들의 가족을 지원해준다. 또 다른 분야가 교육이다. 교육은 닫힌 문은 열어주는 역할을 한다. 재취업이나 이주민들의 정착에 다양한 교육 및 만남의 기회를 준다.

다세대 하우스는 시설에 따라 다르다. 그러나 핵심은 만남과 소통이다.

이는 다양한 연령대의 사람들의 삶에 영향을 미친다고 한다. 세대는 다르지만 서로에게서 배우고 도움을 받을 수 있다는 것이다. 제공되는 프로그램은 아이 돌봄, 점심 제공, 돌봄이 필요한 사람들을 위한 돌봄 및 지원 서비스, 유아 그룹에서 이민자를 위한 언어 과정에 이르기까지 다양하다.

다세대 하우스의 기본 요건은 사람을 만나는 것이므로 인력뿐만 아니라 구조적 요건도 있다. 건물은 일반적으로 다양한 사람들이 만나는 중심 장소에 자리하는 방식으로 설계된다. 또한 각각의 인적 요구 사항도 있다. 많은 다세대 하우스에서 요양원은 건물 단지에 포함되어 있으므로 필요한 간호 인력이 그곳에 있어야 한다. 그리고 다세대 하우스의 많은 자원 봉사자와 운영자가 현장에서 일하며 다양한 활동을 조직해야 한다. 예를 들어 어린이 돌봄은 교육된 보육교사가 담당하고 자원 봉사자의 지원을 받는다.

다세대 거주의 원리는 가족, 친구, 혹은 같은 생각을 가진 사람들 누구든 상관없이 여러 연령층의 세대가 같은 집에서 거주하며 언제든지 만나고 서로를 지원할 수 있는 것이다. 그러나 함께 거주하는 것은 그렇게 쉬운 일이 아니다. 중요한 것은 함께 살게 될 젊은이와 노인의 이해관계가 서로 맞아야 한다. 이 프로젝트의 핵심은 "안녕하세요?" 또는 "잘 지내세요?"라는 단순히 안부를 묻는 관계를 넘어 다세대 커뮤니티에서 함께 사는 것이다. 다른 사람과 함께 일상을 나누고 독신이나 핵가족이 아닌 공동체에서 함께 살고 싶은 욕망은 고립이 심화되는 현재에 대한 반응이다. 다세대 공동 거주는 혼자서는 불가능했던 대안적 삶의 방식과 가계구조를 연대적 자기관리로 구현하고자 하는 것이다. 특히 주거공간이 부족하고 비싼 도시 지역에서는 재정적 안정을 주기도 하여 연대경제의 실험적 공간이 되고 있다. 이러한 공동 주거프로젝트는 주거를 장기적으로 보다 안정적으로 만들 수도 있으며, 그로써 부동산 투기를 줄이고 이웃 간의 경쟁이 아닌 커뮤니티 안에서의 상생을 촉진할 수도 있다.

세대를 초월한 공동생활은 세대 간 대화를 촉진하고 특히 노인의 경우 독립성을 크게 지원하여 노년까지 능력을 보존하는 대안으로 간주된다.

스스로 선택한 그리고 사회적으로 더 밀접하게 연결되어 있는 공동체에서 나이에 맞는 거주를 위해서는 지원이 있어야 한다. 이러한 독립적인 생활과 사회적 네트워킹의 결합을 요구하는 것은 노인들만이 아니다. 미혼의 1인 가구와 어린 자녀가 있는 가구에 이르기까지 젊은 세대는 공간적 필요뿐 아니라 사회적 요구를 충족시키는 주거 형태를 찾고 있다. 그 이유는 첫째, 노인의 경우 높은 연령대까지 필요한 주변의 돌봄이 노인 스스로의 자기 결정과 책임 및 사회적 참여에 대한 욕구와 일치하지 않는다. 둘째, 가족 네트워크가 얇아지고 있어 나이가 많은 사람들과 자녀가 있는 젊은 가정 모두에게 문제가 될 수 있다. 셋째, 다세대 공동거주의 핵심은 지원의 필요성뿐만 아니라 더 많은 사회적 유대를 원하는 모든 연령대의 욕구에 있다.

3. 세종형 다세대 공동거주

1) 배경 및 필요성

세종시 조치원 지역은 지역 거버넌스 구축을 통해 주민의 생활여건 개선과 도시쇠퇴지역의 기능을 증진시키고 지역공동체를 활성화하여 자생적 도시재생 기반을 구축할 필요가 있다. 조치원읍의 2018년 주택총수는 21,125호이며 주택보급율은 111%이다. 그 중 아파트는 10,625호로 대략 50%이고 나머지는 단독주택과 연립 및 다세대, 다가구 주택이다. 주택이 절대적으로 부족한 것은 아니지만 노후된 주택이 많다는 의미이다(세종특별자치시 도시재생 전략계획(2019:38). 조치원읍의 노후주택 비율은 69.806%로 4등급이며 매우 쇠퇴한 지역에 속한다(세종특별자치시 도시재생 전략계획(2019: 89). 세종시 전체로 보아서는 전국에서 가장 젊은 도시이지만, 조치원의 상황은 그렇지 않다. 조치원읍의 2018년 고령

인구(65세 이상)는 6,410명으로 조치원읍 전체 주민수 45,369명의 약 14%로 매우 높다(세종특별자치시 도시재생 전략계획(2019:32). 조치원읍의 평균나이는 39세로 매우 젊은 편이나, 이는 고려대·홍익대와 같은 교육시설과 행정도시의 높은 주거비를 감당하기 어려운 젊은 계층들의 이동 등의 원인이 있을 수 있다(세종특별자치시 도시재생 전략계획(2019:80). 고령화와 인구감소(조치원읍의 2018년 인구감소율은 8.79%이다. 세종특별자치시 도시재생 전략계획(2019:78)), 물리적 쇠퇴(2018년 인구감소율·노령화지수·평균나이·기초생활수급세대 4개 지표만으로 분석한 도시쇠퇴분석에 따르면 조치원읍은 5등급 중 4등급으로 쇠퇴가 심각한 지역이다. 세종특별자치시 도시재생 전략계획(2019:77))가 진행되고 있으며 지역에 위치한 두 개 대학 재학생들이 거의 방치되고 있는 상황이다. 앞서 언급한 두 지역의 경제적(총종사자 수 변화·총사업체 수 변화·총사업체 수·제조업종사자 비율 4개 지표만으로 분석한 조치원읍의 산업경제 측면의 쇠퇴도는 5등급으로 세종시 내에서도 쇠퇴도가 가장 높은 지역이다. 세종특별자치시 도시재생 전략계획(2019:83)), 사회적, 물리적 활성화를 위해 지역적 여건 및 특성에 맞는 종합적이고 체계적인 도시재생 비전·목표·전략설정이 필요하다. 하지만 세종시에서 추진 중인 도시재생 사업에서 지역 대학 재학생과 청년들을 위한 계획은 미미하다. 287쪽 분량의 세종특별자치시 도시재생 전략계획을 살펴보면 도시에 활력을 다시 불어넣으려면 제일 중요한 것은 젊은이들의 유입이 있어야 함에도 이에 대한 논의가 거의 없다. 산·학·연의 클러스터기반구축을 위해 지역 맞춤형 워킹스페이스 확충을 위해 고려대, 홍익대 연계를 통한 지역인재 육성과 지역의 일자리 증가 및 경제 활성화가 전부이다(세종특별자치시 도시재생 전략계획(2019:123)).

　세종형 커뮤니티케어 도시재생뉴딜은 단지 낙후된 환경을 개선하고 노인에게 적합한 주택만을 제공하는 것에 그치는 것이 아니다. 핵심은 다양한 세대가 함께 사는 것이다. 서로 다른 세대의 공동거주에서 상호

지원과 보살핌이 생성된다는 것이다. 도움이 필요한 노인들은 함께 사는 젊은이들의 도움으로 자신의 주거지에서 더 오래 살 수 있고, 젊은이들은 함께 사는 노인들로부터 정서적 안정을 찾을 수 있다. 노인과 청년의 공동 거주는 전적으로 자발적이며 서로에 대한 보살핌의 의무는 없다. 그리고 양 당사자 모두 공동거주로부터 이익을 얻는 구조여야 한다. 이를 위해 2가지 조건이 충족되어야 한다. 첫째, 해당 지역이 인간친화적 삶의 환경으로 조성되어야 하며, 둘째, 고령자의 자기생성적 노년을 위한 커뮤니티 내에서의 활동과 청년의 미래를 위한 활동 기회가 부여되어야 한다.

세종형 커뮤니티케어는 독일의 '다세대 하우스'(Mehrgenerationenhaus)와 '다세대 거주'(Mehrgenerationenwohnen)에서 착안한 대가족을 현대적으로 해석한 것이다. 사실 다세대 하우스는 다양한 연령대의 세대들의 공동거주가가 아니라 만남의 장소이다. 독일 연방가족부는 다세대 하우스를 세대의 공존이 활발하게 이루어지는 만남의 장소이며 공동 활동을 위한 공간이고 지역 사회에서 서로를 위한 이웃 관계를 장소라고 정의한다. 이곳의 프로그램은 점심 제공에서부터 돌봄이 필요한 사람들을 위한 돌봄 및 지원, 유아 돌보기 및 취학 연령 아동을 위한 숙제 지원, 재취업을 위한 추가 교육 과정 및 이민자를 위한 어학 코스 등으로 매우 다양하다. 다세대 거주란 노년층이 자녀, 손자손녀, 혹은 세대가 다른 이들과 함께 한 집에서 생활하는 것을 말한다. 다세대 거주는 다세대 하우스와 같은 원리인 젊은 사람과 노약자 상호 부양 원칙을 따르지만 일반적으로 다세대 거주의 개념은 공동 거주를 의미한다. 다세대 거주의 원리는 가족, 친구, 혹은 같은 생각을 가진 사람들 누구든 상관없이 여러 연령층의 세대가 같은 집에서 거주하며 언제든지 만나고 서로를 지원할 수 있는 것이다.

도시에 활력을 다시 불어넣으려면 여러 가지가 필요하다. 그 중에서도 제일 중요한 것은 젊은이들의 유입이 있어야 한다. 조치원읍에는 고려대 세종캠퍼스와 홍익대 세종캠퍼스 두 개의 대학이 있다. 이 두 대학 중간의 공간이 '섭골'이며, 두 대학의 학생 1만 여 명 중 상당수의 학생들에게는 교육공간이자 주거공간이기도 하다. 학생들은 통학을 하거나 교내에 위치한 기숙사에 거주하기도 하지만 많은 학생들이 이 섭골의 원룸이나 하숙, 혹은 자취방에서 거주한다. 대학이 들어오기 전 이 지역은 전형적인 농촌마을이었다.

앞에서 언급한 조치원의 평리 문화정원 지역과 섭골 지역은 세종형 커뮤니티케어 도시재생을 위한 필수적인 필요조건은 갖추고 있다. 섭골에는 젊은이들이 있고, 평리 문화정원에는 인프라가 조성돼 있다. 이 두 지역을 각 지역의 특성을 살려 유기적으로 연결시켜주는 프로그램이 필요하다. 문화정원 지역의 도시재생은 모두 건물 재건축 중심이었고 그 용도가 문화활동을 위한 공간이었다. 실제로도 세종시가 주관한 공연과 전시들을 비롯한 예술 중심의 용도로 사용이 되었다. 다양한 콘텐츠 기획이 필요했으나 단편적인 기획들로 인해 더 많은 시민들이 여러 용도로 문화정원을 활용하는 데 한계를 불러왔다고 한다. 그리고 섭골은 많은 젊은이들의 생활공간이지만 현재 방치되고 있다. 젊은이들은 갈 곳도 놀 곳도 없는 마치 삭막한 황무지에 버려진 것 같은 실정이다. 두 대학 모두 상당한 규모의 기숙사를 운영하고 있다. 하지만 학생들은 여러 이유로 원룸이나 자취방에서 생활을 한다. 자녀를 외지에 보낸 부모의 걱정이 큰 것은 당연하다고 생각한다. 이러한 상황에서 조부모 같은 주민들과 같이 거주하며 숙식을 해결할 수 있다면 부모의 불안은 많이 해소될 것이다. 따라서 본 연구에서는 홍선이, 이성화(2020)에서 개발된 커뮤니티케어형 노인 주거 방안 중 '주민참여와 역량강화 모델'을 조치원 도시재생 사업에 활용해보고자 한다. 홍선이, 이성화(2020)에서 델파이 연구를 통해 최종 선정된 커뮤니티케어형 주거모델은 공동체 근린 재생, 적정 주거확보, 포괄적 돌봄서비스, 주민참여와 역량강화, 노인 서비스지원 주거 제도 기반화의 5개 영역이며, 1라운드 질문 결과에서 도출한 102개 항목을 정제해 나가면서 최종적으로 66개 항목으로 방안이 선정되었다.

2) 세종형 다세대 공동거주의 의미

세종형 커뮤니티케어는 각자가 개인으로 존재하면서 자신의 가치를 경험하고, 모두 각기 다른 삶의 조건에도 불구하고 모두 평등하다는 원칙에 기반 한다. 따라서 세종형 커뮤니티케어의 특징은 특정 그룹의 사람들(예를 들어 장애인이나 고령자 등)을 분리시켜 이들을 위한 특별한 삶의 공간을 만들지 않는다는 것이다. 이는 노약자와 젊은 사람들, 서로 다른 문화적 배경을 가진 사람들, 서로 다른 연령대의 사람들이 함께 산다는 것을 의미한다. 커뮤니티를 가족 같은 구조로 만드는 것이 목표이다. 구성원들의 공동거주는 평등한 교류에 기초하며, 누구는 도움을 주고 누구는 도움을 받는 구조가 아니라 모두가 도움을 줄 수 있고 모두가 도움을 받을 수 있는 교류가 돼야 한다는 것이다. 서로에 대한 이러한 존중은 이 커뮤니티 내의 전문 인력들에게도 활동 지침이어야 한다. '돌봄' 대신 '동반'이라는 기본 원칙과 사회적이고 평등한 개성을 근본적으로 수용하는 것은 커뮤니티케어를 적용하기 위한 필수 전제 조건이다. 소외된 위치에 있는 사람들이 사회생활에 완전히 참여하도록 지원하는 일차적 책임은 지역사회, 즉 우리 모두에게 있기 때문이다.

세종형 커뮤니티케어 도시재생뉴딜은 도시재생뉴딜 지역 특화모델 중 하나인 대학타운 모델을 중심으로 프로그램을 구성한다.

표 1 (출처: 보건복지부, "커뮤니티케어형 도시재생뉴딜사업 모델 마련 연구", 2019:43)

특화모델	사업내용	적용유형	관련부처
대학타운	대학이 지자체와 함께 활성화계획을 마련하고 지식·시설자원을 지역사회와 공유하는 등 사업에 주도적으로 참여	중심시가지, 일반근린	-

세종형 정책의 내용은 2016년 선정된 한국연구재단 '인문전략연구'의 결과물로 세종시에 제안한 내용을 기반으로 하고 있다. 기본은 자기생성

적 노년을 위한 세종형 커뮤니티케어이다. 이에 상응한 기본 원리는 첫째, 지역사회 공동체 및 사회적 자본형성과 지속가능한 돌봄을 위한 커뮤니티 형성, 둘째, 전신적이고 육체적 자립유지를 위한 자기생성적 의식과 교육 프로그램 제공, 셋째, 사회적 생활자 역할과 공유가치 창출이다. 그리고 그 출발점은 기존의 노인복지는 노인을 사회적 돌봄의 대상으로만 보았다는 반성이다. 세종형은 이제 노인이 사회적 복지, 정책적 돌봄의 대상에서 자신들이 문제 해결의 주체로 자리매김하는 것이다. 노인이 건강상태가 악화되거나 돌봄이 요구되는 상태에서 커뮤니티에 입주하여 지역사회와의 접점은 희박한 상태로 단지 지원받는 존재가 아니라는 것이다.

세종형 커뮤니티케의 주요 정책설계방향은 첫째, 가치관을 공유하는 시니어그룹의 네트워킹과 지역사회와 젊은층 그리고 대학 등과의 공동체 형성 및 상생이고, 둘째, 노년의 건강예방 및 자기관리프로그램을 수립하며, 셋째, 노인 스스로의 능력을 부여하고 지원하는 환경 및 다세대교류 프로그램을 구축하는 것이다. 주요 대상그룹은 방문치료 및 입원치료 전·후 방문의료, 요양, 돌봄 케어가 필요한 대상 및 노인과 자택 혹은 지역사회에 거주하고 있으나 일상생활에 어려움이나 돌봄이 필요한 사람, 시설에 입소하거나 지역사회에서 이웃과 어울려 살기를 희망하는 사람, 조치원 소재 고려대와 홍익대 학생으로서 공동거주에 동의하는 청년 그룹이다. 세종형 커뮤니티케어의 기본개념 및 설계는 아래와 같다.

① 기존의 고령자 공동주택과는 달리 생활형 커뮤니티에 해당됨
② 거주자는 건강한 상태에서 우선 입주하게 되고, 건강을 유지, 증진할 수 있는 다양한 지원을 받을 수 있음
③ 거주자에 의한 커뮤니티와 자치조직이 형성되어 거주자는 서비스를 받는 입장뿐만 아니라 운영에의 참여 등 지역사회 커뮤니티의 역할자이기도 함
④ 고령자만을 대상으로 하는 폐쇄형 장소가 아니라, 커뮤니티는 지역

에 오픈되고, 다세대가 모여 상호공동으로 창조하는 구조로 구축함
⑤ 사업 면에서는 공적인 보험에 의존하지 않고 수익에 어느 정도 중점을 두며, 재생 등 기존 자원의 활용에 중점을 둠
⑥ 고용 면에서도 공공보험 외 서비스인 돌봄예방, 인지장애예방, 건강유지 및 증진, 사회참여, 다세대 공동창조 등 다면적인 측면에서 고용을 창출하는 효과를 기대할 수 있음

세종형 커뮤니티케어 기본구도는 이렇게 기존 거주기능과 요양 및 보호기능 중심에서 지역사회 자본형성과 지역사회자원 등과의 연계구축 그리고 다세대 참여에 의한 공동체 형성과 사회적 가치추구를 위한 커뮤니티 기능의 활성화에 의거한 자기생성적 노년을 위한 프로그램과 사업화 방안의 모색 및 구축이다.

4. 새로운 '가족' 공동체의 미래

세종형 커뮤니티케어 도시재생뉴딜은 노인과 청년 공동 거주 형태로 고려대와 홍익대 학생과 조치원 거주주민의 공동주거로 전통적 개념의 가족 붕괴의 대안이 될 수 있는 새로운 가족 개념이 여기서 구현되도록 시도하는 데에 정책의 특성이 부여될 수 있다. 이를 위해 도시재생 사업지인 조치원 정수장 인근을 대상으로 도시재생 사업과 연계하여 이 지역에 세종시립병원, 세종청소년수련관, 조치원정수장(도시재생으로 새로운 공간으로 재생 됨)이 있어 추가적 비용 크지 않고, 사업의 시너지 효과도 거둘 수 있다. 이를 통해 인문학적 사고가 중심이 된 사회문제인 고령화와 세대 간 단절 등과 같은 문제의 해결방안이 제시 된다. 공동체 활동 프로그램 구성은 핵심내용으로 정신적, 육체적 자립유지를 통한 자기생성적 노년 교육 및 활동 프로그램을 만들어 내고 수행성 기반 활동 제공을

제공하여 능동적 활동이 중심이 되도록 한다. 시니어의 경험과 젊은이의 창의성을 활용하여 노년이 늘 수용이 아니고 제공도 할 수 있는 구조를 만들어 낸다. 프로그램 예시로는 인문소양강좌, 영상자서전 및 스토리텔링, 웰다잉 및 웰리빙 관련 교육 및 체험, 스마트기기 활용 소통 능력 향상, 협동조합 형태의 경제활동으로 청년과 함께 운영하는 공방, 서점, 카페 등을 제안한다. 이를 커뮤니티 비즈니스 모델이라고도 한다. 이를 통해 특히 젊은 인구 유입이 가능해지며 이는 조치원의 인프라 구축으로 이끌 것이다.

참고문헌

강누리, 이상우, 김갑년(2021). "'디지털세종시문화대전' 집필 사업 고찰", *문화와융합* 43(5), 387-409.
김갑년(2021). "세종시의 문화도시 가능성 고찰", *문화와융합* 43(12), 629-648.
_____(2022). "'세종형' 커뮤니티케어 도시재생뉴딜에 대한 소고", *문화와융합* 44(3), 821-842.
김상원, 이문기, 김경(2016). "독일 에센의 통합적 도시재생과 문화마케팅", *독어교육* 67, 229-246.
김상원, 박순찬, 김영석, 오륜(2011). "도시재생사업을 통한 컬쳐노믹스 복지(Culturenomics Welfare) 실현 방안에 관한 연구", *인문콘텐츠* 22, 163-181.
민춘기(2020). "스마트 도시 재생에서 독일 문화- 창의 경제 정책의 활용 가능성", *문화와융합* 42(1), 255-280.
박길용(2019). "독일의 '도시재생' 성공사례 연구: 함부르크, HafenCity를 중심으로", *한독사회과학논총* 29(3), 3-32.
박정희(2010). "문화와 예술의 중심지로서 도시 공간: 베를린을 중심으로", *독일언어문학* 49, 101-130.
보건복지부(2019). "커뮤니티케어형 도시재생뉴딜사업 모델 마련 연구".
이연숙, 전은정, 김민주, 안소미(2017). "일본의 보찌보찌나가야 다세대공동주택의 유형학적 특성 연구", *Journal of the Korean Housing Association*, Vol. 28, No. 4, 65-76.

인문전략연구 결과보고서(한국연구재단 2016년 선정과제, 과제번호: RF-2016S1A6A7936467: 연구책임자 김갑년). "노년의 아름다움: 자기생성적 노년을 위한 인문학기반 솔루션".

진영환, 김진범(2010). "도시재생과 커뮤니티 비즈니스: 우리나라 커뮤니티 비즈니스 사례와 도시재생사업에 활용가능성을 중심으로", *국토연구* 65, 181-196.

홍선이, 이성화(2020). "커뮤니티케어(Community Care)형 도시재생뉴딜을 위한 노인서비스 지원 주거 연구", *대한부동산학회지* 38(4), 36-67.

Lee, Minseok(2008). *Stadterneuerung in Seoul. Analyse und Konzepte zur Wohngebiets-Sanierung nach REIP*, Diss. Universität Stuttgart.

Ministeriums für Arbeit und Sozialordnung, Familie, Frauen und Senioren Baden--Württemberg(2014). *Mehr Generationendialog in Gemeinschaftswohnprojekten. Potentiale des Generationendialogs in Gemeinschaftswohnprojekten in Baden-Württemberg.*

Thomas, S. u.a.(2020). *Mehrgenerationenwohnen.* Bundesministerium für Bildung und Forschung.

국토교통부(2017). *도시재생 뉴딜사업 신청 가이드라인.*

_____(2020). *도시재생 활성화 및 지원에 관한 특별법 (약칭: 도시재생법)*, 법률 제17737호, 2020.12.22. 일부개정, 국토교통부.

_____(2020). *도시재생 활성화 및 지원에 관한 특별법 (약칭: 도시재생법)*, 법률 제17814호, 2020.12.31. 일부개정, 국토교통부.

대한민국 정책브리핑 - *지역사회 통합 돌봄(커뮤니티케어).* 보건복지부/행정안전부/국토교통부. 최종수정일 2020.03.06.

보건복지부(2019). *지역사회 통합돌봄 도시재생 뉴딜사업 활성화계획(안) 작성 가이드라인.*

보건복지부(2018). *지역사회 통합 돌봄 기본계획(1단계: 노인 커뮤니티케어).*

세종특별자치시(2021). *세종특별자치시 2021년도 발전 시행계획(안).*

_____(2020). *세종특별자치시 도시재생 활성화 및 지원에 관한 조례*, 일부개정 2020.11.13. 조례 제1560호.

_____(2019). *세종특별자치시 도시재생 전략계획.*

● 이 장은 문화와융합 학술지 44권 3호에 실린 필자의 논문(김갑년, 2022)을 바탕으로 재구성되었다.

11장

지자체의 노인지원정책이 노후준비에 미치는 영향

1. 초고령화 시대, 노인 문제 '재조명'

　전 생애 인간 발달의 과정에서 노년기에 접어들면 1차적으로 정상적 노화가 오고, 2차적으로 병리적 노화가 진행된다. 그로 인해 우울증, 수동성, 조심성, 경직성, 애착심, 의존성 등이 증가하는 심리적·정신적 특성은 자연스러운 현상으로 이러한 두려움과 불안정성을 '노화 불안'으로 정의할 수 있다(Lynch, C., 2000:1-20). 노화 불안은 우울증으로 이어질 수 있기 때문에 인간이 노화가 진행될 때 타인과 상호 활발한 소통을 하며 친밀한 관계를 유지하고, 자기 긍정성이 높은 내적 내면을 키울 수 있는 역량과 마음가짐이 중요할 것으로 보인다.

　현재 전 세계가 고령화로 인해 65세 이상 인구가 급격히 증가하고 있고, 그에 따라 인구 평균 연령도 늘어나고 있다. 이에 최근 미국의 많은 대학에서 고령자의 복지, 사회 문제, 행동 심리학을 다루는 노인학 강좌가 많이 개설되고 있는데, 그 배경으로 예전보다 늘어난 수명으로 인해 보다 가치 있고 행복한 삶을 추구하기 위한 학문적 탐구가 선행되어야 한다는 공감대가 늘고 있기 때문이기도 하다. 특히 대학에서 학생들이 인간의 노화 과정과 노후에 대한 삶의 다양성을 이해하면서 가족 공동체의 의미를 배우는 것이 노인에 대한 부정적 견해와 고정관념을 없애고, 미래 세계 시민으로서 고령화 사회를 살아가기 위해 선행되어야 한다는 것이다. 그리고 더 나아가 정부 차원에서는 다양한 복지 정책(노인 보호서비스, 의료 정책지원 등)을 통해 노인들이 겪고 있는 사회 문제를 해결해야 한다고 강조하였다(Hooyman, N. et al., 2014:16-32).

그리고 한국 사회는 노인인구가 급증하면서 노인 복지 및 돌봄에 대한 관심이 증대되고 있고, 노인을 사회에 부담을 주는 존재로 인식하고 있는 상황이다. 하지만 여성의 적극적인 사회 진출과 소득 향상/경제 불황 등 여러 원인으로 맞벌이 부부가 많아지면서 노인이 자녀에게 도움이 되고, 사회에 기여를 하는 존재로도 파악되었다. 물론 자녀가 노인에게 경제적 지원을 제공한 비율은 69.7%로 많이 의존하는 경향도 있지만 반대로 노인이 자녀에게 경제적 지원을 한 경우도 28.4%, 정서적 지원(손자녀 돌봄 등)을 62.3%를 하는 것으로 분석된 바, 여전히 노인 자녀와 가족에게 다양한 지원을 하는 것으로 분석된 바 있다(통계개발원, 2019:69).

한편, 인간이 노년기에 접어들면 신체적·사회적·경제적 등 다양한 어려움으로 인해 외로움이 발생한다. 특히 한국은 OECD 중 자살률(노인 포함) 1위로 하루 평균 35명이 극단적인 선택을 하고 있으며, 2020년 기준, 노인이 자살을 고려하는 이유가 건강(23.7%), 경제적 어려움(23.0%), 외로움(18.4%), 배우자나 가족의 사망(13.8%), 부부와 자녀 갈등 및 단절(13.1%), 배우자 및 가족 건강(7.6%), 기타(0.4%)로 나타났다. 이처럼 노인을 위한 정부나 지자체의 실질적이고 다양한 노인정 지원 정책(노인복지시설 운영, 일자리 지원 등)이 필요함을 알 수 있다(KOSIS, 2022).

현재 고양특례시는 총 인구 108만 명 중 65세 이상 고령 인구가 약 15만 명으로 전체 인구 대비 13.8%로 나타나 고령사회이며, 이는 인구 규모가 비슷한 인근의 수원특례시(총 인구 117만 명 중 65세 인구는 약

14만 명으로 전체 인구 대비 11.8%로 파악, 2021년 1월 기준)보다 노인 인구 비율이 더 높은 것으로 확인되었다(행정안전부, 2022). 이러한 배경 속에서 고양특례시의 노인 정책에 대한 연구는 초고령화 사회를 대비하기 위해 우리가 어떤 노력을 해야 하는지 이해도를 높이고, 궁극적으로 한국 노인들의 삶의 질을 향상시키기 위한 연구 자료로 활용될 것으로 판단된다. 이에 본 연구에서는 고양특례시에서 시행 중인 노인지원 정책(기초연금 지급, 노인복지시설 운영, 노인 일자리 지원, 어르신 건강증진 사업, 치매안심센터 운영 등)이 노후 준비에 어떤 영향을 미치는지 알아보고, 노인지원정책이 노후준비에 영향을 미칠 때 고령화 문제 인식이 매개 역할을 하는지 분석해 보고자한다.

2. 한국 노인지원정책에 대한 담론

1) 노인지원정책과 노후준비

노인은 나이가 들어 늙은 사람으로 정의하나, 그 기준은 아직 합의되지 않았으며, 2가지로 구분되어 사용하고 있다. 첫째, 달력에 따라 세는 나이로 정신, 신체, 성숙 등을 생활 연령으로 구별하는 '역연령(Chronological Age)'으로 구분하는 것이다(Costa, 1998:1-5; Palmore, 1999:5-10). UN이 1956년 노인을 65세로 지정한 이후 많은 국가들이 이를 수용하고 있지만 한국의 법률에 '노인'의 정의는 개념적으로 적시되어 있지 않다. 다만 노인복지법 제1조의2 (정의) "5. 노인학대 관련 범죄"란 보호자에 의한 65세 이상 노인에 대한 노인학대로서 다음 각 목의 어느 하나에 해당되는 죄를 말한다.", 노인장기요양보험법 제2조(정의)에 "1. "노인 등"이란 65세 이상의 노인 또는 65세 미만의 자로서 치매·뇌 혈관성 질환 등 대통령령으로 정하는 노인성 질병을 가진 자를 말한다."라고 명시되어 있다(법제처, 2022:1). 둘째, 사회적 역할 상실(퇴직 등)에 따라 노인을 분류하는 것이다(Palmore, 1999:1-4). 현재 공무원의 정년은 국가공무원법에 따라 다른 법률에 특별한 규정이 있는 경우를 제외하고는 60세로 법률에서 정하고 있으며, 약칭 고령자 고용법에 관한 법률에는 고령자를 55세 이상인 사람으로 정의하였다(법제처, 2022:1). 이처럼 노인의 기준이 명확하게 법적으로 정의되어 있지 않고, 법률 및 제도마다 다르기 때문에 사회적 논의를 통해 그 기준을 정해야 할 것이다. 한편, 초고령 사회는 전체 인구 중 65세 이상 고령인구 비율이 20%인 사회를 말하며, 한국의 경우 2025년 초고령 사회로 진입할 것으로 예상되고, 약 50년 뒤에는 인구 절반이 고령인 사회가 될 것으로 예측된다. 이처럼 여러 노인 문제를 해결하기 위해 정부나 지자체가 다양한 정책을 시행 중에 있으며, 다음 〈표 1〉[4]과 같다.

표 1 한국의 노인지원정책

정책명	대상 및 사업 내용	사업주체
치매검진사업	-대상: 만 60세 이상 모든 노인 -내용: 치매선별검사를 실시하고, 그 중에서 인지기능 저하자를 대상으로 보건소와 지정·연계한 거점병원에서 진단검사, 감별검사 실시	시·군·구(보건소)
치매치료관리비지원사업	-대상: 치매 진단을 받은 만 60세 이상 모든 노인 -내용: 치매치료약을 복용하는 경우 치매치료관리비 보험급여분에 대한 본인부담금(치매약제비+약 처방 당일의 진료비)대해 실비 지원(월 3만 원(연간 36만 원) 상한 내 본인납부 실비 지원)	시·군·구(보건소)
노인실명예방 관리사업(개안수술)	-대상: 만 60세 이상 모든 노인 중 안질환자 -내용: 망막증 수술(1,050,000원), 백내장, 녹내장 (240,000원) 지원 등	-주소지 관할 보건소 -한국실명예방재단
노인맞춤돌봄서비스	-대상: 만 65세 이상 기초생활수급자 등 -내용: 안전지원, 사회참여, 생활교육, 일상생활분야	-지역 관할 수행기관(전담

---

4) 보건복지부(2022)에서 제공하는 노인지원정책을 요약 정리함

	의 다양한 서비스를 서비스 제공계획에 따라 직접 또는 연계 제공	사회복지사 등)
노인주거복지 시설	-대상: 만 65세 이상 기초생활수급자 등 -내용:치매선별검사를 실시하고, 그 중에서 인지기능 저하자를 대상으로 보건소와 지정·연계한 거점병원 에서 진단검사, 감별검사 실시	-지자체(지역 관할 양로시 설 및 노인공 동생활가정)
노인 일자리 및 사회활동 지원 사업	-대상: 만 60세 이상 사업 참여 가능자 -내용: 노인이 활기차고 건강한 노후생활을 영위할 수 있도록 공익활동, 일자리, 재능나눔 등 다양한 사회 활동을 지원하여 노인복지 향상에 기여 (임금 지급받을 수 있는 일자리, 봉사활동, 고령자친 화기업설립 등)	-지자체(노인 일자리 사업 을 수행하는 기관)
노인자원봉사 활성화	-대상: 만 60세 이상 사업 참여 가능자 -내용: 노인의 경륜을 사회에 재투자할 수 있도록 노 인자원봉사를 활성화하여 노인의 적극적 사회참여 및 노인의 인적자원 활용 극대화 추진(경로당 중심의 봉사클럽 활동시 운영비 지원 등)	-시·군·구 (노인봉사단 체)
장사제도	-대상: 누구든지 공설묘지 또는 사설묘지에 매장 가능 -내용: 매장위주의 장사제도를 합리적으로 개선하고 화장문화로의 전환을 도모함으로써 국민의 보건위생 상의 위해를 방지하고, 국토의 효율적 이용과 공공복 리 증진에 이바지	-지자체
노인여가복지 시설	-내용: 노인의 교양·취미생활 및 사회참여활동 등에 대한 각종 정보와 서비스를 제공하고, 건강증진 및 질병예방	-지역 내 노인 복지관, 경로 당, 노인교실 등
기초연금	-내용: 만 65세 이상이고, 소득인정액이 단독가구 기 준 1,800,000 이하인 분들게 최소 30,000원에서 최대 307,500원 지원(2022년 12월 기준)	-거주지 동 주 민센터 또는 국민연금공단 지사

다음 노인지원정책이 노후준비에 어떤 영향을 미치는지 선행연구를 살펴보면 노인들은 보충적 소득 창출을 위해 노인 일자리 사업에 참여하고 있으며, 단기 일자리 제공이 아닌 장기적으로 참여 가능한 일자리를 더 많이 제공할 수 있도록 지역 특성을 살린 노인 사회적 일자리 사업의 정책 개발 필요성을 강조하였다(고재욱, 2007:198-212). 그리고 노인의

인지(건강 상태 등) 및 노인 일자리 참여 사업의 만족도가 높을수록 성공적인 노화(노후준비 등)에 긍정적인 영향을 미치고, 기초연금 수급 여부는 유의미한 영향을 주지 않는 것으로 분석된 바, 직무 만족을 높이고 노인 고용기업에 인센티브를 제공해야 한다고 주장하였다. 또한, 70대를 연구 표본으로 설정하였기 때문에 다양한 연령대의 성공적인 노화(노후준비 등)를 분석하기 어려웠다고 연구의 한계로 지적하였다(유아정, 2021:91-98). 김현숙(2021:152-167)은 노인 일자리 사업에 참여하는 60대 이상 노인분들이 노후준비(정신 및 건강, 경제 지원 등)를 위해 참여하고 있으며, 일 자체에 대한 만족도나 즐거움이 적은 것으로 파악되었고, 장시간의 근로를 통해 좀 더 높은 수익 보장을 원하는 것으로 분석하였다. 이처럼 일자리 제공도 중요하지만 직무 만족도가 높은 일자리 창출과 직무 몰입을 높일 수 있는 수행 기관의 노력도 필요함을 알 수 있겠다. 한편 김경래(2020:56-66)의 50대와 60대를 대상 신중년 노후 인식 실태 관련 연구에서 고령화 문제 인식 해결을 위해서 정부가 경제적인 비용을 지원해야 한다고 분석하였다. 본 결과는 50대(9.8%)보다 60대(18.7%)의 비율이 높게 나타났으며, 건강 악화와 경제적 어려움, 일자리가 없는 이유가 노후생활의 어려움으로 파악되었다.

2) 고령화 문제 인식과 노후준비

한국은 그간 급격한 정보통신 및 기술발전으로 사회가 빠르게 성장하면서 가족의 세대 구조에도 변화가 나타나고 있다. 무엇보다 노인 1인 가구의 증가가 대표적인데, 2022년 기준, 만 65세 이상 노인인구가 9,018,412명 중 1인 가구 수는 1,761,594명으로 독거노인 비율은 전체 노인 인구 대비 19.5%로 나타났다(통계청, 2022). 이는 점점 나이가 들면서 고령층 경제력이 감소할 것이기 때문에 노인인구 중 특히 독거노인을 위한 보장체계 구축과 일자리, 직업 능력 개발 등이 필요함을 시사한다.

특히 고령화가 진행된 나라는 그렇지 않은 나라보다 다양한 문제를 겪게 되는데, 그중 대표적으로 생산인구 감소로 인한 경제 성장률 하락, 연금 및 건강 문제 등과 관련된 정부 정책 개발 및 시행에 어려움을 준다고 전망하였다(Mirkin & Weinber, 2000:1-18). 이처럼 미래에 벌어질 고령화 문제를 면밀히 파악하여 대비해야 할 것이다. 그리고 현재 한국의 인구 속도를 감안할 때, 노년 부양비 증가가 불가피하다. 2010년 생산 가능인구 6.7명이 노인 1명을 부양했지만, 2030년 2.6명, 2050년 1.3명, 2065년 0.9명으로 노인 부양 부담이 계속 증가하는 추세이다(통계청, 2022). 이에 향후 생산인구의 세금 부담 증가, 사회보장비(기초연금, 의료비 등)가 증가할 것으로 전망되어 고령사회에 대한 대응 필요성을 알 수 있다.

한편, 노후준비란 전 생애 주기적 발달 관점에서 미래 삶의 질에 문제가 생기지 않도록 준비하는 과정으로 정의하였다(Jacobs-Lawson et al., 2004:55-69).

노후준비는 역연령 기준으로 성인이 되었을 때 미리 계획하고, 준비를 해야 하지만 그간 50~60대를 대상으로만 노후준비 관련 연구가 진행되어 왔다. 그러나 최근 성인이 되었을 때부터 미리 준비해야 하는 것으로 사회적 공감대가 생성되면서 인식이 변화되고 있는 상황이다(Kornadt & Rothermund, 2014:228). 이에 최근 대학생의 고령화 문제 인식이 노후준비에 어떤 영향을 미치는지 살펴본 결과 교육수준이 높은 여학생일수록 고령화 문제 인식에 대한 지식이 많고, 노후준비를 미리 하는 것으로 나타났다(Konstantinidis et al., 2021:1). 또한 대학생의 고령화 문제 인식(노인 지식, 노후 인식 수준 등)이 노후준비 정도에 유의한 영향을 미치는 것으로 분석된 바, 대학생들이 고령화 문제 인식을 높일 수 있도록 노인 과목 개설, 노약자 자원봉사 등 노인 교육을 위해 대학에서 교양강좌를 적극적으로 도입해야 함을 주장하였다(박지연, 2020:65). 그리고 노인으로 인식하는 연령에 대해 중년층을 대상으로 설문조사 결과 60세 이상을 노인으로 생각하는 경우가 평균 2.49, 60세 이상 2.62, 70세 이상 2.65,

75세 이상 2.60으로 분석되어 70세 이상이 가장 높게 나타났고, 70세로 인식하는 중년층이 60세, 65세로 인식하는 중년층보다 노후 준비를 더 잘하고 있는 것으로 파악되었다(조추용, 송미영, 이근선, 2009:150). 현재 한국은 고령자들을 위한 다양한 노인교육이 제시되고 있으며, 노인교육 참여성이 높을수록 신체적, 심리적, 경제적 노후준비에 유의미한 영향을 주는 것으로 분석되었는데, 정부가 고령자 개인 특성에 따른 맞춤형 노인교육을 의무화할 수 있도록 제도적으로 뒷받침해야 함을 시사한다(홍석태, 양해술, 2008:295-298). 이처럼 최근 노후에 대한 심리적 부담감이 증가되고 있는 상황에서 노후준비에 영향을 미치는 원인을 파악하여 적절한 대책을 제시해야 할 것으로 판단된다.

3. 노인지원정책의 효과 분석

1) 분석을 위한 모형 설계

본 연구 모형은 앞서 이론적 배경을 바탕으로 설계하였으며, 다음 〈그림 1〉에서 보는 바와 같다. 첫째, 독립변수인 노인지원정책은 기초연금 지급, 노인복지시설 운영, 노인 일자리 지원, 어르신 건강증진 사업, 치매안심센터 운영으로 구성하였다. 이를 통해 노인지원정책 각 개별 요인이 노후준비와 고령화 문제 인식에 어떤 영향을 미치는지 파악해 보고자 한다. 둘째, 고령화 문제 인식이 노후준비에 어떤 영향을 미치는지 알아보고, 노인지원정책이 노후준비에 영향을 미칠 때 고령화 문제 인식에 매개효과가 나타나는지 분석해 보고자 한다.

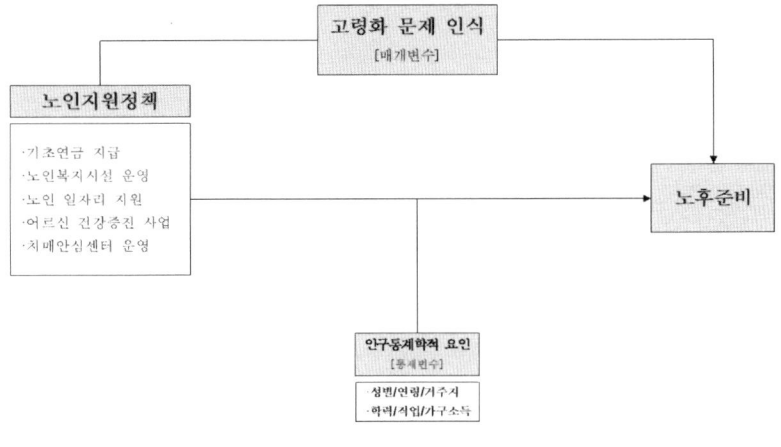

그림 1 연구모형

유아정(2021:91-98)은 노인 일자리 지원 사업 참여 사업의 만족도가 높을수록 성공적인 노화(노후준비 등)에 긍정적인 영향을 미치는 것으로 분석하였다. 이를 토대로 다음과 같은 연구 가설을 설정하였다.

> H1 노인지원정책은 노후준비에 정(+)의 영향을 미칠 것이다.
>
> H1-1 노인지원정책 중 기초연금 지급은 노후준비에 정(+)의 영향을 미칠 것이다.
>
> H1-2 노인지원정책 중 노인복지시설 운영은 노후준비에 정(+)의 영향을 미칠 것이다.
>
> H1-3 노인지원정책 중 노인 일자리 지원은 노후준비에 정(+)의 영향을 미칠 것이다.
>
> H1-4 노인지원정책 중 어르신 건강증진 사업은 노후준비에 정(+)의 영향을 미칠 것이다.
>
> H1-5 노인지원정책 중 치매안심센터 운영은 노후준비에 정(+)의 영향을 미칠 것이다.

(1) 고령화 문제 인식과 노후준비와의 관계

최근 대학생의 고령화 문제 인식이 노후 준비에 어떤 영향을 미치는지 살펴본 결과 교육수준이 높은 여학생일수록 고령화 문제 인식에 대한 지식이 많고, 노후준비를 미리 하는 것으로 나타났다. 이에 이를 토대로 다음과 같은 연구 가설을 설정하였다.

H2 고령화 문제 인식은 노후준비에 정(+)의 영향을 미칠 것이다.

(2) 고령화 문제 인식의 매개효과

성인의 건강 상태가 노후준비에 긍정적인 영향을 미칠 때 노후 건강 기대 인지는 부분 매개효과가 있는 것으로 파악된 바, 다음과 같은 연구 가설을 설계하였다.

H3 노인지원정책이 노후준비에 긍정적인 영향을 미칠 때 고령화 문제 인식은 매개할 것이다.

H3-1 노인지원정책 중 기초연금 지급이 노후준비에 긍정적인 영향을 미칠 때 고령화 문제 인식은 매개할 것이다.

H3-2 노인지원정책 중 노인복지시설 운영이 노후준비에 긍정적인 영향을 미칠 때 고령화 문제 인식은 매개할 것이다.

H3-3 노인지원정책 중 노인 일자리 지원이 노후준비에 긍정적인 영향을 미칠 때 고령화 문제 인식은 매개할 것이다.

H3-4 노인지원정책 중 어르신 건강증진 사업이 노후준비에 긍정적인 영향을 미칠 때 고령화 문제 인식은 매개할 것이다.

H3-5 노인지원정책 중 치매안심센터 운영이 노후준비에 긍정적인 영향을 미칠 때 고령화 문제 인식은 매개할 것이다.

2) 연구를 위한 자료 수집

본 연구는 고양특례시에서 시행하고 있는 노인지원정책이 노후준비에 어떤 영향을 미치고, 노인지원정책이 노후준비에 영향을 미칠 때 고령화 문제 인식이 어떤 매개 역할을 하는지 파악하기 위해서 수행하였다. 분석을 위해 고양특례시가 2019년 11월 28일부터 12월 13일까지 만 19세이상 지역민을 대상으로 진행한 설문지를 바탕으로 연구를 실시하였다. 그 중 유의한 설문 1,000부를 획득하여 연구에 사용하였으며, 연구 대상자의 인구통계학적 특성별 분포는 다음 〈표 2〉와 같다.

표 2 인구통계학적 특성

구분		빈도	비율(%)
성별	남성	486	48.6
	여성	514	51.4
연령별	20대	156	15.6
	30대	191	19.1
	40대	208	20.8
	50대	206	20.6
	60대 이상	239	23.9
거주지	덕양구	439	43.9
	일산 동구	281	28.1
	일산 서구	280	28.0
학력	중졸이하	48	1.8
	고졸	228	22.8
	대졸(대재 포함)	631	63.1
	대학원 이상	93	9.3
직업	농림어업	5	0.5
	자영업자	96	9.6
	판매/영업/서비스	91	9.1
	블루칼라	41	4.1
	화이트칼라	270	27.0
	전업주부	263	26.3

	학생	77	7.7
	무직/기타	157	15.7
가구소득	200만 원 이하	196	19.6
	200~350만 원 이하	246	24.6
	350~500만 원 이하	223	22.3
	500~650만 원 이하	185	18.5
	650만 원 초과	146	14.6
	기타	4	0.4

*직업: 화이트칼라: 사무직, 경영, 관리직, 전문직/ 블루칼라: 노무, 기계조작, 운송, 기능원 및 관련 기능 종사자 / 무직/기타: 무직, 퇴직, 은퇴, 군인, 기타

4. 연구 분석 결과

1) 연구가설 검증

(1) 노인지원정책과 노후준비와의 관계

노인지원정책이 노후준비에 어떤 영향을 미치는지 파악해 본 결과 다음 〈표 3〉에서 보는 바와 같이 유의 확률 .099로 분석되어 가설 1은 기각되었다. 그리고 노인지원정책의 하위 요인 중 기초연금 지급, 노인 일자리 지원은 유의성이 확인되어 가설 1-1과 1-3은 채택되었고, 노인복지시설 운영(p=0.093), 어르신 건강증진 사업(p=0.150), 치매안심센터 운영(p=0.316)은 유의성이 확인되지 않아 가설 1-2, 1-4, 1-5는 기각되었다.

표 3 노인지원정책이 노후준비에 미치는 영향

모형		비표준화계수 B	표준오차	표준화계수 β	t	유의확률	B에 대한 95.0% 신뢰구간		공선성 통계량	
							하한값	상한값	공차	VIF
1	(상수)	2.190	.107		20.558	.000	1.981	2.399		
	성별	-.010	.030	-.010	-.346	.730	-.069	.048	.933	1.072
	혼인여부	.016	.048	.014	.329	.742	-.078	.109	.457	2.187
	연령	-.143	.016	-.400	-9.003	.000	-.174	-.112	.423	2.363
	거주지	.020	.017	.034	1.153	.249	-.014	.054	.988	1.013
	학력	-.070	.024	-.095	-2.979	.003	-.116	-.024	.813	1.230
	직업	.015	.005	.093	3.127	.002	.006	.024	.936	1.068
	가구소득	-.080	.011	-.221	-7.037	.000	-.102	-.057	.844	1.185
2	(상수)	2.151	.133		16.202	.000	1.890	2.411		
	성별	-.011	.030	-.011	-.365	.715	-.070	.048	.931	1.074
	혼인여부	.015	.048	.014	.323	.747	-.078	.109	.457	2.188
	연령	-.142	.016	-.397	-8.854	.000	-.173	-.111	.416	2.405
	거주지	.020	.017	.033	1.139	.255	-.014	.054	.987	1.013
	학력	-.071	.024	-.096	-2.997	.003	-.117	-.024	.812	1.232
	직업	.015	.005	.094	3.149	.002	.006	.025	.933	1.071
	가구소득	-.080	.011	-.222	-7.037	.000	-.102	-.057	.844	1.185
	A	.081	.049	.053	1.651	.099	-.015	.177	.805	1.243
3	(상수)	2.043	.147		13.872	.000	1.754	2.332		
	성별	-.002	.030	-.002	-.057	.955	-.061	.058	.900	1.111
	혼인여부	.018	.048	.016	.367	.713	-.077	.112	.453	2.207
	연령	-.139	.017	-.388	-8.324	.000	-.171	-.106	.386	2.593
	거주지	.020	.017	.033	1.123	.262	-.015	.054	.981	1.019
	학력	-.068	.024	-.093	-2.861	.004	-.115	-.021	.790	1.266
	직업	.015	.005	.094	3.136	.002	.006	.025	.925	1.081
	가구소득	-.080	.011	-.222	-7.007	.000	-.102	-.057	.835	1.198
	A1	.160	.080	.095	2.000	.046	.003	.317	.691	1.447
	A2	.138	.082	.167	1.688	.093	-.023	.299	.355	2.819
	A3	1.120	.321	.988	3.491	.017	.296	1.945	.250	4.001
	A4	-.398	.234	-.803	-1.700	.150	-.999	.203	.090	11.156
	A5	.085	.084	.113	1.005	.316	-.081	.250	.274	3.654

*종속변수:노후준비

A:노인지원정책, A1:기초연금 지급, A2:노인복지시설 운영, A3:노인 일자리 지원, A4:어르신 건강증진 사업, A5: 치매안심센터 운영

(2) 고령화 문제 인식과 노후준비와의 관계

고령화 문제 인식이 노후준비에 미치는 영향을 분석하기 위해 가설 2를 검증하였다. 그 결과는 다음 〈표 4〉에서 보는 바와 같이 고령화 문제 인식과 노후준비와의 관계성은 유의성(p<.005)이 확인되지 않아 가설 2가 기각되었다.

표 4 고령화 문제 인식이 노후준비에 미치는 영향

모형		비표준화 계수		표준화 계수	t	유의 확률	B에 대한 95.0% 신뢰구간		공선성 통계량	
		B	표준오차	β			하한값	상한값	공차	VIF
1	(상수)	3.795	.430		8.822	.000	2.948	4.642		
	성별	.016	.100	.010	.164	.870	-.181	.213	.935	1.069
	혼인여부	-.277	.180	-.114	-1.535	.126	-.632	.078	.631	1.584
	연령	.120	.056	.164	2.128	.034	.009	.231	.583	1.717
	거주지	-.018	.059	-.019	-.312	.756	-.135	.098	.955	1.047
	학력	-.134	.083	-.103	-1.602	.110	-.298	.031	.836	1.197
	직업	-.014	.018	-.050	-.811	.418	-.050	.021	.903	1.107
	가구소득	-.085	.042	-.133	-2.021	.044	-.168	-.002	.803	1.245
2	(상수)	3.434	.475		7.231	.000	2.499	4.369		
	성별	.017	.100	.010	.168	.867	-.179	.213	.935	1.069
	혼인여부	-.262	.180	-.108	-1.458	.146	-.616	.092	.630	1.588
	연령	.147	.058	.201	2.521	.012	.032	.262	.543	1.841
	거주지	-.005	.059	-.006	-.092	.927	-.122	.111	.941	1.063
	학력	-.129	.083	-.099	-1.548	.123	-.292	.035	.835	1.198
	직업	-.018	.018	-.064	-1.022	.308	-.054	.017	.890	1.124
	가구소득	-.086	.042	-.134	-2.053	.041	-.169	-.004	.803	1.245
	고령화 문제 인식	.171	.097	.111	1.760	.080	-.020	.361	.859	1.165

*종속변수: 노후준비

(3) 고령화 문제 인식의 매개효과

다음으로 매개효과 검증 3단계를 실시하였다. 매개변인은 독립변인과 종속변인의 연결고리 역할을 하는 변수로 독립변수와 종속변수와의 관계 이면에 숨어있는 인과적 구조를 이해하고자 할 때 활용한다. 또한 SPSS 3단계 회귀분석에서 매개효과를 검증하기 위해 다음과 같은 조건이 모두 성립해야 한다. 첫째, 독립변수는 매개변수에 유의한 영향을 미쳐야 한다. 둘째, 독립변수는 종속변수에 유의한 영향을 미쳐야 한다. 셋째, 독립변수와 매개변수는 종속변수에 유의한 영향을 미쳐야 한다. 넷째, 매개변인이 추가된 모형에서 독립변수의 효과가 매개변수가 없는 모형에서 독립변수의 효과보다 작아야 한다. 이에 노인지원정책이 노후준비에 영향을 미칠 때 고령화 문제 인식이 매개효과를 보이는지 분석한 결과 다음 〈표 5〉에서 보는 바와 같이 2단계에서 유의성($p < .005$)이 확인되지 않았고, 독립변수의 효과도 2단계보다 3단계가 큰 것으로 분석된 바, 가설 3은 기각되었다.

표 5 노인지원정책과 노후준비와의 관계에서 고령화 문제 인식의 매개효과 I

모형	독립	종속	비표준화 계수		표준화 계수	t	유의 확률	B에 대한 95.0% 신뢰구간		공선성 통계량		수정된 R^2
			B	표준오차	베타			하한값	상한값	공차	VIF	
1	A1	B1	.310	.055	.177	5.675	.000	.203	.417	1.000	1.000	0.030
2	A1	C1	.081	.049	.053	1.651	.099	-.015	.177	.805	1.243	0.003
3-1	A1	C1	.029	.048	.138	.138	.000	.115	.303	.969	1.032	0.032
3*	B1	C1	.080	.027	.093	2.922	.004	.026	.134	.969	1.032	

A1: 노인지원정책, B1: 고령화 문제 인식, C1: 노후준비, 3*: 3단계(매개변수)

다음으로 노인지원정책 중 기초연금 지급, 노인복지시설 운영, 노인일자리 지원, 어르신 건강증진 사업, 치매안심센터 운영이 노후준비에 영향을 미칠 때 고령화 문제 인식이 매개 효과를 보이는지 파악하고자 분석해 본 결과 다음 〈표 6〉에서 보는 바와 같이 기초연금 지급, 노인복지

시설 운영, 어르신 건강증진 사업, 치매안심센터 운영은 매개 변인 3단계 검증 조건에 부합하지 않아 가설 3-1, 가설 3-2, 가설 3-4, 가설 3-5는 기각되었다. 반면, 노인 일자리 지원은 매개효과 검증 3단계 성립 조건에 모두 충족되어 가설 3-3은 채택되었다.

표 6 노인지원정책과 노후준비와의 관계에서 고령화 문제 인식의 매개효과 II

모형	독립	종속	비표준화 계수 B	비표준화 계수 표준오차	표준화 계수 베타	t	유의확률	B에 대한 95.0% 신뢰구간 하한값	B에 대한 95.0% 신뢰구간 상한값	공선성 통계량 공차	공선성 통계량 VIF	수정된 R^2
1	A1	B1	.137	.055	.092	2.512	.012	.030	.244	.724	1.382	0.032
1	A2	B1	-.031	.029	-.056	-1.089	.276	-.087	.025	.372	2.688	
1	A3	B1	.125	.045	.106	2.749	.006	.036	.214	.657	1.521	
1	A4	B1	-.010	.034	-.018	-.296	.768	-.077	.057	.259	3.854	
1	A5	B1	.016	.030	.031	.541	.588	-.043	.075	.288	3.477	
2	A1	C1	.160	.080	.095	2.000	.046	.003	.317	.691	1.447	0.019
2	A2	C1	.138	.082	.167	1.688	.093	-.023	.299	.355	2.819	
2	A3	C1	1.120	.321	.988	3.491	.017	.296	1.945	.250	4.001	
2	A4	C1	-.398	.234	-.803	-1.700	.150	-.999	.203	.090	11.156	
2	A5	C1	.085	.084	.113	1.005	.316	-.081	.250	.274	3.654	
3	A1	C1	-.190	.140	-.068	-1.360	.174	-.465	.085	.732	1.367	0.041
3	A2	C1	.119	.082	.144	1.448	.149	-.043	.281	.363	2.751	
3	A3	C1	.171	.067	.187	2.555	.011	-.302	.039	.340	2.939	
3	A4	C1	.248	.141	.134	1.758	.080	-.030	.525	.620	1.613	
3	A5	C1	.120	.084	.160	1.424	.155	-.046	.285	.285	3.514	
3*	B1	C1	.080	.027	.093	2.922	.004	.026	.134	.969	1.032	

A1: 기초연금 지급, A2: 노인복지시설 운영, A3: 노인 일자리 지원, A4: 어르신 건강증진 사업, A5: 치매안심센터 운영, B1: 고령화 문제 인식, C1: 노후준비, 3*: 3단계(매개변수)

5. 초고령화 시대, 노인 문제 '해결 방안'

본 연구는 지자체가 시행하고 있는 노인지원정책(기초연금 지급, 노인 복지시설 운영, 노인 일자리 지원, 어르신 건강증진 사업, 치매안심센터 운영)이 노후준비에 어떤 영향을 미치는지 알아보고, 고령화 문제 인식이 노후 준비에 어떤 영향을 미치는지 분석해 보고자 하였다. 또한 노인지원 정책이 노후준비에 영향을 미칠 때 고령화 문제 인식이 매개 역학을 하는지 파악하고 고양특례시의 노인지원 정책 효과성을 체계적으로 검증하여 타 지자체와 정부의 노인 지원 정책 수립에 기여하고자 한다. 본 연구의 결과 및 시사점은 다음과 같다.

첫째, "H1-1 노인지원정책 중 기초연금 지급은 노후준비에 정(+)의 영향을 미칠 것이다.", "H1-3 노인지원정책 중 노인 일자리 지원은 노후준비에 정(+)의 영향을 미칠 것이다."라는 가설이 채택되었다. 현재 한국 노인이 자살을 고려하는 이유가 1)건강(23.7%), 2)경제적 어려움(23.0%), 3)외로움(18.4%), 4)배우자나 가족의 사망(13.8%), 5)부부와 자녀 갈등 및 단절(13.1%), 6)배우자 및 가족 건강(7.6%) 순으로 봤을 때 경제적인 어려움이 심각한 수준이고, 일할 기회도 없는 사회 현실을 반영한 결과로 파악할 수 있다. 이처럼 직무 만족도와 삶의 만족도가 높은 일자리 창출과 더불어 장기간 일할 수 있고, 적정 임금이 보장된 일자리가 만들어져야 하겠다.

둘째, "H2 고령화 문제 인식은 노후준비에 정(+)의 영향을 미칠 것이다."라는 가설은 기각되었다. 현재 한국의 65세 이상 노인인구 9,018,412명 중 1인 가구 수는 1,761,594명으로 독거노인 비율은 전체 노인 인구 대비 19.5%이다. 이미 고령사회이고, 2025년 초고령 사회로 진입을 앞둔 상황에서 고령화 문제가 사회적 문제로 예전부터 부각된 바, 시민 의식 수준이 높아졌기 때문에 나타난 결과로 해석할 수 있다. 그리고 대학생의 고령화 문제 인식(노인 지식, 노후 인식 수준 등)이 노후준비 정도에 유의한 영향을 미치는 것으로 나타나 대학에서 노인 과목 개설을 도입을 주장한 일각의 시각도 간과해선 안될 것이다.

셋째, "H3-3 노인지원정책 중 노인 일자리 지원이 노후준비에 긍정적인 영향을 미칠 때 고령화 문제 인식은 매개할 것이다."라는 가설은 채택되었다. 이는 노인 일자리 지원과 고령화 문제 인식이 노후준비에 미치는 효과에서 상호 작용하는 것으로 파악할 수 있다. 이에 노인 일자리 지원이 노후준비에 긍정적인 영향을 미칠 때 고령화 문제 인식이 높을수록 노후준비 정도가 높아지는 것으로 해석할 수 있다. 끝으로 본 연구는 성별, 연령, 거주지, 학력, 직업, 가구 소득 등 다양한 통제 변수로 설정하여 보다 타당한 연구결과를 얻도록 연구를 수행했다는 점에서 기존 연구와 차별점이 있겠다.

참고문헌

권 혁(2022). "지자체의 노인지원정책이 노후준비에 미치는 영향", *문화와융합* 44(3), 79-820.

김경래(2020). "신중년의 노후 인식 실태와 시사점", *한국케어매니지먼트연구* 287(0), 56-66.

김현숙(2021). "노인의 일의 의미 척도 개발 및 타당화 연구 - 노인일자리사업 참여자를 중심으로", 청주대학교 대학원.

고재욱(2007). "노인 고용정책의 효과에 관한 연구 - 노인의 사회적 일자리정책에 관한 인식조사를 중심으로", 명지대학교 대학원.

법제처(2022). 법제처, 세종특별자치시: 법제처.

유아정(2021). "노인 일자리 참여 노인의 성공적인 노화에 대한 연구: 시니어 클럽을 중심으로", 숭실대학교 사회복지대학원.

통계개발원(2019). 한국의 사회동향 2019, 대전: 통계청.

통계청(2022). 국가통계포털. 대전: 통계청.

행정안전부(2022). 주민등록 인구통계(연령별 인구현황), 세종특별자치시: 행정안전부.

홍석태, 양해술(2008). "한국 중고령자의 노인교육이 노후준비에 미치는 영향", *한국콘텐츠학회논문지* 8(5), 287-299.

KOSIS(2022). 노인의 자살 생각 경험 및 이유, 대전: 통계청.

Costa, Doran L.(1998). *The Evolution of Retirement: An American Economic History*, 1880-1990, Chicago: The University of Chicago Press.

Hooyman, N., Kawamoto, K., & Kiyak, H. A.(2014). *Aging Matters: An Introduction to Social Gerontology*. Pearson Higher Ed.

Jacobs-Lawson, J. M., Hershey, D.a., & Neukam, K. a.(2004). "Gender differences in factors that influence time spent planning for retirement", *Journal of Women & Aging*, (16), 55-69.

Konstantinidis & Petsani & Bamidis(2021). "Teaching university students co-creation and living lab methodologies through experiential learning activities and preparing them for RRI", *Research Support* 27, 1-12.

Lynch, Clifford(2000). *Experiential Documents and the Technologies of Remembrance, in I in the Sky: Visions of the Information Future*, edited by Alison Scammell. London: Library Association Publishing.

Mirkin, B. and Weinberger, M.(2000). *The Demography of Population Ageing, Paper presented at Technical meeting on population ageing and living arrangements of older persons: critical issues and policy responses*. New York, 8-10 February 2000. New York: UNPD.

Palmore, Erdman. B.(1999). *Ageism: Negative and Positive. Second Edition*. New York: Springer Publishing Company.

● 이 장은 문화와융합 학술지 44권 3호에 실린 필자의 논문(권혁, 2022)을 바탕으로 재구성되었다.

4부
실용적인 융합 사회

12장
장묘문화 변화와 분묘기지권에 관한 최근 판례 경향 | **이성진**

13장
울산지역 직업계고등학교의 학과 재구조화 방향 | **김재홍 · 도수관**

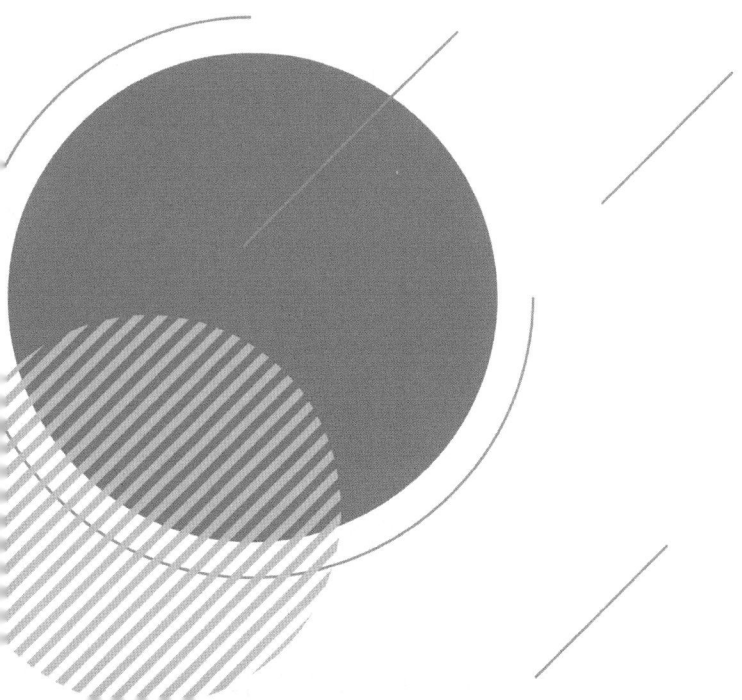

12장

장묘문화 변화와 분묘기지권에 관한 최근 판례 경향

1. 장묘문화와 분묘기지권

　민법은 분묘기지권에 대하여 아무런 규정을 두지 않고 있지만 대법원은 분묘기지권의 시효취득을 관습법 중의 하나로 인정하여 왔다. 그러나 「장사 등에 관한 법률」(이하 '장사법'이라고 함)은 이 법 시행 후에 설치된 분묘에 대한 설치기간 제한 및 분묘기지권의 시효취득을 부정하는 규정을 두었다. 장사법은 국토의 효율적인 이용 도모와 함께 묘지 부족으로 인한 국민 불편 해소 및 분묘의 설치기간 제한 등의 제도를 마련하고 있다. 또한 묘지·화장장·납골시설의 설치 및 관리 등에 관한 규제를 완화하고 있다.

　본 논문에서는 분묘기지권에 관한 최근의 대법원 판결과 헌법재판소 결정을 중심으로 그 선고된 시간적 순서에 따라 장묘문화 변화와 분묘기지권에 관한 문제들을 고찰하고자 한다. 〈2. 장사 등에 관한 법률과 분묘기지권〉에서는 대법원 2017. 1. 19. 선고 2013다17292 전원합의체 판결을 중심으로 장사법과 관련하여 분묘기지권의 인정여부에 대하여 살펴보고자 한다. 〈3. 분묘기지권에 관한 위헌심판〉에서는 헌법재판소 2020.

10. 29 자 2017헌바208 결정을 중심으로 관습법의 위헌심사 여부 및 분묘기지권의 성립을 고찰하고자 한다. 〈4. 취득시효형 분묘기지권과 지료〉에서는 대법원 2021. 4. 29. 선고 2017다228007 전원합의체 판결을 중심으로 취득시효 분묘기지권에서의 지료지급의무와 지료 산정시기에 대해 검토하고자 한다. 이와 같은 연구를 통하여 변화하는 장묘문화에 대한 이해와 분묘기지권에 관련된 법적 문제의 올바른 해결방안을 모색하고자 한다.

2. 장사 등에 관한 법률과 분묘기지권

> **대법원 2017. 1. 19. 선고 2013다17292 전원합의체 판결**
>
> 대법원은 분묘기지권의 시효취득을 우리 사회에 오랜 기간 지속되어 온 관습법의 하나로 인정하여, 20년 이상의 장기간 계속된 사실관계를 기초로 형성된 분묘에 대한 사회질서를 법적으로 보호하였고, 민법 시행일인 1960. 1. 1.부터 50년 이상의 기간 동안 위와 같은 관습에 대한 사회 구성원들의 법적 확신이 어떠한 흔들림도 없이 확고부동하게 이어져 온 것을 확인하고 이를 적용하여 왔다. 대법원이 오랜 기간 동안 사회 구성원들의 법적 확신에 의하여 뒷받침되고 유효하다고 인정해 온 관습법의 효력을 사회를 지배하는 기본적 이념이나 사회질서의 변화로 인하여 전체 법질서에 부합하지 않게 되었다는 등의 이유로 부정하게 되면, 기존의 관습법에 따라 수십 년간 형성된 과거의 법률관계에 대한 효력을 일시에 뒤흔드는 것이 되어 법적 안정성을 해할 위험이 있으므로, 관습법의 법적 규범으로서의 효력을 부정하기 위해서는 관습을 둘러싼 전체적인 법질서 체계와 함께 관습법의 효력을 인정한 대법원 판례의 기초가

된 사회 구성원들의 인식·태도나 사회적·문화적 배경 등에 의미 있는 변화가 뚜렷하게 드러나야 하고, 그러한 사정이 명백하지 않다면 기존의 관습법에 대하여 법적 규범으로서의 효력을 유지할 수 없게 되었다고 단정하여서는 아니 된다.

우선 2001. 1. 13.부터 시행된 장사법의 시행으로 분묘기지권 또는 그 시효취득에 관한 관습법이 소멸되었다거나 그 내용이 변경되었다는 주장은 받아들이기 어렵다. 2000. 1. 12. 법률 제6158호로 매장 및 묘지 등에 관한 법률을 전부 개정하여 2001. 1. 13.부터 시행된 장사법[이하 '장사법(법률 제6158호)'이라 한다] 부칙 제2조, 2007. 5. 25. 법률 제8489호로 전부 개정되고 2008. 5. 26.부터 시행된 장사법 부칙 제2조 제2항, 2015. 12. 29. 법률 제13660호로 개정되고 같은 날 시행된 장사법 부칙 제2조 에 의하면, 분묘의 설치기간을 제한하고 토지 소유자의 승낙 없이 설치된 분묘에 대하여 토지 소유자가 이를 개장하는 경우에 분묘의 연고자는 토지 소유자에 대항할 수 없다는 내용의 규정들은 장사법(법률 제6158호) 시행 후 설치된 분묘에 관하여만 적용한다고 명시하고 있어서, 장사법(법률 제6158호)의 시행 전에 설치된 분묘에 대한 분묘기지권의 존립 근거가 위 법률의 시행으로 상실되었다고 볼 수 없다. 또한 분묘기지권을 둘러싼 전체적인 법질서 체계에 중대한 변화가 생겨 분묘기지권의 시효취득에 관한 종래의 관습법이 헌법을 최상위 규범으로 하는 전체 법질서에 부합하지 아니하거나 정당성과 합리성을 인정할 수 없게 되었다고 보기도 어렵다. 마지막으로 화장률 증가 등과 같이 전통적인 장사방법이나 장묘문화에 대한 사회 구성원들의 의식에 일부 변화가 생겼더라도 여전히 우리 사회에 분묘기지권의 기초가 된 매장문화가 자리 잡고 있고 사설묘지의 설치가 허용되고 있으며, 분묘기지권에 관한 관습에 대하여 사회 구성원들의 법적 구속력에 대한 확신이 소멸하였다거나 그러한 관행이 본질적으로 변경되었다고 인정할 수 없다.

> 그렇다면 타인 소유의 토지에 분묘를 설치한 경우에 20년간 평온, 공연하게 분묘의 기지를 점유하면 지상권과 유사한 관습상의 물권인 분묘기지권을 시효로 취득한다는 점은 오랜 세월 동안 지속되어 온 관습 또는 관행으로서 법적 규범으로 승인되어 왔고, 이러한 법적 규범이 장사법(법률 제6158호) 시행일인 2001. 1. 13. 이전에 설치된 분묘에 관하여 현재까지 유지되고 있다고 보아야 한다.

분묘기지권이란 타인의 토지에 분묘를 설치한 자가 그 분묘를 소유하기 위하여 그 분묘기지 부분의 타인 토지를 사용할 수 있는 지상권에 유사한 관습법상의 물권을 말한다. 일제강점기의 조선고등법원이 분묘기지권을 인정한 이래로 지금까지 인정되고 있다(김용덕, 2019:149). 1927년에 조선고등법원은 승낙형 및 취득시효형 분묘기지권을 인정하는 판결을 하였다(권철 2018: 349; 조선고등법원 1927. 3. 8. 선고 1926년민상제585호 판결). 분묘기지권은 분묘를 수호하고 봉제사하기 위하여 타인 소유의 토지를 일정한 범위 내에서 사용할 수 있고, 토지소유자 또는 제3자의 방해를 배제할 수 있는 관습법상의 물권이다(곽윤직, 2011:101).

대법원 판례상 분묘기지권은 그 성립 근거에 따라 3가지 유형으로 나뉜다. 첫째, 타인 소유의 토지에 소유자의 승낙을 받아 분묘를 설치하는 승낙형 분묘기지권이 있다. 둘째, 자기 소유 토지 위에 분묘를 설치한 후에 그 토지를 양도하는 경우 분묘 이장의 특약을 하지 않는 한 분묘기지권을 취득할 수 있다는 양도형 분묘기지권이 있다. 셋째, 타인 소유 토지에 소유자 승낙 없이 분묘를 설치하는 경우 20년간 평온, 공연하게 그 분묘 기지를 점유하면 분묘기지권을 시효로 취득한다는 취득시효형 분묘기지권이 있다(나태영, 2018:99). 위 대법원 전원합의체 판결은 위 셋째 유형인 취득시효형 분묘기지권의 성립에 관한 것이다.

장사법은 토지소유자는 승낙 없이 설치된 분묘에 대하여 관할 시장의 허가를 받아 그 토지에 매장되어 있는 시신 또는 유골을 개장할 수 있다고 규정하고 있다. 그리고 이때 분묘의 연고자는 해당 토지소유자에게 토지 사용권이나 기타 그 밖의 분묘 보존을 위한 권리를 주장할 수 없다고 규정하고 있다. 그래서 토지소유자 승낙 없이 그 토지에 타인이 분묘를 설치한 경우 그 분묘의 연고자는 토지 사용권이나 기타 그 밖의 분묘 보존을 위한 권리 즉 분묘기지권을 주장할 수가 없다.

장사 등에 관한 법률

제27조(타인의 토지 등에 설치된 분묘 등의 처리 등) ① 토지 소유자(점유자나 그 밖의 관리인을 포함한다. 이하 이 조에서 같다), 묘지 설치자 또는 연고자는 다음 각 호의 어느 하나에 해당하는 분묘에 대하여 보건복지부령으로 정하는 바에 따라 그 분묘를 관할하는 시장등의 허가를 받아 분묘에 매장된 시신 또는 유골을 개장할 수 있다.
  1. 토지 소유자의 승낙 없이 해당 토지에 설치한 분묘
  2. 묘지 설치자 또는 연고자의 승낙 없이 해당 묘지에 설치한 분묘
② 토지 소유자, 묘지 설치자 또는 연고자는 제1항에 따른 개장을 하려면 미리 3개월 이상의 기간을 정하여 그 뜻을 해당 분묘의 설치자 또는 연고자에게 알려야 한다. 다만, 해당 분묘의 연고자를 알 수 없으면 그 뜻을 공고하여야 하며, 공고기간 종료 후에도 분묘의 연고자를 알 수 없는 경우에는 화장한 후에 유골을 일정 기간 봉안하였다가 처리하여야 하고, 이 사실을 관할 시장등에게 신고하여야 한다.
③ 제1항 각 호의 어느 하나에 해당하는 분묘의 연고자는 해당 토지 소유자, 묘지 설치자 또는 연고자에게 토지 사용권이나 그 밖에 분묘의 보존을 위한 권리를 주장할 수 없다.

다만 부칙(법률 제8489호, 2007. 5. 25.) 제2조에 의하면, 위와 같이

분묘기지권을 주장할 수 없다는 것은 장사법 시행일인 2001. 1. 13. 이후 최초로 설치되는 분묘부터 적용된다고 한다. 그래서 장사법 시행일 이후에 신규로 타인의 토지에 승낙 없이 설치되는 분묘의 경우 더이상 분묘기지권이 성립될 여지가 없다는 것은 분명하다. 그래서 장사법 시행일 이전에 타인 토지에 분묘가 설치되어 그 시행일 이전에 취득시효 기간의 완성으로 성립된 취득시효형 분묘기지권이 소급적으로 소멸한다는 것은 아니다.

위 대법원 판결 사안과 같이, 장사법 시행일 이전에 타인 토지에 분묘가 설치되었지만 그 시행일 이후에 취득시효 기간이 완성되는 분묘기지권의 경우가 문제된다. 이에 대하여 대법원 다수의견은 장사법 시행일 이전에 분묘가 설치된 경우는 그 시행일 이후에 취득시효 기간이 완성되더라도 분묘기지권이 성립한다고 한다. 그 논거로서 (ⅰ) 오랫동안 관습법으로 인정되어온 분묘기지권을 부정할 만큼의 장묘문화 변화나 사회 구성원 인식의 변화가 있지 않다는 점 (ⅱ) 토지 소유자의 승낙 없이 설치된 분묘에 대하여 토지 소유자가 이를 개장하는 경우 분묘의 연고자는 토지 소유자에 대항할 수 없다는 내용의 규정들이 부칙 제2조에 의해 장사법 시행 후 설치된 분묘에만 적용된다는 점을 들고 있다.

생각건대, 관습법상 인정되어 왔던 분묘기지권은 분묘의 수호와 봉사가 계속되고 그 분묘가 존속되고 있다면 그 분묘기지권도 존속한다고 보아야 한다. 판례도 분묘기지권의 존속기간에 관하여는 민법의 지상권에 관한 규정에 따를 것이 아니라고 한다(대법원 1982. 1. 26. 선고 81다1220 판결). 즉 당사자 사이에 존속기간에 관한 약정이 있으면 이에 따르거나 이러한 약정이 없으면 권리자가 분묘의 수호와 봉사를 계속하는 한 그 분묘가 존속하고 있는 동안은 분묘기지권은 존속한다고 한다. 그래서 장사법 시행으로 새로이 설치되는 분묘의 취득시효형 분묘기지권 성립이 불가능하게 되더라도, 장사법 시행 이전에 성립한 취득시효형 분묘기지권은 법적인 권리로서 보호되어야 한다. 그러나 장사법 시행일 이전에 타인 토지에 분묘가 설치되었지만, 그 시행일 이후에 취득시효 기간이 완성되는 분묘기지권의 경우에도 장사법 부칙 제2조로 인하여 분묘기지권 성립을 인정한다는 것은 부당하다고 생각한다. 매장 중심의 장묘문화가 화장 중심으로 변화되면서 토지소유자의 승낙 없이 설치된 분묘에 대한 분묘기지권 취득시효는 관습적으로 인정할 필요성은 크지 않다고 볼 수 있다(노한장, 2019:325). 토지소유권 개념과 사유재산제도의 확립 및 토지의 경제적 가치 상승과 토지소유권에 관한 권리의식 향상으로 인해 더욱더 분묘기지권의 취득시효는 부정될 수밖에 없다. 또한 타인의 토지에 분묘를 설치하여 그 분묘 기지를 점유하는 자의 '장래 분묘기지권을 시효취득 한다'라는 법적 신뢰 또는 기대는 취득시효형 분묘기지권의 성립을 더는 인정하지 않는 장사법 시행으로 인하여 보호할 가치가 없다고 볼 것이다.

3. 분묘기지권에 관한 위헌심판

> **헌법재판소 2020. 10. 29 자 2017헌바208 결정**
>
> 헌법 제111조 제1항 제1호, 제5호 및 헌법재판소법 제41조 제1항, 제68조 제2항은 위헌심판의 대상을 '법률'이라고 규정하고 있는데, 여기서 '법률'이라고 함은 국회의 의결을 거친 형식적 의미의 법률뿐만 아니라 법률과 같은 효력을 갖는 조약 등도 포함되므로, 법률과 같은 효력을 가지는 이 사건 관습법도 헌법소원심판의 대상이 되고, 단지 형식적 의미의 법률이 아니라는 이유로 그 예외가 될 수는 없다.
> 이 사건 관습법에 따라 분묘기지권이 성립·존속하는 경우 해당 토지의 소유자는 분묘의 수호·관리에 필요한 상당한 범위 내에서 토지소유권의

행사를 제한받을 수밖에 없고, 이 사건 관습법이 과잉금지원칙을 위반하여 토지소유자의 재산권을 침해하는지를 심사함에 있어서는, 이 사건 관습법 성립 전후의 역사적 배경과 관습법으로서 수행해 왔던 역할, 재산권의 대상인 토지의 특성 및 헌법 제9조에 따른 전통문화의 보호 등을 고려하여 완화된 심사기준을 적용한다.

비록 오늘날 전통적인 장묘문화에 일부 변화가 생겼다고 하더라도 우리 사회에는 분묘기지권의 기초가 된 매장문화가 여전히 자리 잡고 있고, 분묘를 모시는 자손들에게 분묘의 강제적 이장은 경제적 손실을 넘어 분묘를 매개로 형성된 정서적 애착관계 및 지역적 유대감의 상실로 이어질 수밖에 없으며, 이는 우리의 전통문화에도 배치되므로, 이 사건 관습법을 통해 분묘기지권을 보호해야 할 필요성은 여전히 존재한다. 이 사건 관습법은 평온·공연한 점유를 요건으로 하고 있어 법률상 도저히 용인할 수 없는 분묘기지권의 시효취득을 배제하고 있고, 분묘기지권을 시효취득한 경우에도 분묘의 수호·관리에 필요한 상당한 범위 내에서만 인정되는 등 토지 소유자의 재산권 제한은 그 범위가 적절히 한정되어 있으며, 단지 원칙적으로 지료지급의무가 없다거나 분묘기지권의 존속기간에 제한이 없다는 사정만으로 이 사건 관습법이 필요한 정도를 넘어서는 과도한 재산권 제한이라고 보기는 어렵다. 분묘기지권은 조상숭배사상 및 부모에 대한 효사상을 기반으로 오랜 세월 우리의 관습으로 형성·유지되어 왔고 현행 민법 시행 이후에도 대법원 판결을 통해 일관되게 유지되어 왔는바, 이러한 전통문화의 보호 및 법률질서의 안정이라는 공익은 매우 중대하다. 따라서 이 사건 관습법은 과잉금지원칙에 위배되어 토지소유자의 재산권을 침해한다고 볼 수 없다.

1) 관습법의 위헌심판대상 여부

최근에는 관습법에 근거하여 발생하는 분묘기지권에 관한 헌법재판소의 위헌심사(헌법재판소 2020. 10. 29 자 2017헌바208 결정)가 있었다. 헌법재판소 다수의견은 위헌심판의 대상인 법률은 국회의 의결을 거친 형식적 의미의 법률뿐만 아니라 법률과 같은 효력을 갖는 조약 등도 포함되므로 법률과 같은 효력을 가지는 관습법도 위헌심사 대상이 된다고 보았다. 그래서 관습법이 단지 형식적 의미의 법률이 아니라는 이유로 위헌심사를 할 수 없는 것은 아니므로 관습법에 근거한 분묘기지권 또한 위헌심사의 대상이 된다고 하였다. 그러나 위헌심사 대상이 될 수 없다는 반대의견도 있었다. 헌법재판소는 재판관 7(합헌)대 2(각하)의 의견으로 합헌 결정했다. 반대의견(각하)을 제시한 재판관 이은애, 재판관 이종석은 "관습법의 성립에는 국회의 관여가 전혀 없을 뿐만 아니라 관습법은 헌법의 규정에 의하여 국회가 제정한 법률과 동일한 효력을 부여받은 규범이라고 볼 수 없고, 관습법에 형식적 의미의 법률과 동일한 효력이 인정된다고 보기도 어렵다. 통상의 경우, 법원이 관습법을 발견하고 법적 규범으로 승인되었는지 여부를 결정할 뿐 아니라 관습법이 헌법을 최상위 규범으로 하는 전체 법질서에 반하지 아니하는지에 대하여도 판단하므로, 관습법이 이후 사회의 변화나 전체 법질서의 변화로 위헌적인 것으로 변한 경우 법원이 그 효력 상실을 확인할 권한이 있다고 보는 것이 자연스러우며, 이 사건 관습법이 오늘날에도 유지되고 있는 점은 대법원에 의하여 인정되어 현행 헌법에 따라 별도의 위헌심사가 필요한 경우로 보기 어렵다. 따라서 이 사건 관습법은 헌법재판소법 제68조 제2항에 의한 헌법소원심판의 대상이 되지 않으므로 이 사건 심판청구는 각하하여야 한다."라고 하였다.

한편 대법원 판례도 헌법재판소 입장과 달리, 헌법 제111조 제1항 제1호 및 헌법재판소법 제41조 제1항에서 규정하는 위헌심사의 대상이 되는 법률은 국회의 의결을 거친 이른바 형식적 의미의 법률을 의미하고, 또한 민사에 관한 관습법은 법원에 의하여 발견되고 성문의 법률에 반하지 아니하는 경우에 한하여 보충적인 법원(法源)이 되는 것에 불과하여(민법 제1조), 관습법이 헌법에 위반되는 경우 법원이 그 관습법의 효력을 부인할 수 있으므로, 결국 관습법은 헌법재판소의 위헌법률심판의 대상이 아니라고 판시하였다(대법원 2009. 5. 28.자 2007카기134 결정).

생각건대, 관습법이란 사회의 거듭된 관행으로 생성한 사회생활규범이 사회의 법적 확신과 인식에 의하여 법적 규범으로 승인·강행되기에 이른 것을 말한다. 관습법은 사회의 거듭된 관행으로 생성한 어떤 사회생활규범이 법적 규범으로 승인되기에 이르렀다고 할 정도에 이르러야 하고, 그 사회생활규범은 헌법을 최상위 규범으로 하는 전체 법질서에 반하지 아니하는 것으로서 정당성과 합리성이 있다고 인정될 수 있어야 한다(대법원 2003. 7. 24. 선고 2001다48781 전원합의체 판결). 그렇지 않으면 관습법으로서의 효력이 인정될 수 없다(대법원 2003. 7. 24. 선고 2001다48781 전원합의체 판결). 관습법 인정 여부는 구체적인 재판을 통한 법원 판례에 의해 결정된다. 법원 판례를 통해 관습법 효력이 인정되기도 또는 부정되기도 하며, 인정되는 관습법은 위헌이 아님을 전제로 하는 것이다. 즉 관습법 위헌 여부는 법원의 재판을 통해 이루어지고 있다. 그래서 굳이 헌법재판소의 위헌심사를 통해 관습법의 효력 여부를 결정지을 필요까지는 없다고 본다. 동일한 사안에서 관습법 효력 인정 여부에 대하여 법원과 헌법재판소의 결정이 상충 된다면 오히려 혼란만 가중될 뿐이다.

2) 장묘문화 변화와 분묘기지권

토지에 대한 경제적 가치 상승과 장묘문화에 대한 사회적 인식의 변화로 인해 다수의 국민은 납골당이나 수목장 등의 방식을 이용하고 있다(이동찬, 2019:136). 이러한 새로운 방식의 간편하고 용이하며 위생적이고 저렴한 비용의 장묘문화가 정착되었다고 판단할 수 있다(오시영, 2017:258). 그래서 타인의 토지 위에 분묘를 설치하는 것은 우리 사회의 일반적으로 용인되는 현상으로 여길 수 없으며, 분묘기지권의 시효취득은 우리 사회에서 더는 허용될 수 없다고 볼 것이다. 그리고 취득시효로 인해 성립된 분묘기지권은 그 존속기간이 영구적이어서 토지소유자의 재산권을 침해한다고 볼 수 있다. 후술하겠지만, 취득시효로 인해 성립된 분묘기지권의 지료에 관하여 최근의 전원합의체 판결(대법원 2021. 4. 29. 선고 2017다228007 판결) 이전에는 무상이 원칙이었다. 그래서 분묘기지권이 취득시효로 인해 성립된 토지소유자의 재산적 손실은 상당할 수밖에 없었다. 헌법재판소는 오늘날 전통적인 장묘문화에 일부 변화가 생겼다고 하더라도 우리 사회에는 분묘기지권의 기초가 된 매장문화가 여전히 자리 잡고 있고, 분묘를 모시는 자손들에게 분묘의 강제적 이장은 경제적 손실을 넘어 분묘를 매개로 형성된 정서적 애착관계 및 지역적 유대감의 상실로 이어질 수밖에 없으며, 이는 우리의 전통문화에도 배치되므로, 이 사건 관습법을 통해 분묘기지권을 보호해야 할 필요성은 여전히 존재한다고 판시하였다(헌법재판소 2020. 10. 29 자 2017헌바208 결정). 이러한 판시의 내용은 분묘기지권 그 자체의 존재이유에 관한 것이서 공감할 수 있다고 본다. 다만 승낙형이나 양도형 분묘기지권에 있어서 분묘기지권 존립은 허용될 수 있다. 장사법 시행 이후에 설치되는 분묘에 대하여는 승낙형과 양도형 분묘기지권을 포함하여 일체의 분묘기지권을 인정하지 않겠다는 취지라고 보는 견해(오시영, 2017:254)도 있지만, 승낙형과 양도형 분묘기지권은 장사법의 제한 범위 내에서 인정된다고 볼 것이다(김용덕, 2019:151). 그러나 언급한 바와 같이 취득시효형 분묘기지권은 장사법으로 인해 추가로 새로이 성립될 수 없다. 이는 우리 사회의 장묘문화 변화에 따른 것이라고 볼 수 있다. 다만 장사법 시행 이전에 성립된 취득시효형 분묘기지권은 확고한 법적 권리의 지위에 있으므로, 장묘문화나 사회적 인식의 변화를 통해 이를 쉽사리 부정할 수는 없다고 본다.

4. 취득시효형 분묘기지권과 지료

> **대법원 2021. 4. 29. 선고 2017다228007 판결**
>
> 2000. 1. 12. 법률 제6158호로 전부 개정된 구 장사 등에 관한 법률의 시행일인 2001. 1. 13. 이전에 타인의 토지에 분묘를 설치한 다음 20년간 평온·공연하게 분묘의 기지를 점유함으로써 분묘기지권을 시효로 취득하였더라도, 분묘기지권자는 토지소유자가 분묘기지에 관한 지료를 청구하면 그 청구한 날부터의 지료를 지급할 의무가 있다고 보아야 한다.
>
> 관습법으로 인정된 권리의 내용을 확정함에 있어서는 그 권리의 법적 성질과 인정 취지, 당사자 사이의 이익형량 및 전체 법질서와의 조화를 고려하여 합리적으로 판단하여야 한다. 취득시효형 분묘기지권은 당사자의 합의에 의하지 않고 성립하는 지상권 유사의 권리이고, 그로 인하여 토지 소유권이 사실상 영구적으로 제한될 수 있다. 따라서 시효로 분묘기지권을 취득한 사람은 일정한 범위에서 토지소유자에게 토지 사용의 대가를 지급할 의무를 부담한다고 보는 것이 형평에 부합한다.
>
> 취득시효형 분묘기지권이 관습법으로 인정되어 온 역사적·사회적 배경, 분묘를 둘러싸고 형성된 기존의 사실관계에 대한 당사자의 신뢰와 법적 안정성, 관습법상 권리로서의 분묘기지권의 특수성, 조리와 신의성실의 원칙 및 부동산의 계속적 용익관계에 관하여 이러한 가치를 구체화한 민법상 지료증감청구권 규정의 취지 등을 종합하여 볼 때, 시효로 분묘기지권을 취득한 사람은 토지소유자가 분묘기지에 관한 지료를 청구하면 그 청구한 날부터의 지료를 지급하여야 한다고 봄이 타당하다.

분묘의 기지인 토지가 분묘의 수호·관리권자 아닌 다른 사람 소유인 경우에 그 토지소유자가 분묘 수호·관리권자에 대하여 분묘 설치를 승낙한 때에는 그 분묘 기지에 관하여 분묘기지권을 설정한 것으로 보아야 한다(대법원 2000. 9. 26. 선고 99다14006 판결). 승낙형 분묘기지권의 존속기간과 관련하여, 당사자 사이에 이에 대한 약정이 있다면 이 약정에 따를 것이지만, 특별한 사정이 없다면, 분묘에 관한 수호와 봉사가 계속되고 분묘가 존속하고 있는 동안에는 분묘기지권도 존속한다고 볼 수 있다(대법원 2007. 6. 28. 선고 2005다44114 판결). 그러나 승낙형 분묘기지권의 지료는 분묘 설치에 관한 승낙시에 유상 또는 무상으로 이루어질 수 있다. 다만, 특별히 지료에 관한 당사자 사이의 약정이 없다면 이를 유상으로 볼 것인지 무상으로 볼 것인지가 문제된다. 승낙형 분묘기지권의 경우에는 토지소유자와 분묘기지권자 사이에 지료에 관한 약정이 없으면 무상이라고 해석하는 견해도 있다(장병주, 2021:238). 그러나 승낙형 분묘기지권이 성립한 경우에 토지소유자의 분묘 설치에 대한 승낙만이 존재하고 지료에 관한 합의가 없었더라도 분묘기지권자는 토지소유자에게 지료를 지급하여야 한다고 본다. 약정지상권의 경우 지료의 지급은 그 성립요소가 아니어서 지료지급에 관한 약정이 없다면 무상으로 이해하여야 할 것이다. 그러나 승낙형 분묘기지권은 관습법으로 인정되는 것이므로 민법상 약정지상권과 같게 취급할 수는 없다. 거래의 관행상 타인의 토지 사용은 유상인 것이 일반적이며, 토지소유자 보호를 위해서도 명시적인 무상의 약정이 없다면 유상인 것으로 보아야 할 것이다(김용덕, 2019:163).

취득시효형 분묘기지권의 지료에 관한 쟁점을 다루고 있는 위 대법원 2021. 4. 29. 선고 2017다228007 판결은 2가지 핵심적인 내용을 판시하고 있다. 첫째는 취득시효형 분묘기지권자는 토지소유자에게 지료지급의무가 있다는 것이다. 둘째는 시효로 분묘기지권을 취득한 사람은 토지소유자가 분묘기지에 관한 지료를 청구하면 그 청구한 날부터의 지료를 지급하여야 한다는 것이다. 종전 대법원 판례는 분묘기지권을 시효취득하는 경우에 분묘기지권자는 토지소유자에게 지료를 지급할 필요가 없다고 판시하였다(대법원 1995. 2. 28. 선고 94다37912 판결). 대법원 2021.

4. 29. 선고 2017다228007 판결을 통해 종전의 입장을 폐기하고 취득시효형 분묘기지권자는 지료지급의무가 있는 것으로 변경하였다. 분묘가 존속하는 한 성립된 분묘기지권은 소멸하지 않기 때문에, 취득시효형 분묘기지권의 부담을 안고 있는 토지소유자가 그 분묘기지권자에게 지료조차도 청구할 수 없다는 것은 불합리적이며 형평에 반하는 것이다. 이러한 부당함은 장묘문화와 사회적 인식의 변화와도 관계있다고 볼 것이다. 그리고 승낙형 분묘기지권의 경우에도 지료에 관한 약정이 없더라도 유상으로 해석하는 것이 타당하므로 취득시효형 분묘기지권의 경우에는 당연히 지료는 유상으로 이해되어야 한다.

생각건대 위 판결은 그 동안 취득시효형 분묘기지권자의 지료지급의무를 부정한 대법원 판례의 견해를 폐기한 것은 타당하며 그 의미는 상당하다고 본다. 다만 지료 청구는 분묘가 설치된 최초의 날이 아닌, 토지소유자가 분묘기지권자에게 지료 지급을 청구한 날부터의 지료를 청구할 수 있다고 판단하였는데, 이에 대해서는 의문스러운 점이 있다. 관습법상 법정지상권의 지료는 당사자 사이의 합의로 결정하고 합의가 되지 않으면 당사자 청구에 의해 법원이 결정한다. 이때 지료액은 그 법정지상권 성립 시까지 소급하여 산정된다고 본다(강태성 2020: 814; 대법원 1975. 12. 23. 선고 75다2066 판결). 취득시효형 분묘기지권의 성립은 당사자 사이의 약정 없이 관습법으로 인정되는 것이므로 이는 관습법상 법정지상권과 유사한 것으로 파악할 수 있다. 그러나 관습법상 법정지상권의 경우 그 지료는 법정지상권 성립 시부터 산정되지만, 취득시효형 분묘기지권은 분묘 설치 시부터가 아니라 토지소유자의 청구가 있는 때부터 지료 산정이 된다는 것은 다소 이해하기 어려운 점도 있다. 그리고 양도형 분묘기지권의 지료와 관련하여, 대법원은 자기 소유 토지에 분묘를 설치한 사람이 그 토지를 양도하면서 분묘를 이장하겠다는 특약을 하지 않음으로써 분묘기지권을 취득한 경우, 특별한 사정이 없는 한 분묘기지권자는 분묘기지권이 성립한 때부터 토지소유자에게 그 분묘의 기지에 대한 토지사용의 대가로서 지료를 지급할 의무가 있다고 판시하였다(대법원 2021. 5. 27. 선고 2020다295892 판결). 즉 대법원은 양도형 분묘기지권의 경우에도 토지소유자의 지료지급 청구시가 아니라 분묘기지권이 성립한 때부터 지료를 산정한다고 한다. 결국 분묘기지권의 성립 유형 중 취득시효에 의한 분묘기지권의 경우에만 토지소유자의 지료지급 청구가 있는 날부터 지료를 산정하도록 해석하는 것은 승낙형이나 양도형 분묘기지권의 지료 산정 시기와 비교하여도 타당하다고 볼 수 없다.

5. 분묘기지권의 올바른 해석 방향

장사법 시행으로 새로이 설치되는 분묘의 취득시효형 분묘기지권 성립이 불가능하게 되더라도, 장사법 시행 이전에 성립한 취득시효형 분묘기지권은 법적인 권리로서 보호되어야 한다. 다만 장사법 시행일 이전에 타인 토지에 분묘가 설치되었지만, 그 시행일 이후에 취득시효 기간이 완성되는 분묘기지권의 경우에 장사법 부칙 제2조로 인하여 분묘기지권 성립을 인정한다는 것은 부당하다고 생각한다.

토지에 대한 경제적 가치 상승과 장묘문화에 대한 사회적 인식의 변화로 인해 다수의 국민은 납골당이나 수목장 등의 방식을 이용하고 있다. 이러한 새로운 방식의 간편하고 용이하며 위생적이고 저렴한 비용의 장묘문화가 정착되었다고 판단할 수 있다. 그래서 타인의 토지 위에 분묘를 설치하는 것은 우리 사회의 일반적으로 용인되는 현상으로 여길 수 없으며, 분묘기지권의 시효취득은 우리 사회에서 더는 허용될 수 없다고 볼 것이다. 다만 승낙형이나 양도형 분묘기지권에 있어서 분묘기지권 존립은 허용될 수 있다.

분묘가 존속하는 한 성립된 분묘기지권은 소멸하지 않기 때문에, 취득시효형 분묘기지권의 부담을 안고 있는 토지소유자가 그 분묘기지권자에게 지료조차도 청구할 수 없다는 것은 불합리적이며 형평에 반하는 것이다. 이러한 부당함은 장묘문화와 사회적 인식의 변화와도 관계있다고 볼 것이다. 그리고 승낙형 분묘기지권의 경우에도 지료에 관한 약정이 없더라도 유상으로 해석하는 것이 타당하므로 취득시효형 분묘기지권의 경우에는 당연히 지료는 유상으로 이해되어야 한다. 대법원은 양도형 분묘기지권의 경우에도 토지소유자의 지료지급 청구시가 아니라 분묘기지권이 성립한 때부터 지료를 산정한다고 한다. 결국 분묘기지권의 성립 유형 중 취득시효에 의한 분묘기지권의 경우에만 토지소유자의 지료지급 청구가 있는 날부터 지료를 산정하도록 해석하는 것은 승낙형이나 양도형 분묘기지권의 지료 산정시기와 비교하여도 타당하다고 볼 수 없다.

참고문헌

강태성(2020). *물권법*, 대명출판사.
곽윤직(2011). *민법주해(Ⅵ) - 물권(3)*, 박영사.
권철(2018). "분묘기지권의 시효취득에 관한 관습법 인정 여부- 대법원 2017. 1. 19. 선고 2013다17292 전원합의체 판결", 성균관법학 30(3), 성균관대학교 법학연구소, 341-382.
김용덕(2019). *주석 민법-물권(3)*, 한국사법행정학회.
나태영(2018). "분묘기지권에 관한 소고", *민사법의 이론과 실무* 22(1), 89-125.
노한장(2019). "토지의 효율적 이용을 위한 분묘관리 개선방안 연구- 장묘제도의 비교법적 연구를 중심으로", 동북아법연구 12(3), 323-352.
오시영(2017). "관습상의 분묘기지권 인정 대법원 판례 검토-대법원 2013다17292 전원합의체 판결", 동북아법연구 11(1), 241-263.
이동찬(2019). "묘지로 인한 국토잠식에 대한 개선방안- 장사 등에 관한 법률을 중심으로", 토지공법연구 85, 123-144.
이성진(2019). "「장사 등에 관한 법률」에 대한 민사법적 고찰- 연고자 개념과 묘지 사전 매매 금지 및 분묘기지권에 대하여", *민사법의 이론과 실무* 22(3), 127-160.
＿＿＿(2021). "장묘문화 변화와 분묘기지권에 관한 최근 판례 경향", *문화와융합* 43(10),

599-616.

장병주(2021). "분묘기지권자의 지료지급의무와 그 지급 시기- 대법원 2021. 4. 29. 선고 2017다228007 전원합의체판결을 중심으로", *민사법의 이론과 실무* 24(3), 219-260.

● 이 장은 문화와융합 학술지 43권 10호에 실린 필자의 논문(이성진, 2021)을 바탕으로 재구성되었다.

13장

울산지역 직업계고등학교의
학과 재구조화 방향

1. 인력 수급과 미래 산업수요 전망

1) 직업계 고등학교의 급속한 교육환경 변화

최근 제4차 산업혁명과 저출산·고령화, 친환경에 대한 세계적 관심 급증 등의 거시적 변화는 노동시장의 변화를 야기하고 있으며, 이는 일자리 및 중등 단계 직업교육 전반에 많은 변화를 요구하고 있다. 그리고 이러한 변화에 따라 유망 분야를 중심으로 고졸 인력 수요를 고려한 직업계고등학교(이하 직업계고) 학과 개편 등 재구조화에 대한 필요성이 증대되고 있다(고용노동부, 2013, 2019a, 2019b; 도수관, 김재홍, 2020).

최근까지 교육부에서는 전국적으로 이러한 직업계고 재구조화의 필요성을 고려하여 산업수요에 부응하는 인재 육성을 위해 필요성 및 성공 가능성과 더불어 신산업, 지역전략산업, 뿌리산업 여부 등을 검토하여 직업계고 재구조화를 지원해 왔다(교육부, 2019, 2021; 한국고용정보원, 2019a, 2019b, 직업능력개발원, 2018a, 2018b, 2019a, 2019b, 교육부, 대전광역시교육청, 한국직업능력개발원, 2019). 2016년부터 시행되어 온 직업계고 재구조화 지원사업은 직업계고의 ①학과 재구조화·개편, ②학급 증설, ③학교 유형 전환, ④학교 통폐합(거점 특성화고 설립) 등의 사업 유형을 선정하고 지원하는 사업이다(변숙영·김호진, 2020; 안재영, 2020; 한국직업능력개발원, 2019c, 2020a). 특히, 학과개편 지원사업은 ①학과 재구조화·개편, ②학급 증설과 관련되어 있으며, 이 사업은 2019년까지는 교육부가 직접 학교를 선정했지만, 2020년부터는 시·도별 여건과 특색을 고려하여 각 시·도교육청에서 선정 후 교육부가 승인하는 방식으로 변경되었다(변숙영, 김호진, 2020). 최근의 교육부(2021) 보도 자료에 따르면, 2021년에도 전국적으로 특성화고·산업수요맞춤형고등학교(마이스터고) 등 101개교에서 148개의 학과 개편을 추진하며, 인공지능, 스마트공장, 스마트농장, 미래자동차 등 신산업·유망산업 분야 교육 수요에 적극적으로 대응하기 위해 적극적으로 노력하고 있는 것으로 나타났다.

　울산광역시도 최근 10년간 급격한 대내·외 환경변화에 따라 인구 및 산업구조 그리고 전략산업 변화에 직면해 왔다. 울산지역은 인구구조 측면에서 2015년 이후 청년층을 중심으로 인구 유출이 지속되고 있으며, 산업구조 측면에서는 전통적인 제조업 도시로 성장해 왔지만 2019년부터 사업·개인·공공서비스 및 기타 산업(33.1%)이 광업·제조업(30.9%)보다 높은 비중을 차지하는 등 산업구조가 변화하고 있고, 전략산업 측면에서는 세계적으로 친환경에 대한 관심이 급증하면서 중기부와 산업부가 추진 중인 혁신사업에 울산은 친환경자동차부품, 조선해양, 첨단화학신소재 그리고 친환경에너지 산업을 주력 전략산업으로 선정하였다(울산지역인적자원개발위원회, 2019, 2020).

　울산지역은 이처럼 급속한 환경변화에 적극적으로 대응할 수 있는 직업교육과 인력 양성이 필요하고, 관련 산업으로의 전문 인력 공급이 원활히 이루어질 수 있는 직업교육 및 훈련을 제공할 필요성이 있는데, 그런 측면에서 현재의 직업계고는 이러한 전문 인력 양성 측면에서 긍정적 기능과 역할을 수행하고 있는지에 대한 검토가 매우 필요한 실정이다. 특히, 직업계고 재구조화에 대한 논의는 학령인구 감소와 특성화고교 기피현상의 심화 속에서 향후 직업계고의 원활한 교육훈련 기능과 역할 수행을 통한 산업체 전문 인력 양성을 위해 더욱 필요하며, 울산지역 직업계고 및 학과 관련 분석과 조사내용 등을 바탕으로 학과 개편 및 재구조화의 다양한 변인을 고려하여 울산지역 특성화고 학과 개편을 위한 진단과 방향 제시가 이루어져야 한다.

2) 중장기 인력 수급 전망(2018~2028)

한국은 급속한 저출산·고령화의 영향으로 향후 10년간 인구구조가 대폭 변화할 것으로 예상된다. 최근 통계청의 경제활동인구조사 자료에 따르면, 15~64세 인구수는 2018년 36,796천 명에서 2023년 36,098천 명, 2028년 34,201천 명으로 각각 감소할 것이며, 감소폭도 지속적으로 확대될 것으로 전망된다. 특히, 베이비붐 세대(1958년 이전 출생자)가 2023년부터 65세 이상 인구로 유입하면서 경제활동인구에 해당하는 15~65세 인구는 급격히 감소할 것으로 예상됨에 따라 향후 큰 폭의 경제활동인구 감소, 저출산, 베이비붐 세대의 고령화 등에 기인한 인구구조 변화 및 인구 감소폭의 지속적 확대는 당분간 계속될 것으로 예측할 수 있다(통계청, 2019; 한국고용정보원, 2019a, 2019b). 취업자의 경우, 15세 이상 취업자 증가와 함께 고용률은 증가하지만 인구 감소와 고령화 등의 영향으로 취업자의 증가 폭은 축소되고, 고용률 또한 감소로 전환될 것으로 예상된다. 직업 대분류별 취업자의 경우, 전문가 관련 종사자(+62.6만 명), 서비스 종사자(+32만 명), 사무 종사자(+30.5만 명), 단순노무 종사자(+16.7만 명) 순으로 취업자 수가 증가하고, 기능원 및 관련 기능 종사자와 장치, 기계조작 및 조립 종사자는 기술발전과 자동화, 고령화 등의 영향으로 직무 영역이 축소되고 있어 점차 취업자 수가 감소할 것으로 전망된다(고용노동부, 2019a). 〈표 1〉은 구체적으로 향후 한국의 인구, 경제활동인구, 취업자 및 고용률, 직업 대분류별 취업자 수 전망을 정리한 것이다.

표 1 인구, 경제활동인구, 취업자 및 고용률, 직업 대분류별 취업자 전망

(단위: 천 명, %, %p)

구분	연령	2018년	2023년	2028년	증가분 2018~2023년	증가분 2023~2028년	증가분 2018~2028년
인구	15세 이상	44,182	45,499	46,091	1,317	592	1,909
	15 ~ 64세	36,796	36,098	34,201	-698	-1,898	-2,596
경제활동인구	15세 이상	27,895	29,201	29,134	1,306	-68	1,238
	15 ~ 64세	25,514	25,818	24,816	303	-1,002	-699
취업자	15세 이상 (고용률)	26,822 (60.7)	27,863 (61.2)	28,104 (61.0)	1,041 (0.5)	240 (-0.3)	1,281 (0.3)
	관리자	371	387	392	16	5	21
	전문가 및 관련 종사자	5,491	5,942	6,116	452	174	626
	사무 종사자	4,762	5,020	5,067	259	47	305
	서비스 종사자	2,969	3,199	3,289	231	89	320
	판매 종사자	3,037	3,104	3,098	67	-6	61
	농림어업 숙련 종사자	1,266	1,176	1,085	-90	-91	-181
	기능원 및 관련 기능종사자	2,347	2,366	2,351	19	-15	5
	장치, 기계조작 및 조립종사자	3,098	3,066	3,056	-32	-10	-42
	단순노무 종사자	3,483	3,603	3,651	120	48	167

자료: 통계청, 경제활동인구조사 각년도; 한국은행, 경제통계시스템 각년도; KEISIM 미시모의실험 결과; 고용노동부(2019a) 재정리.

산업 대분류별 취업자 수의 경우에는 향후 서비스업을 중심으로 취업자 수의 증가(+145만 명)가 지속될 예정이며, 제조업 분야 취업자 수도 소폭으로 증가(+6.5만 명)할 것으로 전망되는데, 〈그림 1〉은 구체적으로 고용노동부(2019a)가 '2018~2028 중장기 인력수급 전망'을 통해 제시한

2018~2028년 산업 대분류별 취업자 수의 증감에 대한 예상 추정치를 나타낸 것이다.

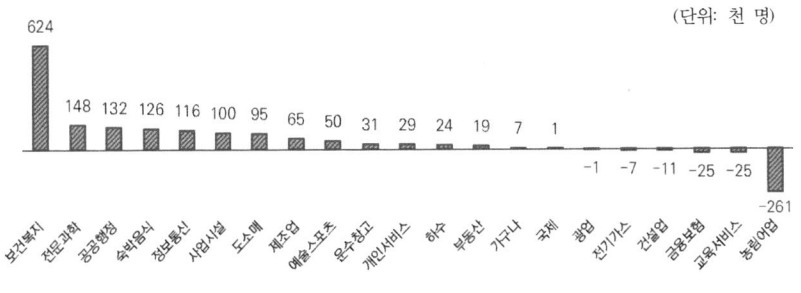

출처: 고용노동부(2019a)

그림 1 2018~2028년 산업 대분류별 취업자 증감 수

4차 산업혁명은 최근까지 산업 현장에서의 인력수요에도 많은 변화를 초래하였으며, 앞으로도 기술혁신에 따른 인력수급 및 취업자 수에도 지속적인 영향을 미칠 가능성이 매우 높다. 일반적으로 인력수급을 전망할 때, 현재 수준으로 기술발전에 대응할 경우를 가정하여 인력수급을 전망한 것을 '기준전망'이라고 하며, 기술혁신에 따라 기술발전 속도가 현재 추세(기준전망)보다 더욱 빠르게 진행될 경우를 가정하여 인력수급을 전망한 것을 혁신전망이라고 하는데, 실제로 고용노동부(2019b)는 2028년부터 전체 취업자 수가 기준전망 보다 증가할 것으로 예측하고 있다.

표 2 4차 산업혁명에 따른 취업자 수 전망

(단위: 천 명)

취업자	2018년	2023년	2028년	2035년
기준전망(A)	26,822	27,863	28,104	27,749
혁신전망(B)		27,686	28,247	28,226
차 이(B-A)	-	-177	+143	+477

출처: 고용노동부(2019b)

〈표 2〉에 따르면, 기준전망의 경우 2028년 이후 취업자 수가 감소하나 혁신전망의 경우 기술혁신이 성공적으로 이루어진다면 노동공급 제약 하에서도 인력 수요가 기준전망보다 더 높을 것으로 추정됨에 따라 고용노동부(2019b)는 2028년부터 전체 취업자 수는 기준전망 수치보다 증가할 것으로 예측하고 있다. 이러한 취업자 수 전망은 〈그림 2〉에서처럼 산업별 기술혁신 정도에 따라 더욱 다양하게 제시되고 있다. 즉, 전문/과학, 전자/부품, 전기/장비 등과 같은 분야에서는 취업자 수가 증가하는 것으로 추정되지만 숙박 및 음식점업, 도매/소매업, 농림어업 등과 같은 분야에서는 취업자 수 감소가 큰 것으로 추정되고 있다.

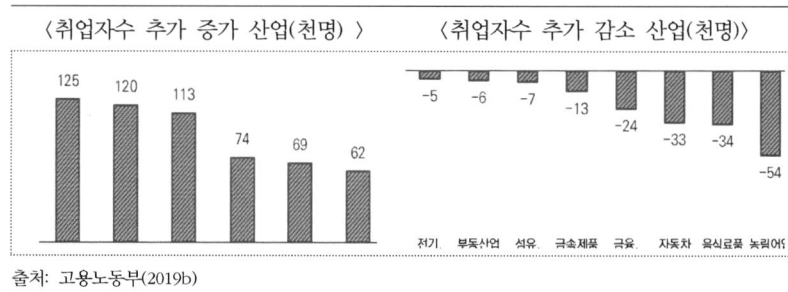

출처: 고용노동부(2019b)

그림 2 취업자 수 증가/감소 산업

신규인력 수급의 경우, 향후 10년간 학령인구 감소로 공급인력이 크게 감소하면서 신규인력 수요가 공급을 초과할 것으로 추정되며, 학력별로는 고졸자에 대한 초과수요(60만 명)와 대졸자에 대한 초과수요(45만 명)가 존재하는 반면 전문대학 졸업자는 신규인력 측면에서 초과공급 현상이 나타날 것으로 전망하고 있다(고용노동부, 2019a). 〈표 3〉은 구체적으로 학력에 따른 신규인력 공급과 구인인력 수요 간의 격차를 제시한 것이다.

표 3 학력에 따른 신규인력 수급 격차 전망

(단위: 천 명)

구 분	전체	고교 졸업	전문대 졸업	대학 졸업	대학원 졸업
신규인력 공급(A)	6,794	1,387	1,540	3,070	797
구인인력 수요(B)	7,179	1,987	898	3,522	772
차이(A-B)	-385	599	642	452	25

출처: 고용노동부(2019a)

3) 울산지역 인력 수급 및 산업수요 전망

직업계고등학교의 학과 수요에 영향을 미칠 수 있는 울산지역의 산업별 인력구조 변화와 산업수요 전망, 울산지역 직업계고 채용계획, 지방정부의 인력양성 방향 등에 관한 구체적인 논의를 위해 먼저 2017~2019년 울산지역 산업별, 직업별 취업자 수와 비중 추이를 살펴보면, 〈표 4〉와 같이 나타낼 수 있다. 2017년 기준으로는 광업·제조업 분야가 울산지역에서 가장 높은 취업자 비중(33.1%)을 차지하고 있었으나 2019년에는 사업·개인·공공서비스 및 기타 산업의 취업자 비중(33.1%)이 광업·제조업 분야의 취업자 비중(30.9%)보다 더 높은 것으로 나타났다. 그리고 직종별 취업자 수의 경우, 장치, 기계조작 및 조립종사자의 비중이 2017년에 19.1%로 가장 높은 것으로 나타났으나 관리자 비중은 0.8%로 가장 낮은 것으로 나타났다. 2017년 대비 2019년의 사무 종사자와 서비스 종사자 그리고 단순노무 종사자의 취업자 비중은 증가하였으나 나머지 직종의 취업자 비중은 감소한 것으로 나타났다.

표 4 2017~2019년 울산지역 산업별, 직업별 취업자 수와 비중 추이

(단위: 천 명, %)

산업별, 직종별 구분		전국			울산		
		2017년	2018년	2019년	2017년	2018년	2019년
산업별	모든 산업	26,725 (100.0)	26,822 (100.0)	27,124 (100.0)	584 (100.0)	574 (100.0)	571 (100.0)
	농업, 임업 및 어업	1,279 (4.8)	1,340 (5.0)	1,395 (5.1)	9 (1.5)	6 (1.0)	6 (1.1)
	광업·제조업	4,589 (17.2)	4,529 (16.9)	4,444 (16.4)	193 (33.1)	185 (32.2)	176 (30.9)
	건설업	1,988 (7.4)	2,034 (7.6)	2,020 (7.4)	48 (8.2)	46 (8.0)	39 (6.9)
	도소매·숙박음식점업	6,083 (22.8)	5,965 (22.2)	5,966 (22.0)	119 (20.3)	111 (19.3)	108 (18.9)
	사업·개인·공공 서비스 및 기타	9,733 (36.4)	9,800 (36.5)	10,139 (37.4)	171 (29.2)	180 (31.3)	189 (33.1)
	전기·운수·통신·금융	3,054 (11.4)	3,154 (11.8)	3,160 (11.7)	45 (7.7)	47 (8.2)	52 (9.1)
직종별	모든 직종	26,725 (100.0)	26,822 (100.0)	27,124 (100.0)	584 (100.0)	574 (100.0)	571 (100.0)
	관리자	313 (1.2)	371 (1.4)	408 (1.5)	5 (0.8)	5 (0.9)	4 (0.7)
	전문가 및 관련 종사자	5,427 (20.3)	5,419 (20.5)	5,557 (20.5)	94 (16.1)	89 (15.5)	87 (15.2)
	사무 종사자	4,663 (17.4)	4,762 (17.8)	4,749 (17.5)	98 (16.8)	105 (18.3)	103 (18.0)
	서비스 종사자	2,946 (11.0)	2,969 (11.1)	3,116 (11.5)	59 (10.1)	64 (11.2)	69 (12.0)
	판매 종사자	3,091 (11.6)	3,037 (11.3)	3,030 (11.2)	56 (9.6)	49 (8.5)	52 (9.1)
	농림어업 숙련 종사자	1,198 (4.5)	1,266 (4.7)	1,332 (4.9)	9 (1.5)	6 (1.2)	8 (1.4)
	기능원 및 관련 기능종사자	2,384 (8.9)	2,347 (8.8)	2,372 (8.7)	89 (15.2)	81 (14.1)	77 (13.4)
	장치, 기계조작 및 조립종사자	3,171 (11.9)	3,098 (11.6)	3,026 (11.2)	112 (19.1)	111 (19.3)	107 (18.7)
	단순노무 종사자	3,533 (13.2)	3,483 (13.0)	3,534 (13.0)	63 (10.8)	64 (11.1)	66 (11.5)

주: ( )안은 값은 취업자 비중을 나타냄
자료: 통계청, 경제활동인구조사; 울산지역인적자원개발위원회(2020)

최근 울산지역은 기존의 주력산업이 글로벌 경쟁력 저하와 시장포화 등의 요인으로 성장성이 둔화되면서 신산업·신기술을 고려한 지역 혁신

산업의 발굴과 육성을 추진할 필요성이 매우 증가되어 왔다. 이에 따라 중소벤처기업부(중기부)와 산업통상자원부(산자부)는 지역혁신사업에 대한 공동계획을 수립하고 있으며, 울산광역시도 자동차, 조선, 화학소재, 에너지 분야를 지역혁신사업으로 설정하였다(울산광역시, 2019). 〈표 5〉는 구체적으로 2020년 중소벤처기업부와 산업통상자원부의 지역특화사업별 울산지역혁신산업 분야의 품목들을 정리하여 나타낸 것이다.

표 5 2020년 울산지역 지역혁신사업

	지역사업	지역혁신산업			
		자동차 분야 (품목)	조선 분야 (품목)	화학소재 분야 (품목)	에너지 분야 (품목)
중기부	지역특화산업 육성사업	친환경 자동차 부품 (무공해, 저공해 자동차 부품)	조선해양 (ICT·에너지 융합 부품)	첨단화학신소재 (첨단 고기능성 신소재 및 부품)	친환경에너지 (발전·저장·수송·해체 부품)
산자부	국가혁신융복합단지 지원사업	초소형 전기차 (초소형 전기차 전의장 부품)	-	-	-
	이전공공기관 연계 육성사업	-	-	-	배터리·EES (배터리·EES 소재·부품)
	광역협력권산업 육성사업	자율주행자동차 (고안전 자율주행 차량용 부품)	친환경스마트 선박 (LNG 선박용 극한환경 부품)	차량용경량소재 (미래형(전기·자율) 자동차 부품)	-
	스마트특성화 기반 구축사업	전기자동차 (폐배터리 재활용 플랫폼)	-	-	수소에너지 (수소, 연료전지 소재·부품)

출처: 울산광역시(2019), 울산지역인적자원개발위원회(2020) 재구성

다음으로, 울산지역인적자원개발위원회(2020)는 2020년 6월에서 8월 사이 48개 산업의 10인 이상 300인 미만 사업체를 방문하여 '2020년 울산지역 인력 및 훈련 수요조사'를 실시하였다. 그 결과를 살펴보면, 조사에

응답한 기업들은 2021년에 총 1,454명의 인원을 채용할 계획인 것으로 집계되었는데 그 중에서 직업계고 졸업생 채용계획 인원은 776명으로 전체의 53.4%를 차지하였다. 특히, 2021년 직업계고 채용 계획 인원 중에서 자동차 및 트레일러 제조업 분야가 239명으로 가장 많은 것으로 나타났고, 사회복지 서비스업 112명, 섬유제품 제조업(의복 제외) 74명 등의 순으로 나타났다.

직종별 직업계고 채용 계획 인원의 경우, 기계 설치·정비·생산직 311명, 제조 단순직 226명, 청소 및 기타 개인서비스직 131명, 돌봄 서비스 종사자 119명 등의 순으로 높게 나타났다. 직종별 2021년 채용계획 인원 중에서 직업계고 채용 계획 인원이 가장 많은 것으로 조사된 직종은 기계 설치·정비·생산직으로 247명이었으며, 그 다음으로 금속·재료 설치·정비·생산직 111명, 돌봄 서비스직 78명 등의 순으로 나타났다.

2. 전국 및 울산지역 직업계고등학교 기본 현황 및 학과 분포

1) 전국 직업계고등학교 기본 현황

직업계고등학교는 법에 근거하는 공식적 명칭은 아니지만, 통상적으로 특성화고등학교와 마이스터고등학교(산업수요 맞춤형 고등학교) 그리고 일반고등학교에 직업반을 설치한 종합고등학교 등 세 가지 유형으로 구분된다. 직업계고등학교는 2007년까지 실업계고등학교로 명명되었으나 2007~2010년에는 전문계고등학교, 2010년 이후에는 특성화고등학교로 각각 명칭이 변경되었다. 2020년 10월 기준 우리나라 시·도별 직업계고의 유형별 학교 수와 학급 수 그리고 학생 수 분포 현황을 살펴보면 〈표 6〉과 같은데, 울산지역에는 8개의 특성화고와 3개의 마이스터고가 있음을 알 수 있다.

표 6 우리나라 시·도별 직업계고 유형별 학교 수, 학급 수, 학생 수 현황: 2020년 기준

지역	특성화고			마이스터고			일반고(종합고)		
	학교	학급	학생	학교	학급	학생	학교	학급	학생
서울	70	1,767	38,108	4	93	1,797	-	-	-
부산	33	767	15,215	3	87	1,704	-	-	-
대구	15	519	11,376	4	90	1,738	-	-	-
인천	28	696	14,684	2	42	809	-	-	-
광주	10	282	6,660	2	24	480	1	12	196
대전	10	309	5,941	2	42	822	-	-	-
울산	8	216	4,789	3	54	1,047	-	-	-
세종	2	23	422	-	-	-	1	10	160
경기	70	1,836	41,207	3	62	1,162	36	315	6,294
강원	20	328	5,955	3	42	722	11	51	891
충북	23	453	10,138	3	48	946	-	-	-
충남	28	489	9,812	4	51	954	6	44	991
전북	24	385	7,449	4	81	1,527	7	31	502
전남	40	612	11,484	4	57	1,060	3	8	80
경북	46	583	11,565	6	123	2,408	-	-	-
경남	30	569	10,548	4	75	1,387	2	7	84
제주	6	132	3,065	-	-	-	3	42	995
전체	463	9,966	208,418	51	971	18,563	70	520	10,193

자료: 특성화고·마이스터고 포털사이트 하이파이브(http://www.hifive.go.kr)의 학교통계데이터 (2020.10.25. 검색)

2) 전국 직업계고등학교 학과 개편 현황

교육부에서는 산업수요에 부응하기 위해 필요성 및 성공 가능성과 더불어 신산업, 지역전략산업, 뿌리산업 여부 등을 검토하여 직업계고 재구조화를 지원하고 있는데, 2016년부터 시행되어 온 직업계고 재구조화 지원사업은 직업계고의 ①학과 재구조화·개편, ②학급 증설, ③학교 유형 전환, ④학교 통폐합(거점 특성화고 설립) 등의 사업 유형을 선정하여 지원하는 사업이다. 이 중에서 학과개편 지원사업은 ①학과 재구조화·

개편, ②학급 증설과 관련되어 있으며, 2019년까지는 교육부가 직접 학교를 선정했지만, 2020년부터 시·도별 여건과 특색을 고려하여 각 시·도 교육청에서 선정한 이후 교육부가 승인하는 방식으로 변경되었다.

표 7 유형별 직업계고 재구조화 지원사업 선정 현황(2016~2019)

연도	선정학교 총계	유형별 선정 현황(학과 수)			
		유형전환	학교 통폐합	학과 재구조화·개편	학급 증설
2016년	96개교 (155개과)		3개교	87개교 (141개과)	11개교 (13개과)
2017년	74개교 (126개과)	3개교 (8개과)	-	62개교 (103개과)	11개교 (15개과)
2018년	62개교 (98개과)	-	-	59개교 (98개과)	3개교 (3개과)
2019년	91개교 (125개과)	1개교 (1개과)	-	86개교 (120개과)	4개교 (4개과)

자료: 한국직업능력개발원(2020a)

〈표 7〉에 따르면, 2016년 96개교(155개과), 2017년 74개교(126개과), 2018년 62개교(98개과), 2019년 91개교(125개과)가 직업계고 재구조화 지원사업에 선정되었으며, 대체로 매년 학과 재구조화·개편 유형의 지원사업 선정 수가 타 유형에 비해 많은 것으로 나타났다. 또한, 한국직업능력개발원(2020a)에 따르면, 2016년 이후 전국적으로 직업계고 재구조화 지원사업 선정 학교 수와 학급 수가 점차 증가하고 있는 것으로 나타났다.

3) NCS 기준 전국 직업계고등학교 학과 계열 분포 현황

최근 국가가 산업현장에서 직무 수행에 필요한 지식·기술·태도 등을 분석하여 정리한 국가직무능력표준(NCS, National Competency Standards)을 활용하여 기업들이 구성
원들의 능력을 중심으로 채용을 하는 경향이 확대되고 있다. 따라서 직업계

고 각 학과들도 NCS 기준으로 계열을 분류하고 있는데, 2016년 이후 전국의 직업계고 학과들의 연도별 계열 분포 현황을 정리해 보면 〈표 8〉과 같이 나타낼 수 있다.

표 8 NCS 기준 직업계고 학과의 계열별 분포 현황(2016~2019)

NCS 기준 계열	2016년	2017년	2018년	2019년
전체	99.8	99.8	99.9	100.0
경영 · 금융	22.6	19.8	14.3	13.6
보건 · 복지	8.4	6.0	2.0	2.4
디자인 · 문화콘텐츠	7.1	9.5	13.3	10.4
미용 · 관광 · 레저	4.5	5.2	13.3	4.0
음식조리	7.7	3.4	3.1	3.2
건설	1.3	1.7	1.0	8.8
기계	17.4	8.6	5.1	9.6
재료	0.6	0.9	2.0	0.8
화학공업	1.3	4.3	2.0	2.4
섬유 · 의류	0.6	1.7	0.0	0.8
전기 · 전자	8.4	12.9	10.2	7.2
정보 · 통신	7.1	11.2	5.1	6.4
식품가공	0.6	0.0	3.1	2.4
인쇄출판공예	0.0	0.0	0.0	0.8
환경 · 안전	0.0	0.0	1.0	0.0
농림 · 수산해양	9.0	4.3	1.0	5.6
선박운항	0.0	0.0	0.0	0.0
기타*	0.0	1.7	1.0	0.0
융합교과군**	3.2	8.6	22.4	21.6

* '기타'는 부사관 관련 학과 등 NCS 기준으로 학과가 확정되지 못하여 분류할 수 없는 학과임
** 융합교과군은 2개 이상의 교과군이 융합된 경우이며, 예를 들어 경영금융+미용관광레저, 디자인문화콘텐츠+정보통신 등이 있음

〈표 8〉에 따르면, 2016년에는 경영 · 금융, 기계, 농림 · 수산해양, 2017년에는 경영 · 금융, 전기 · 전자, 정보 · 통신, 2018년에는 융합교과군, 경영 · 금융, 디자인 · 문화콘텐츠, 2019년에는 융합교과군, 경영 · 금융, 디

자인·문화콘텐츠 순으로 계열별 비율이 높게 나타났다. 각 연도별 NCS 계열별 평균 비중을 살펴보면, 경영·금융(17.6%), 융합교과군(14.0%), 기계(10.2%), 디자인·문화콘텐츠(10.1%) 등의 순으로 높게 나타났다.

4) 울산지역 직업계고등학교 현황

울산지역에는 특성화고 8개, 마이스터고 3개 등 총 11개의 직업계고가 소재하고 있는데, 학교 유형별 계열 분포는 〈표 9〉에 제시된 바와 같이 50% 이상 공업계열임을 알 수 있다. 이는 그 동안 공업도시로써의 울산지역이 가지고 있는 특징을 반영하고 있는 것으로 유추할 수 있다.

표 9 울산지역 직업계고의 유형별 분류

구 분	계 열	국립	공립	사립	계	비 고
특성화고	가사·실업	-	2	-	2	울산미용예술고, 울산생활과학고
	공업	-	2	1	3	울산공고, 울산기술공고, 울산애니원고
	농생명	-	1	-	1	울산산업고
	상업·정보	-	2	-	2	울산상고, 울산여자상고
마이스터고	공업	-	2	1	3	울산마이스터고, 울산에너지고, 현대공고
전 체		-	9교	2교	11교	

울산지역 직업계고의 학교별 취업률 현황을 살펴보면, 마이스터고(울산마이스터고, 울산에너지고, 현대공고)에서는 매년 거의 80% 수준의 높은 취업률을 보여주고 있으나, 특성화고 중 일부 학교는 한 자리 수의 낮은 취업률을 보여주고 있어 마이스터고와 특성화고의 취업률 차이가 크게 나타나고 있는데, 구체적으로 연도별 각 특성화고의 취업률 현황은 〈표 10〉과 같다.

표 10 울산지역 직업계고의 학교별 취업률 현황

(단위: %)

학교	2016년	2017년	2018년	2019년
울산공고	37.4	23.4	19.7	20.8
울산기술공고	41.1	48.7	23.0	14.7
울산미용예술고	56.0	45.0	18.1	17.1
울산산업고	29.6	21.7	7.4	7.7
울산상고	51.5	30.8	13.1	15.8
울산생활과학고	39.0	16.8	5.3	9.3
울산애니원고	33.0	34.7	21.4	36.4
울산여자상고	55.0	46.0	29.5	28.9
울산마이스터고	83.2	85.0	81.9	79.8
울산에너지고	93.3	93.9	87.2	95.8
현대공고	37.1	92.8	91.4	93.8
전체	45.9	39.0	26.1	28.1

자료: 특성화고·마이스터고 포털 하이파이브(http://www.hifive.go.kr)의 학교통계데이터 중에서 취업실태조사 자료 참고

울산지역 직업계고의 취업률은 신입생 모집에도 영향을 줄 수 있는데, 구체적으로 2019년 직업계고 모집 현황을 살펴보면, 모집정원 대비 지원인원이 가장 많았고, 미충원인원도 가장 낮은 것으로 나타났다. 그러나 학과별로는 2019년 울산산업고등학교 '도시농경영과'(11명), '생태조경과'(8명), '환경원예과'(5명)에서 총 24명이 미충원 되었으며, 2020년 울산기술공고 '산업경영과'에서 16명, 울산산업고 '금융서비스과'(5명), '도시농경영과'(8명), '생태조경과'(15명), '환경원예과'(7명)에서 총 35명, 울산미용예술고 '미용예술과'에서 33명, 울산애니원고 '컴퓨터게임개발과'에서 1명이 미충원 되어 향후 울산지역 특성화고의 신입생 충원 문제는 학령인구 감소와 낮은 취업률로 인해 점차 악화될 것으로 예상된다(울산광역시 교육청 내부자료).

최근까지 학령인구 급감과 변화하는 교육환경 속에서 울산지역 직업계

고가 직면하고 있는 낮은 취업률, 신입생 미충원 등과 같은 문제들을 완화하기 위해 그 동안 울산지역 직업계고에서는 학과개편 등과 같은 노력들을 추진해 왔는데, 구체적으로 <표 11>은 최근 5년간 울산지역 직업계고 학과 개편 현황을 나타낸 것이다.

표 11 최근 5년간 울산지역 직업계고 학과개편 현황

연도	학교명	변경 전(학급 수)	변경 후(학급 수)	비고
2017년	울산기술공업고	디지털콘텐츠과(3)	전기과(2)	교육부 (신입생 모집: 2019년)
			융합디자인과(2)	
		인터넷창업과(3)	산업경영과(2)	(신입생 모집: 2019년)
2018년	울산생활과학고	인테리어디자인과(2)	사무행정과(2)	(신입생 모집: 2019년)
		보육과(2)	보건간호학과(2)	
2019년	울산상고	경영과(3)	상공경영과(4)	(신입생 모집: 2020년)
		유통과(2)	물류경영과(4)	
		금융과(3)		
	울산산업고	도시농경영과(1)	반려동물과(1)	교육부 (신입생 모집: 2021년)
2020년	울산상고	상공경영과(4)	상공경영과(3)	(신입생 모집: 2021년)
		물류경영과(4)	물류경영과(3)	
			군사경영과(2)	

<표 11>에 따르면, 최근 5년간 울산지역 직업계고는 교육부로부터 2개 학과의 개편을 지원받았고, 자체적으로는 9개 학과를 개편하였음을 알 수 있다. 특히, 울산산업고는 2019년에 최근의 변화 트렌드를 반영하여 반려동물과를 신설하였고, 울산상고는 2020년에 군사경영과를 신설하였다는 것이 특징적이다. 울산지역 특성화고가 이와 같은 학과 개편노력을 기울였음에도 불구하고 <표 12>의 내용은 취업률과 신입생 지원율 측면에서 그 성과가 아직까지 미미한 것으로 나타나고 있다. 특히, 2021학년

표 12 최근 5년간 울산지역 특성화고의 지원율, 취업률 및 학과개편에 따른 지원율 변화

학교 (개편시기)	변경 전 (학급수)	정원 '18	정원 '19	정원 '20	지원율(취업률) '16	'17	'18	'19	'20	변경 후 (학급수)	정원 '19	정원 '20	정원 '21	지원율 '19	'20	'21
울산기술공업고 (2017)	디지털콘텐츠과(3)	84			- (35.0)	0.71 (50.8)	0.86 (16.7)			전기과(2)	44	44	40	1.30	1.25	0.80
	인터넷정보과(3)	89			- (40.5)	0.69 (37.5)	0.55 (19.4)			융합디자인과(2)	44	44	40	1.20	1.16	0.95
울산생활과학고 (2018)	인테리어디자인과(2)	52			2.38 (33.8)	2.03 (10.6)	2.17 (1.6)			산업정보과(2)	44	44	40	0.61	0.41	0.33
	보육과(2)	52			1.59 (33.8)	1.19 (14.7)	1.25 (0.0)			사무행정과(2)	48	48	44	2.40	1.75	2.00
울산상고 (2019)	경영과(3)	66	66		1.02 (50.8)	0.94 (26.2)	1.06 (5.7)	1.08 (18.6)		보건간호학과(2)	48	48	44	2.10	1.63	1.32
	금융과(3)	68	66		1.02 (48.0)	1.27 (39.1)	1.00 (24.4)	1.06 (21.8)		상공정영과(4)		88	44		1.08	
	유통과(2)	66	44		1.01 (56.1)	0.91 (26.9)	1.06 (12.4)	1.30 (7.1)		물류경영과(4)		88	44		1.08	
울산산업고 (2019)	도시농경영과(1)	22	22	22	0.44 (14.8)	0.58 (16.7)	0.36 (4.0)	0.45 (9.1)	0.59	반려동물과(1)			20			1.50
울산상고 (2019)	상공경영과(4)			88						상공경영과(3)			60			0.82
울산상고 (2020)	물류경영과(4)			88						물류경영과(3)			60			0.80
										군사경영과(2)			40			1.70

출처: 울산광역시교육청 내부자료, 각 연도별 구체적인 수치는 2020년 12월말 기준임.

도 신입생 지원율의 경우, 2020년 12월말 기준 울산기술공업고의 전기과, 융합디자인과, 산업경영과의 지원율이 1보다 낮으며, 울산상고의 상공경영과와 물류경영과의 지원율도 1보다 낮은 것으로 나타났다. 이와 같은 현상들을 고려해 볼 때, 울산지역 직업계고의 학과 재구조화를 통한 경쟁력 강화의 필요성이 매우 높다고 볼 수 있다.

3. 울산지역 직업계고등학교 교사의 학과개편 의향

1) 소속학과별 학과개편 의향

소속학과 없는 응답자를 제외한 학과개편 의향은 울산기술공고가 60.0%로 가장 높고, 다음으로 울산상고(48.8%), 울산여상고(45.0%), 울산공고(44.4%), 울산마이스터고(44.4%), 울산미용예술고(41.2%), 현대공고(37.0%), 울산생활과학고(34.5%), 울산애니원고(28.6%), 울산산업고(20.8%), 울산에너지고(7.1%)의 순으로 나타나고 있으며, 취업률과 충원율이 높은 마이스터고(울산마이스터고와 현대공고)에서도 학과 개편 의향도 비교적 높은 수준인 것으로 나타나고 있으나 학교 전체가 에너지 관련 학과로 특화되어 있는 울산에너지고의 경우에는 학과 개편 의향이 낮은 것으로 조사되었다. 전반적으로 학과 개편의향이 높은 학교는 학과별로 재학생 및 학부모 만족도가 상대적으로 낮은 것으로 나타나 교사의 학과개편 의향과 학생 및 학부모의 만족도 수준이 연계되어 있는 것으로 판단된다.

표 13 울산지역 직업계고 학교별 교사의 학과개편 의향 유무

학과개편의향	울산공고	울산기술공고	울산마이스터고	울산미용예술고	울산산업고	울산상고	울산생활과학고	울산애니원고	울산에너지고	울산여상고	현대공고	총합계
소속학과없음	15	7	7	7	4	6	6	3	10	4	3	72
없다	15	12	10	20	19	21	19	10	26	11	17	180
있다	12	18	8	14	5	20	10	4	2	9	10	112
총합계	42	37	25	41	28	47	35	17	38	24	30	364

2) 교사의 학과 소속 여부별 학과개편 의향

학과소속 교사의 소속학과 개편의향은 38.4%이며, 소속학과 개편 의향이 없는 24명은 타학과의 개편이 필요한 것으로 나타나 학과소속 교사의 소속학과 및 타학과 개편 의향은 45.9%로 높은 수준인 것으로 나타났다. 반면 학과에 소속되어 있지 않은 교사의 학과 개편의향은 16.7%에 불과하여 소속학과 교사에 비하여 학과개편 의향이 유의하게 낮은 것으로 나타났다. 이는 학과소속 교사들의 학과개편에 대한 관심이 학과 비소속 교사보다 높다는 것을 의미한다.

표 14 울산지역 직업계고 교사의 학과 소속 여부에 따른 학과개편 의향

단위: (명, %)

| 구분 | | 학과소속 | | 학과 비소속 | 계 |
| | | 소속학과 개편 의향 | | | |
		있음	없음		
학과개편의향	있음	110 (73.5) (0.98)	24 (16.4) (13.3)	12 (8.2) (16.7)	146 (100.0) (40.1)
	없음	2 (0.9) (0.2)	156 (71.6) (86.7)	60 (27.5) (83.3)	218 (100.0) (59.9)
계		112 (100.0)	180 (100.0)	72 (100.0)	364 (100.0)

한편, 〈표 15〉에서는 보는 것처럼 학과개편 시 고려해야 할 중요요인으로는 학과개편 의향 유무에 관계없이 해당 산업분야 인력수요(33.5%)와 취업률 제고(24.7%)인 것으로 조사되었으며, 신입생 충원율 제고(6.9%)는 학과개편 고려 요인 중 중요도가 가장 낮은 것으로 나타나고 있다. 이는 울산지역 직업계고 교사들의 학과 개편 의향은 신입생 충원율보다 취업률이 중요하다는 것을 시사한다.

표 15 울산지역 직업계고 교사가 인식하고 있는 학과개편 시 고려해야 할 중요요인

단위: (명, %)

고려사항	학과개편 의향		계
	없음	있음	
소속 학교의 정체성(설립의지)	30 (13.8)	20 (13.7)	50 (13.7)
신입생 충원율 제고	9 (4.1)	16 (11.0)	25 (6.9)
입학자원의 질 유지	26 (11.9)	18 (12.3)	44 (12.1)
정부 인력양성정책 부합성	16 (7.3)	7 (4.8)	23 (6.3)
취업률 제고	59 (27.1)	31 (21.2)	90 (24.7)
해당 산업분야 인력수요	68 (31.2)	54 (37.0)	122 (33.5)
기타	10 (4.6)	0 (0.0)	10 (2.7)
계	218 (100)	146 (100.0)	364 (100.0)

$\chi^2 = 15.623$ (p=0.016)

3) 울산지역 직업계고등학교 교사의 학과개편 의향

본 연구에서는 울산지역 직업계고 교사의 학과개편 의향을 분석하기 위하여 2개의 이항로짓모형(binary logit model)을 분석모형으로 설정하였다. 제1모형은 학과소속 교사의 소속학과 개편 의향을 분석하고 제2모형에서는 학과 비소속 교사를 포함한 직업계고 교사 전체의 학과개편 의향을 분석하였다. 제1모형에서의 종속변수는 학과에 소속되어 있는 교사의 소속학과 개편의향이 있는 경우 1, 아니면 0이고, 제2모형에서는

학과에 소속되지 않은 교사를 포함하여 모든 교사의 교내 학과개편 의향이 있는 경우 1, 아니면 0을 종속변수로 사용한다. 독립변수는 교사 개인별 변수(성별, 학력, 경력, 보직, 담당과목, 교육과정개편 필요성, 학과소속 여부)와 학교(학과)별 변수(학과지원율, 학과취업률, 마이스터고 여부, 최근 학과개편 여부)로 구성되어 있으며, 분석모형에 사용되는 독립변수의 설명 및 기술통계량은 〈표 16〉에 요약되어 있다.

표 16 변수 설명 및 기술통계량

변수	설명	학과소속 평균(표준편차)	전체 평균(표준편차)	예상 부호
성별	남자=1, 여자=0	0.460 (0.499)	0.450 (0.498)	+
대학원	학력 대학원졸 이상=1, 대졸=0	0.401 (0.491)	0.426 (0.495)	+
경력10_15	교사경력 10년 이상 15년 미만=1, 그 외=0	0.075 (0.264)	0.102 (0.303)	-
보통교과	보통교과담당 교사=1, 그 외=0	0.277 (0.448)	0.385 (0.487)	+
부장교사	부장교사=1, 그 외=0	0.284 (0.452)	0.283 (0.451)	+
산업수요중요도	지역산업수요에 맞춘 직업계고 교육과정 개편의 중요성: 최저1~최고10점	7.320 (2.353)	7.441 (2.276)	+
학과비소속	학과비소속 교사=1, 그 외=0	-	0.198 (0.399)	-
학과지원율	2020년 소속학과 지원율 (학과 비소속 교사는 학교지원율)	1.242 (0.355)	1.249 (0.350)	-
학과지원율 제곱	상기 학과지원율 제곱	1.668 (0.919)	1.681 (0.896)	+
학과취업률	2019년 소속학과 취업률 (학과 비소속 교사는 학교취업률)	0.356 (0.329)	0.360 (0.329)	-
학과취업률 제곱	상기 학과취업률 제곱	0.234 (0.350)	0.238 (0.351)	+
마이스터고	마이스터고=1, 특성화고=0	0.250 (0.434)	0.260 (0.437)	-
최근 학과개편	최근 5년간 학과개편=1, 그 외=0	0.100 (0.295)	0.080 (0.267)	

표 17 울산지역 직업계고 교사의 학과개편 의향에 대한 로짓모형 추정결과

변수	모형 1: 소속학과 개편 의향			모형 2: 전체학과 개편의향(학과 비소속 포함)		
	계수	표준오차	유의확률	계수	표준오차	유의확률
상수	-1.116	1.377	0.418	1.193	1.303	0.360
성별	0.997	0.295	0.001***	0.962	0.269	0.000***
대학원	0.252	0.279	0.366	-0.136	0.252	0.589
경력10_15	-0.406	0.570	0.476	-0.532	0.481	0.269
보통교과	0.257	0.308	0.404	0.067	0.280	0.811
부장교사	-0.410	0.303	0.177	-0.067	0.270	0.805
산업수요중요도	0.270	0.066	0.000***	0.195	0.056	0.000***
학과지원율	-3.494	2.127	0.100	-5.056	2.115	0.017**
학과지원율 제곱	1.125	0.808	0.164	1.787	0.810	0.027**
학과취업률	4.902	2.689	0.068*	2.658	2.402	0.268
학과취업률 제곱	-5.255	2.790	0.060*	-3.810	2.545	0.134
마이스터고	-0.070	1.325	0.958	0.103	1.215	0.933
최근 학과개편	0.584	0.492	0.236	0.576	0.486	0.236
학과비소속	-	-	-	-1.519	0.384	0.000***
표본수	292			364		
-2로그우도	341.635			417.783		
Nagelkerke R2	0.203			0.244		

* $p<0.10$, ** $p<0.05$, *** $p<0.01$

울산지역 직업계고 교사의 학과 개편 의향에 대한 로짓모형 분석결과는 〈표 17〉에 요약되어 있다. 먼저 학과소속 교사의 개편의향 모형(제1모형)의 주요 분석결과는 다음과 같다. 첫째, 남자교사가 여자교사에 비하여 학과개편 의향이 유의하게 높은 것으로 나타났다. 둘째, 지역산업수요에 맞춘 직업계고 교육과정 개편의 중요도 점수가 높을수록 학과개편 의향이 유의하게 높은 것으로 나타났으며, 이는 교육과정 개편의 중요도 인식이 학과 개편 의향과 연계되어 있다는 것을 의미한다. 셋째, 취업률과 취업률 제곱 변수가 둘 다 10% 수준에서 유의하며, 다른 조건이 일정할 때 취업률 46.6%까지는 학과개편 의향이 상승하다가 그 이후부터는 낮아짐을 의미

한다. 넷째, 학과지원율은 유의하지는 않지만 지원율 1.55 이하에서는 지원율이 낮을수록 학과개편 의향이 높아지고 1.55보다 높을수록 학과개편 의향이 높아지지만 울산지역 직업계고 지원율이 대체로 1.55보다 낮기 때문에 지원율이 낮을수록 학과개편 의향이 높은 것으로 해석될 수 있다. 마지막으로 최근 5년 동안 학과개편을 경험한 경우에도 최근 학과 개편이 없는 경우와 학과개편 의향에 유의한 차이를 보이지 않는다.

전체(학과소속 및 비학과소속) 교사의 개편의향 모형(제2모형)의 주요 분석결과는 다음과 같다. 첫째, 모형 1에서와 마찬가지로 남자교사가 여자교사에 비해 학과개편 의향이 유의하게 높은 것으로 나타났으며, 지역산업수요에 맞춘 직업계고 교육과정 개편의 중요도 점수가 높을수록 학과개편 의향이 유의하게 높은 것으로 나타났다. 둘째, 전체모형(모형 2)에서는 학과소속 모형(모형 1)과는 달리 취업률과 취업률제곱 변수는 둘 다 통계적으로 유의하지 않은 것으로 나타난 반면 학과지원율과 지원율제곱 변수는 둘 다 5% 수준에서 유의하였으며, 다른 조건이 일정할 때 지원율 1.41까지는 학과개편 의향이 상승한다는 것을 보여준다. 즉 울산지역 직업계고 지원율이 평균 1.25이므로 지원율이 낮을수록 학과개편 의향이 높은 것을 의미한다. 셋째, 취업률 변수는 모두 유의하지는 않지만 다른 조건이 일정할 때 취업률 34.9% 이상이면 학과개편 의향이 낮아지는 경향이 있다는 것을 보여준다. 넷째, 모형 1에서와 마찬가지로 최근 5년 동안 학과개편을 경험한 경우에도 최근 학과 개편이 없는 경우와 학과개편 의향에 유의한 차이를 보이지 않는다. 마지막으로 학과에 소속되지 않은 교사의 학과개편 의향은 학과소속 교사에 비하여 유의하게 낮은 것으로 나타났다. 이는 학과소속 교사가 학과에 소속되지 않은 교사보다 본인이 소속된 학과의 장단점을 적절하게 파악하고 있기 때문에 학과개편에 보다 관심이 크다는 것을 시사한다.

4. 울산지역 직업계고등학교의 학과 재구조화 방향

울산지역 직업계고등학교의 현황을 분석하고, 직업계고등학교 교사의 학과개편 의향에 영향을 미치는 요인들을 분석한 결과를 요약하면 다음과 같다.

첫째, 울산지역에는 특성화고 8개, 마이스터고 3개 등 총 11개의 직업계고가 소재하고 있는데, 그 동안 울산지역의 산업수요를 반영하여 학교 유형은 50% 이상이 공업계열로 구성되어 있다.

둘째, 울산지역 직업계고등학교 중 3개의 마이스터고에서는 매년 거의 80% 수준의 높은 취업률을 보여주고 있으나, 특성화고 중 일부 학교는 한 자리 수의 낮은 취업률을 보이는 등 마이스터고와 특성화고의 취업률 차이가 크게 나타나고 있으며, 일부 특성화고의 경우 신입생 미충원 학과가 증가하고 있는 실정이다.

셋째, 남자 교사가 여자 교사보다 학과개편 의향이 유의하게 높았으며, 성별 외의 개인특성 변수는 유의한 영향이 없는 것으로 나타났다.

넷째, 지역산업수요에 맞춘 직업계고 교육과정 개편의 중요도 점수가 높을수록 학과개편 의향이 유의하게 높은 것으로 나타났는데, 이는 지역 산업 수요변화에 따라 특성화고 학과의 취업률과 지원율의 변화는 물론이고 궁극적으로는 학과의 존폐여부까지 달려있기 때문인 것으로 판단된다.

다섯째, 학과소속 교사 모형(모형 1)에서는 취업률 관련 변수가 유의하고 지원율 관련 변수는 유의하지 않은 반면 학과 비소속 교사 모형(모형 2)에서는 반대로 지원율 관련 변수가 유의하고 취업률 관련 변수는 유의하지 않은 것으로 나타났다.

여섯째, 최근 5년 동안 학과개편을 경험한 경우에도 최근 학과 개편이 없는 경우와 학과개편 의향에 유의한 차이를 보이지 않고 있으며, 취업률과 지원율 모두 우수한 마이스터고의 경우에도 교사들의 학과개편 의향이 일반 특성화고와 유의한 차이를 보이지 않고 있다.

울산지역 직업계고등학교의 현황을 분석하고, 직업계고등학교 교사의 학과개편 의향에 영향을 미치는 요인들을 분석한 결과를 통해 향후 울산지역 직업계고등학교 학과 재구조화 방향을 제시해보면 다음과 같다.

첫째, 학과개편 의향에 영향을 주는 요인이 개인 특성보다는 학과의 교육과정과 산업계의 인력 수요의 불일치 등 객관적이고 구조적인 문제와 더 큰 관련이 있다는 점이다. 따라서, 향후 직업계고등학교의 학과 개편 과정에서는 변화하는 산업의 수요를 반영한 학과를 신규로 개설할 필요성이 있고, 기존의 개설 학과 중에서도 향후 산업적 수요 감소에 따른 신입생 미충원 문제가 발생할 수 있는 경우에는 정원 축소방안을 적극적으로 고려할 필요가 있다.

둘째, 울산지역 직업계고등학교 중에서 마이스터고등학교의 취업률은 높은 반면 일부 특성화고등학교의 취업률은 매우 낮은 상황이며 더 나아가 신입생 미충원 학과도 존재한다는 점을 고려해 볼 때, 향후 울산지역 직업계고등학교의 학과 재구조화를 통한 경쟁력 강화의 필요성이 매우 높으며, 지방교육청에서는 학과 재구조화를 위한 다양한 컨설팅 및 지원 정책들을 적극적으로 추진해 나갈 필요성이 있다.

셋째, 학과소속 교사들은 취업률이 자신이 속한 학과개편의 가장 중요한 요인인 반면 학과 비소속 교사를 포함한 전체 교사 입장에서는 지원율이 학과개편 의향에 보다 중요한 요인으로 작용하고 있다. 따라서 향후 직업계고등학교의 효율적인 재구조화를 위해서는 의사결정자가 학교 전체의 구조개편 측면에서 취업률과 지원율 모두 학과개편의 근거지표로 활용할 필요가 있다.

넷째, 최근 5년 동안 학과개편을 경험하였든 그렇지 않았든 학과개편 의향에는 유의미한 차이가 없다는 측면을 고려해 볼 때, 최근 5년 동안 이루어진 학과개편이 적절하게 이루어졌다고 보기에는 다소 무리가 있다. 뿐만 아니라 최근 5년 동안 학과개편을 추진했더라도 최근 5년간의 산업 수요가 급속하게 변화하였다면 기존의 학과개편 노력의 효과가 향후에도 지속된다고 보기도 어렵다. 따라서, 직업계고등학교 재구조화 및 학과개편의 필요성을 판단할 경우에는 단순히 최근에 학과개편을 했는지 여부를 반영하여 학과 재구조화의 예외로 간주하는 것은 적절하지 않다고 볼 수 있다. 이는 그 간의 학과개편 노력의 성과를 면밀히 분석 및 평가하여 향후 학과개편과정에 적극적으로 반영할 필요가 있음을 시사하고 있다.

마지막으로 취업률과 지원율 모두 우수한 마이스터고의 경우에도 교사들의 학과개편 의향이 일반 특성화고등학교의 학과개편 의향과 유의한 차이를 보이지 않는 것은 마이스터고 교사들이 현재의 취업률이나 지원율에 안주하지 않고 항상 산업구조와 인력수요에 민첩하게 대응하기 때문인 것으로 볼 수 있다. 따라서 향후에도 마이스터고등학교가 변화하는 산업수요를 반영한 학과 재구조화 노력을 추진할 경우에는 지방교육청이 보다 더 적극적으로 지원할 수 있는 다양한 인센티브 정책을 발굴하고 추진할 필요성이 있다.

참고문헌

고용노동부(2013). 중소기업 인력수급 불일치 해소 대책. 2013년 10월 2일. 관계부처 합동보도자료.
_____(2019a). 2018~2028 중장기 인력수급 전망.
_____(2019b). 2018~2035 4차 산업혁명에 따른 인력수요 변화.
교육부(2019). 청년들의 성장경로 다양화를 위한 「고졸취업 활성화 방안」. 2019년 1월 25일. 관계부처 합동 보도자료.
_____(2021). 산업현장이 필요로 하는 인재, 직업계고에서 길러낸다: 2021년 직업계고 학과 재구조화 선정 결과 발표. 2021년 7월 30일 교육부 보도자료.
교육부, 대전광역시교육청, 한국직업능력개발원(2019). *2019년 전국 특성화고·마이스고 학교경영 및 교수·학습 연구대회 우수사례 요약집*.
교육정보통계시스템 「울산 직업계고 학과현황」 각년도 자료.
김재홍, 도수관(2021). "직업계고등학교의 학과 재구조화에 관한 연구", *문화와융합* 43(12),

1011-1032.

도수관, 김재홍(2020). *2021년 특성화고 학과분석 및 학과개편 컨설팅*. 울산광역시교육청·울산대학교 산학협력단.

변숙영, 김호진(2020). 직업계고 학과 개편 동향 분석. 한국직업능력개발원 KRIVET Issue Brief 201호.

안재영(2020). 2016년과 2019년의 직업계고 학과 변화 추이. KRIVET Issue Brief 189호.

울산광역시(2019). *2020년 울산지역산업진흥계획*.

울산광역시교육청(2016~2021). 직업계고 신입생 입학전형 결과. 각 년도 통계자료.

울산지역인적자원개발위원회(2019). *2019년 울산지역 인력 및 훈련 수급조사 분석*.

_____(2020). *2020년 울산지역 인력 및 훈련 수급조사 분석*.

통계청(2017). *경제활동인구조사*.

_____(2018). *경제활동인구조사*.

_____(2019). *경제활동인구조사*.

특성화고·마이스터고 포털 하이파이브(http://www.hifive.go.kr), 학교통계(2020.10.25. 검색).

_____, 특성화고 학교현황(2020. 12.15. 검색).

_____, 취업실태조사.

한국고용정보원(2019a). *중장기 인력수급 전망 2018-2028*.

_____(2019b). *기술혁신을 반영한 장기 인력수요전망 2018~2035*.

한국직업능력개발원(2018a). *2018년 직업계고 재구조화 지원 사업: ④ 직업계고 재구조화 참여 시도교육청 운영 지원*.

_____(2018b). *2018년 직업계고 재구조화 지원 사업: ⑤ 직업계고 내실화를 위한 재구조화 방안*.

_____(2019a). *2019년 직업계고 재구조화 지원 사업_1. 2019년 신규 사업단 선정*.

_____(2019b). *2019년 직업계고 재구조화 지원 사업_4. 직업계고 재구조화 참여 시도교육청 운영 지원*.

_____(2019c). *직업계고 재구조화 지원 사업 선정심의 안내서*.

_____(2020a). *직업계고 재구조화 지원사업 핸디북*.

● 이 장은 문화와융합 학술지 43권 12호에 실린 필자의 논문(김재홍, 도수관, 2021)을 바탕으로 재구성되었다.

■ 저자 소개

01장　**_ 김현아**
　　　전남대학교 문학 박사(현대영미소설 전공)
　　　광주대학교 기초교양학부 교수

02장　**_ 최태진**
　　　부산대학교 교육학 박사(교육심리 및 상담심리 전공)
　　　중부대학교 교직과 교수

03장　**_ 한수정**
　　　전남대학교 교육학 박사(평생교육 전공)
　　　충북대학교 교양교육본부 강사

04장　**_ 정다은**
　　　New York University 예술학 석사(예술정치학 전공)
　　　중앙대학교 공연예술학과 박사수료

05장　**_ 공용득**
　　　서울벤처대학원대학교 경영학 박사(산업보안 전공)
　　　㈜POSCO 리더
　　　_ 채명신
　　　University of Illinois at Chicago, MIS
　　　서울벤처대학원대학교 융합산업학과 교수

06장　**_ 권혜림**
　　　동국대학교 경찰학 박사(경찰학 전공)
　　　서원대학교 경찰학부 교수

07장　**_ 정여주**
　　　서울대학교 교육학 박사(교육상담 전공)
　　　한국교원대학교 교육학과 교수
　　　_ 신윤정
　　　퍼듀대학교 철학 박사(상담심리 전공)
　　　서울대학교 교육학과 교수
　　　_ 이도연
　　　한국교원대학교 교육학 석사(상담심리 전공)
　　　한국교원대학교 상담 및 특수교육학과 박사과정

08장 _ **이선화**
　　　동신대학교 상담심리학 박사(상담심리 전공)
　　　광신대학교 복지상담융합학부 교수
　　_ **박현구**
　　　전남대학교 건축공학 박사(건축공학 전공)
　　　송원대학교 건축공학과 교수

09장 _ **염복규**
　　　서울대학교 문학 박사(한국근현대사 전공)
　　　서울시립대학교 국사학과 교수

10장 _ **김갑년**
　　　독일 뮌스터대학교 철학 박사(독어학 전공)
　　　고려대학교 독일학전공 교수

11장 _ **권 혁**
　　　동국대학교 경제학 박사(국제통상 전공)
　　　중부대학교 학생성장교양학부 교수

12장 _ **이성진**
　　　경북대학교 법학 박사(민사법 전공)
　　　대구가톨릭대학교 부동산학과 교수

13장 _ **김재홍**
　　　Carnegie Mellon University 정책학/도시계획 박사
　　　울산대학교 사회과학부 행정학전공 교수
　　_ **도수관**
　　　George Mason University 정책학 박사(공공정책 전공)
　　　울산대학교 사회과학부 행정학전공 교수